U0089112

中國學術思想 研究輯刊

三六編
林慶彰 主編

第28冊

中古時期月光童子信仰研究

武紹衛 著

花木蘭文化事業有限公司

國家圖書館出版品預行編目資料

中古時期月光童子信仰研究／武紹衛 著 -- 初版 -- 新北市：
花木蘭文化事業有限公司，2022〔民 111〕
目 4+248 面；19×26 公分
（中國學術思想研究輯刊 三六編；第 28 冊）
ISBN 978-626-344-071-5（精裝）
1.CST：佛教 2.CST：佛經 3.CST：宗教文化 4.CST：研究考訂
5.CST：中國
030.8   111010211

ISBN-978-626-344-071-5

9 786263 440715

中國學術思想研究輯刊
三六編　第二八冊　　　　　　　　ISBN：978-626-344-071-5

中古時期月光童子信仰研究

作　　者　武紹衛
主　　編　林慶彰
總 編 輯　杜潔祥
副總編輯　楊嘉樂
編輯主任　許郁翎
編　　輯　張雅淋、潘玟靜、劉子瑄　美術編輯　陳逸婷
出　　版　花木蘭文化事業有限公司
發 行 人　高小娟
聯絡地址　235 新北市中和區中安街七二號十三樓
　　　　　電話：02-2923-1455／傳真：02-2923-1452
網　　址　http://www.huamulan.tw 信箱 service@huamulans.com
印　　刷　普羅文化出版廣告事業
封面設計　劉開工作室
初　　版　2022 年 9 月
定　　價　三六編 30 冊（精裝）新台幣 83,000 元
版權所有・請勿翻印

中古時期月光童子信仰研究

武紹衛　著

作者簡介

武紹衛，男，山東人，1989 年生，首都師範大學歷史學博士，現任山東大學歷史文化學院助理研究員。在《中國史研究》、《文獻》、《敦煌寫本研究年報》（日本）、《敦煌學》（臺灣）等刊物發表論文十餘篇，參與出版《當代中國敦煌學研究（1949～2019）》、《英藏敦煌社會歷史文獻釋錄》第 14～18 卷。

提　要

　　本書主要以中國漢文佛教疑偽經所見月光童子信仰經典為主要研究對象，結合相關傳世文獻，對流傳在中古時期的月光童子信仰進行全面、系統和深入的梳理。全文主體部分分為上下兩編：

　　上編四章，主要圍繞月光童子信仰展開：

　　第一章從整體上梳理了月光童子形象自傳入中土以至興盛成為上至皇權、下至黎民共同尊奉的神靈，再到衰落泯滅的歷史過程，努力將月光童子諸多形象的共時性存在與歷時性轉變一一勾勒出來。

　　第二章對《申日經》、《德護長者經》相關內容及支遁、習鑿齒等人信件進行考察，認為月光童子轉生中國的信仰可能是有其梵文本或西域文本的根據，並不一定必然是中國本土的造作。

　　第三章擇取了《法滅盡經》以說明月光童子轉生中國的依據，對《首羅比丘經》、《清淨法行經》等偽經的分析，則嘗試梳理清楚月光童子在以偽經造作者為代表的下層信眾中的形象。

　　第四章為餘論，主要對月光童子信仰在中古時期興盛及衰落原因進行一些分析和探討，藉以考察了譯經、偽經、信仰、民眾與皇權等眾多元素間的複雜互動關係。

　　下編四章，主要圍繞與月光童子信仰的經典進行文獻學等方面的研究：

　　第一章討論《高僧傳》和《弘明集》中收錄的《與釋道安書》。《與釋道安書》是反映東晉南朝時期月光童子信仰的重要文獻，本章主要梳理了信件版本、流傳與演變，以及反映的月光童子信仰在東晉時期的傳播與發展。

　　第二章討論《普賢菩薩說此證明經》的經本結構。該經是隋唐時期月光童子信仰發展的重要載體，通過本章基本廓清了該經在流傳過程中發生的演變。

　　第三章討論《佛說證香火本因經第二》的造作年代。這部經是《普賢菩薩說此證明經》的第二部分，其形成背景與隋唐早期的政教關係發展有密切關聯。

　　第四章討論《首羅比丘經》中的「化城」觀念。「化城」是偽經中的一個重要概念，在月光童子信仰中具有終極符號的象徵意義，本章梳理了這種觀念的源流與發展。

目

次

凡　例

一、本書所引用的佛經及佛教史籍若無具體說明，均採自中華電子佛典集成（CEBTA）。

用例：

T=《大正新修大藏經》（簡稱《大正藏》）

X=《卍字續藏經》（簡稱《續藏經》）

CBETA，T50，no.2060，p.585，b12—22，所表示的即是《大正藏》第五十冊，第 2060 號（即為《續高僧傳》），第 585 頁中欄第 12 列至中欄第 22 列。《續藏經》用例與之相同，姑從略。

二、文中所引敦煌文獻資料之中英文縮略詞：

「S.」或「斯」指英國國家圖書館藏敦煌漢文寫本斯坦因編號；

「P.」或「伯」指巴黎法國國立圖書館藏敦煌漢文寫本伯希和編號；

「Дx」係俄羅斯科學院東方研究所聖彼得堡分所藏敦煌漢文寫本敦煌編號；

「Ф」為俄羅斯科學院東方研究所聖彼得堡分所藏敦煌漢文寫本弗魯格編號；

「BD」指中國國家圖書館藏敦煌漢文寫本編號；

「北」指中國國家圖書館藏敦煌漢文寫本縮微膠卷編號；

「北大」指北京大學圖書館藏敦煌文獻編號；

「故宮」指故宮博物院藏敦煌文獻編號；

「津藝」指天津市藝術博物館藏敦煌文獻編號；

「上圖」指上海圖書館藏敦煌文獻編號；

「上博」指上海博物館藏敦煌文獻編號；

「散」指王重民編《敦煌遺書散錄》舊編號。

上　編

緒　論

一、解題

　　本書題為「中古時期月光童子信仰研究」，主要圍繞中國漢文佛教疑偽經等材料，對中古時期流行於中國的月光童子信仰進行系統研究。

1. 中國漢文佛教疑偽經

　　疑偽經，即非真經，這是一個具有宗教信仰判斷的詞彙。每個宗教總有其宗奉之經典，所奉之經典即為真經，除此之外的經典即為偽經。偽經的存在是一種普遍現象，不獨佛教存在偽經，道教亦有偽經〔註1〕，基督教等教亦然，即使中國傳統典籍中也存在著一些與之相近的「偽書」群體〔註2〕。就佛教內部而言，不獨中國存在偽造經典的行為，韓國、日本等國也存在本土造作經典的現象；〔註3〕不獨漢文經典曾有冒稱佛說者，回鶻、藏等佛教經典也存在如此說法〔註4〕。「疑偽經」一詞在歷代經錄中是一個很確定的概念，它

〔註1〕近來曹凌對道教疑偽經的狀況有過一些精彩的論述，可參氏文《試論六朝道教偽經觀的形成》，《首屆佛教疑偽經國際學術研討會論文集》，2014年3月，第314～326頁，後刊於方廣錩主編《佛教文獻研究》第2輯，桂林：廣西師範大學出版社，2016年，第97～106頁。

〔註2〕中國的辨偽工作出現的也很早，在《漢書・藝文志》中便保留了劉向父子的辨偽成就，據筆者統計《漢志》中涉及到辨偽古書的地方，凡十九處。

〔註3〕巴斯維爾就曾有一本關於韓國偽造經典的名著，參Robert Evans. Buswell, The formation of Chan ideology in China and Korea: the Vajrasamadhi——Sutra, a Buddhist Apocryphon. Princeton University Press, 1989.陳金華也曾考察過日本偽造之經典，參氏文《傳善無畏所譯三部密教儀軌出處及年代考》，《藏外佛教文獻》第4輯，1998年，第394～428頁等。

〔註4〕牛汝極等對回鶻文獻中的佛教疑偽經進行過介紹，參氏文《敦煌吐魯番回鶻

包括兩種經，即「疑經」（疑惑經）和「偽經」（偽妄經）。「疑經」即是未能確定真偽的經卷，而「偽經」則是可以確認其偽造性的經卷。〔註5〕其實，從本質上講，「疑經」並不是對一部經典的定性式描述，而只是對判斷者認知的一種描述。就一部經典而言，其或者為真，或者為偽，並不存在模棱兩可的狀態。現代學術研究視野中，也不存在「疑經」的概念。〔註6〕我們現在使用的「疑偽經」一詞其實也是偏指「偽經」，並不包括「疑經」，之所以如此使用更多的是對古代經錄的一種慣性式延續。

判斷一部經之真偽，必須有一定標準。中國僧眾如釋道安、僧祐等人都在編寫目錄的過程中設定過一些標準、總結出一些經驗。〔註7〕方廣錩將之總結為「身份標準」、「內容標準」、「翻譯標準」、「作者標準」、「問題標準」和「文體標準」等六大標準，並主張回歸「翻譯標準」。王邦維在此基礎上增加

漢譯疑偽經典》，《敦煌學輯刊》，2000年第2期，第79～96頁。小畠宏允、許德存等對藏譯佛典中的疑偽經有過專門論述，分參小畠宏允《チベットの禪宗と藏訳偽經について》，《印度學佛教學研究》卷23第2號，第667～668頁；許德存《藏譯佛典中的疑偽經》，《佛學研究》，2000年，第214～219頁。

〔註5〕「疑經」和「偽經」的兩分法並不是起初便有的。簡而言之，東晉釋道安將非真經稱為「疑經」，但他所謂的「疑經」實際上就是「偽經」。南朝梁僧祐在處理諸如僧法尼口出經典時，因為「義非金口」而不敢言其為真而使涇渭雜流，但「推尋往古不無此事」故又不敢貿然斷其為偽，無奈之下他採取了一種比較慎重和穩妥的方法，即「取捨兼懷，附之疑例」。此「疑例」可能即是後來經錄中「疑經」或「疑惑經」的源頭，但「疑例」尚未獨立出來。劉宋《眾經目錄》、《梁代眾經目錄》（又名《寶唱錄》）、《元魏眾經目錄》（又名《李廓錄》）、《高齊眾經目錄》（又名《法上錄》）等也都未區分疑經和偽經。完成疑經分類和定名工作的是隋大興善寺翻經沙門法經。他提出了「眾經疑惑」和「眾經偽妄」的概念，所謂「疑惑」指的是那些「以題注參差眾錄，文理複雜，真偽未分，事須更詳，且附疑錄」的經卷，「偽妄」指的是那些「並號乖真，或首掠金言，而末申謠讖，或初論世術，而後託法詞，或引陰陽吉凶，或明神鬼禍福，諸如此比，偽妄灼然。今宜秘寢，以救世患」的經卷。這種兩份法，為以後的多數經錄所承襲。雖然《仁壽錄》等少數經錄在分卷上只是設置了「疑偽」目，而未將兩者分開，但是我們仍可從中看出，這種分類並沒有完全拋棄《法經錄》思想。

〔註6〕當然也有學者仍在沿用「疑經」一詞，但其所表達之意亦為「偽經」，如牧田諦亮即將其研究疑偽經的集大成之作命名為「疑經研究」，參氏著《疑經研究》，東京：臨川書店，1976年。方一新教授曾研究一些「東漢疑偽佛經」，所研究的更多是譯者難辨的「疑經」。參方一新、高列過《東漢疑偽佛經的語言學考辨研究》，北京：人民出版社，2012年。

〔註7〕關於釋道安的疑經標準，可參看李素潔《道安疑偽經判別標準研究》，上海師範大學碩士論文，2007年。

了一個「地域標準」（即要以中國地域為限）。〔註8〕有一些經典似乎很容易辨別其真偽，如《提謂波利經》等，明顯地摻入了中國本土元素。但也有一些經典的性質並不易判別，如《大乘起信論》，圍繞這一經典之爭訟已持續近百年。〔註9〕隨著現代學術的進展——尤其是語言學研究（主要是指梵語、犍陀羅語等佛經原始經本語言研究）的加入，一些學者認為我們不能再繼續以所謂的「佛教理論常識」判斷一部經典的真偽，因為印度佛教真實狀況紛繁複雜，遠遠超過我們的想像。〔註10〕辛島靜志、那體慧（Nattier, Jan.）等學者的工作對很多經典的判斷進行了重新審視，這一方面使我們對經典來源的認識愈加清晰，但另一方面隨之而來的是一些原本被卻認為「偽造」無疑的經典成了「翻譯有原」〔註11〕，而歷來被視為真典的則顯出了其偽造的本來面貌〔註12〕。這樣的研究，無疑對傳統的疑偽經研究造成了很大的衝擊，因為我們根據傳統經驗——經錄記載、經文義理分析等——對眾多經典形成的認識不再

〔註8〕 參方廣錩《從「文化匯流」談中國佛教史上的疑偽經現象》，收入方廣錩主編《佛教文獻研究》第1輯《佛教疑偽經研究》，桂林：廣西師範大學出版社，2016年，第19～52頁；同參氏著《疑偽經研究與「文化匯流」》，桂林：廣西師範大學出版社，2018年，第107～147頁。方先生的觀點在2014年召開於上海師範大學的「首屆佛教疑偽經國際學術研討會」等會議上曾有宣講，王邦維先生的觀點也是在同一場會議中提出，但目前似尚未以文字形式發表。

〔註9〕 關於《大乘起信論》研究的綜述，可參黃夏年《〈大乘起信論〉研究百年之路》，《普門學報》第六期，2001年11月，第233～267頁。

〔註10〕 參辛島靜志《判斷疑偽經的標準是什麼：以〈盂蘭盆經〉與〈舍利弗問經〉為例》，《首屆佛教疑偽經國際學術研討會論文集》，2014年3月，第174～189頁，後刊於方廣錩主編《佛教文獻研究》第1輯，第201～238頁。

〔註11〕 如《佛說孝順子修行成佛經》歷來被作為偽經處理，但方廣錩的論證使我們重新認識到該經原是一部翻譯典籍，而非中土造作，參氏撰《關於〈佛說孝順子修行成佛經〉的若干新資料》，《藏外佛教文獻》第十二輯，第421～450頁。又如《盂蘭盆經》亦被視為偽經，但辛島靜志根據「盂蘭盆」一詞的對譯，認為該經定是翻譯而來，參《判斷疑偽經的標準是什麼：以〈盂蘭盆經〉與〈舍利弗問經〉為例》，第201～238頁。

〔註12〕 如《安般守意經》（T602）歷來被認為是安世高的譯作，但是梶浦晉、那體慧等人的研究表明，這可能是安世高的弟子或者其他人的作品，而正典可能是發現於日本金剛寺的古寫本，如此被收入正藏的T602則變成了偽經。相關研究參梶浦晉《金剛時一切經と新出安世高訳佛典》，《仏教學セミナー》73號，2001年，第25～44頁；Nattier, Jan. A Guide to the Earliest Chinese Buddhist Translations: Texts from the Eastern Han and Three Kingdoms Periods. International Research Institute for Advanced Buddhology, Soka University, 2006, p.60~61, p.64.

那麼底氣十足。當我們意欲對某一部自認為是疑偽的經典進行一番徹底研究時，如果忽然認識到因為自身梵語等語言的缺乏，無力對其進行語言學的前期考訂並且梵語等語言學家研究尚未顧及於此時，我們是否有一種束手束腳的感覺呢？也許正因為此，張總在第一屆國際佛教疑偽經會議（2014年，上海師範大學）討論環節就驚呼，我們在研究時，有必要先劃出一個「核心區」。當然也有學者對現在語言學界的研究方法提出過質疑，認為僅根據一個或幾個音譯詞對一部漢譯佛經甚至一個時代漢譯佛經的原文進行推斷，是不能成立的；而應該根據一部佛經中的全部音譯詞對原文的語言進行推斷。〔註13〕這樣的觀點無疑有其合理之處，但是如果總期待於一部完整梵語或胡語經典的發現也是近乎不可能的事情。總之，綜合語言學研究的主張與傳統判斷經典之經驗應當是比較合理的方法。

最近，紀贇提醒我們，要極為重視跨語族翻譯時一些疑偽經成為真經的情況。因為這種情形下使得是否為譯本成為了佛經真偽的絕對性標準，而一些傳統意義上的偽經得以在異語族環境之中丟掉了過去難以丟棄的可怕的「歷史包袱」。〔註14〕學者們的爭論使我們對佛教流傳過程中出現之疑偽經現象的複雜性有了足夠清醒的認識，有鑑於此，筆者將本書所要探討的疑偽經典設定為由漢文撰寫、主要流傳於漢地的佛教疑偽經，是為「中國漢文佛教疑偽經」。

2. 月光童子

月光童子，梵文名 Candra-prabhā-kumāra-bhūta，漢譯又有「月明童子」和「月明童男」、「旃羅法」、「栴羅法」等譯法。蓋出於對其高潔行為之讚歎，漢地譯師亦多稱「月光童子」為「月光菩薩」，故從名字上看很容易和與藥師佛同為東方三聖之月光菩薩混合。故在分析含有月光童子、月光菩薩等名字之經典時，一個首要任務即是辨析其身份。從經典記載看，本書要探討的月光菩薩具有以下身份特徵和事蹟：（1）乃王舍城富豪申日之子，（2）童子形象，（3）因諫父禮佛而授佛記，後得以成佛。

〔註13〕參李煒《早期漢譯佛經的來源與翻譯方法初探》，北京：中華書局，2011年，第 37 頁。

〔註14〕參紀贇《從口頭到書面：文獻傳播方式的改變與大乘佛教的興起》，《第一屆國際佛教大藏經學術研討會論文集》，2010年，第 1～94 頁；並參同氏《多重視角下的疑偽經研究》，收入方廣錩主編《佛教文獻研究》第 1 輯《佛教疑偽經研究》，第 53～96 頁。

二、選題緣起

　　在已發現的疑偽經中，存有多部涉及到「月光童子信仰」的經典。漢譯經典中亦有多部講述月光童子之經典，其中最為著名的故事是關於他的本生。據《申日經》、《失利越經》等載，月光童子本是印度王舍城富豪申日之子。申日本奉外道，在外道六師的慫恿下，意圖設宴毒害佛陀。時年僅十六歲的月光童子知曉此事後，對其父進行了勸諫，希望申日停止害佛行為，禮敬佛陀。但是申日並未聽從月光童子之言，一意孤行。佛應約而至，但早已識破申日毒計，施展大神通，將其陷阱一一破除。申日有感於佛陀神跡，身自悔恨，便皈依釋教。

　　儘管月光童子本生故事傳譯較多，但在中土信眾、尤其是下層信眾中產生更大影響的是「月光童子轉生中國」的相關內容。現存經典中，最早記錄該授記內容的是《申日經》。但據習鑿齒《與釋道安書》等文獻分析，中土似乎很早就已有相關故事的傳播。其後，諸如《法滅盡經》等經典，也記載了月光童子於法滅時代在諸天護衛下出世等內容。這些經典的記載很可能成為一些信眾造作偽經的佛典依據。他們將這些經典中的隻言片語，結合自己的實際生活，甚至是歷史記憶，重新組合，形成了諸多內容豐富的作品。南北朝時期是這一類偽經造作的高峰期，諸如《佛缽記》、《觀月光菩薩出世記》、《首羅比丘見五百仙人並見月光童子經》、《天公經》等經典正是在這一時期造作出來的。這種創作可能一直延續到隋唐時期，諸如《普賢菩薩說此證明經》之《佛說證香火本因經第二》（下文簡稱《本因經》）〔註15〕等經典，就含有月光童子出世救世信仰因素。這裡需要指出的一點是，中土信眾造作的這類偽經，儘管有的很簡單，如《天公經》等，只有一句經文與月光童子有關，但也可以視為月光童子信仰影響的產物。

　　中古時期，月光童子信仰因存在「法滅時代轉生」等因素，故又經常被運用於社會政治和運動，成為政治的工具。雖然在習鑿齒生活的東晉，這種現象可能已經萌芽，但它的正式出現可能要晚到北朝末年。那是一個政治動盪、社會混亂的時代，同時也是佛教迅速發展的時代。佛教信仰成為信眾的

〔註15〕　《普賢菩薩說此證明經》是保存在敦煌的一部疑偽經，據曹凌統計，該經在敦煌遺書中存有三十二號，其中有三號為完整卷子。其抄寫形態多是「《黃仕強傳》＋《普賢菩薩說此證明經》＋《佛說證香火本因經第二》」，但也有一些有爭議的寫卷將《黃仕強傳》放在全經末尾。與月光童子信仰相關的只是第二部分《佛說證香火本因經第二》。

精神支柱，也成為一些政治人物的新的政治鬥爭工具。信仰本身並沒有政治屬性，可為不同的群體所利用：可以為民眾所用，所以我們可以在諸如「月光童子劉景暉事件」等民眾運動見到其身影；亦可為王朝統治者所用，所以我們通過那連提耶舍有選擇性地譯出《月光三昧經》、《德護長者經》等經典，由此可知到這種信仰已經引起統治者的重視，並開始被逐漸利用以維護統治了。月光童子信仰和政治運動的交互，一直延續到唐朝，甚至有學者認為，宋元以降興盛的「明王出世」思想可能就是月光童子信仰的延續。〔註16〕

中土信眾，尤其是下層信眾對經典的認識有一種模糊性，他們不可能將佛教經典的各種名相、神譜、本生等系統區分地清清楚楚。實際生活中，很可能會出現張冠李戴。這種現象也見諸月光童子信仰的流傳。南北朝時期，隨著佛道論爭的開展，道教提出了「老子化胡說」以攻訐佛教，而佛教則針鋒相對造作出了「三聖東行教化說」以抗衡道教。最初時，「東行」之佛教「三聖」固定為「迦葉菩薩」、「儒童菩薩」和「光淨菩薩」，因此我們似乎可以認為，這一時期「三聖東行教化說」本不涉及月光童子信仰。但這種狀況可能在北朝末隋初之際發生了改變，我們在《本因經》中已經看到了月光童子和迦葉、儒童並稱的現象。唐朝大和尚湛然在其著作中引用之《清淨法行經》直接言「月光菩薩，彼稱顏回。光淨菩薩，彼稱仲尼。迦葉菩薩，彼稱老子」，〔註17〕可見，在北朝末年，月光童子可能已經取代了光淨菩薩在「三聖東行教化說」中的位置。

唐宋以後，月光童子信仰日趨衰落〔註18〕，以至於只能在一些文人詩賦中方能見其蹤跡。

其實，無論是「轉生中國」之信仰，抑或是「行化東方」之信仰，都可被視為是法滅背景下月光童子信仰的衍生思想。它們體現的都是當時信眾對社會的不滿以及對未來聖王治世之嚮往。

〔註16〕月光童子雖然在《首羅比丘經》、《本因經》經中有「明王」之稱號，但我們並不能確認這一稱號和宋元時期興盛的「明王出世」之明王是同一性質的信仰。並且，月光童子轉生信仰在初唐之後就幾乎消失殆盡，何以在宋元時期再次興盛？二者在時間上的缺環也是需要進一步論證的。所以筆者對宋元時期的明王就是月光童子說持保留態度。

〔註17〕《清淨法行經》在中國早已佚失，上世紀九十年代，日本學者落合俊典等人在名古屋七寺藏經中重新發現此經，並將其收錄在《七寺古逸經典研究叢書》第二卷《中國撰述經典（其之二）》（東京：大東出版社，1996年）中。

〔註18〕因為尚不能證明宋元以後「明王出世信仰」中已經融合了「月光童子信仰」，因此，如果不考慮「明王出世思想」，月光童子信仰在宋元以後確實難覓蹤跡了。

　　月光童子形象的傳入與轉變、興盛與衰落可以成為我們觀察中古時期佛教史的一個稜鏡，從中折射出僧團譯經與民眾信仰、民眾信仰與皇權統治、佛道論爭等諸多力量的交互與影響。

三、研究綜述

　　月光童子信仰依託經典而存在，又成為信眾的一個精神寄託，故對其研究可分為經典研究和信仰研究兩個方面。本書對相關研究史的回顧亦按照這種思路，分兩類展開。

　　以月光童子為主角之經典並不是很多，即使以其名字為經題之《月光童子經》等經典中，月光童子扮演的也更多的是配角，但這些經典都是我們研究月光童子信仰的最重要的載體。行文中，筆者將這些含有月光童子信仰的佛經正典統稱為「月光童子系佛經正典」，而稱那些偽經為「月光童子系偽經」。雖然這種歸類和擬名與佛經本身的主旨有所偏差，但更有利於我們對相關月光童子信仰的經本傳承進行統一把握。就目前學術界對各類經典以及月光童子信仰的處理看，對正典的研究和將偽經與月光童子信仰結合起來的研究是主要的兩種研究理路。

1. 月光童子系佛經正典研究

　　從歷代經錄的記載看，「月光童子系佛經正典」主要有：

　　①三國吳時期支謙《月明菩薩經》（存）；②西晉竺法護《月光童子經》（存）；③《申日經》（存？）〔註19〕；④《失利越經》（存）；⑤南朝宋求那跋陀羅譯《申日兜本經》（存）；⑥《小申日經》（？）；⑦隋那連提耶舍譯《德護長者經》（存）；⑧唐般刺蜜諦《首楞嚴經》（存）。

　　正典中《月光童子經》、《失利越經》、《申日兜本經》以及《德護長者經》屬於同本異譯。從經錄的記載看，歷代經錄僧〔註20〕對該經譯者問題的認識是混亂的，但基本上都還是認為該經是支謙或竺法護的作品。〔註21〕

〔註19〕按《申日經》在《出三藏記集》中有載，並且《大正藏》中亦收錄一部經題為《申日經》的經典，但筆者頗為懷疑該經並不是僧祐所見經本，很有可能是《小申日經》。詳述參見本文第二章。

〔註20〕釋智學把撰定目錄的僧人稱之為「經錄僧」，以和其他僧人（學問僧）相區別。本文即採用此定名法。參見釋智學《中國佛典疑偽經研究（一）──永明延壽與疑偽佛典》，《正觀雜誌》第四十期，2007 年 3 月 25 日，第 12 頁。

〔註21〕釋道安《綜理眾經目錄》認為《申日經》失譯，隋費長房《歷代三寶紀》將其譯者定為吳支謙，這種觀點得到了唐道宣、唐明佺和再雕《高麗大藏經》

　　現代學術意義上的研究當以法國學者列維（Sylvain Lévi, 1863~1935 年）的工作為揭櫫。早在上世紀初，列維便對這些經典尤其是《申日經》的年代做過探討，他認為該經是三世紀的譯本，並在將該經中涉及到的地名同法護譯《大寶積經》卷八《密跡金剛力士會》中所列地名一一進行比對後，認為該經作者也應是法護。〔註 22〕日本學者林屋友次郎在其著作中也曾探討過這個問題，他通過對經錄、語言等的考察，認為《申日經》不是支謙的作品，而是西晉以前的失譯經，並懷疑《申日兒本經》與《申日經》的經本位置被調換了。〔註 23〕隨後，荷蘭學者許理和（Erik Zürcher）在他那篇卓越的論文中也對這部經的作者表示懷疑，認為該經的譯者可能是支謙，而不是法護。〔註 24〕但在之後的一篇文章中，他又對這一判斷進行了修正，認為《申日經》可能是出自於五世紀。〔註 25〕祐滕良智認為《申日兒本經》與《佛說月光童子經》、《佛說申日經》內容基本相同，但是《申日兒本經》更為簡略，應當是原本，而《申日經》明顯是中國人根據《申日兒本經》改寫的，反映了中國人本土的思想。〔註 26〕他的這種觀點得到了鈴木裕美等

負責者開泰寺僧統守其的認同。智昇則將其歸為竺法護的譯作。

〔註 22〕參列維著，馮承鈞譯，《大藏方等部之西域佛教史料》，《史地叢考續編》，商務印書館，1923 年初版；此據列維等著，馮承鈞等譯《西洋漢學家佛學論集》，臺北：華宇出版社，1985 年，第 313~326 頁。

〔註 23〕參林屋友次郎《經錄研究》，東京：岩波書店，1941 年，第 835~837 頁；並參同氏《異譯經類の研究》，東京：株式會社開明堂印，東洋文庫發行，1945 年，第 410~435 頁。

〔註 24〕參 Erik Zürcher, The Buddhist Conquest of China: The Spread and Adoption of Buddhism in Early Medieval China, 2vols, Sinica Leidensia, ⅩⅡ, E.J. Brill, Leiden, 1959；此據許理和著、李四龍譯《佛教征服中國：佛教在中國早期的傳播與適應》，南京：江蘇人民出版社，2003 年，第 415 頁，注釋 130。他的判斷基於兩點，一是《月光童子經》肯定是法護的作品，竺法護絕不可能把同一部經翻譯兩次；二是早期經錄都提到《月光童子經》（即法護譯《月光童子經》的異譯本）由支謙翻譯，該經中「申日有子，名旃羅法」句後小注言「漢言『月光童子』」，所以考慮到佛經翻譯中經常用「某某（朝代名稱）言」借代中國語言，這個注說明《申日經》的譯者應該活躍於漢代或之後不久的一位大師，而不可能是法護。

〔註 25〕參 Erik Zürcher, "Prince Moonlight: Messianism and Eschatology in Early Medieval Chinese Buddhism", T'oung Pao LⅩⅧ, 1~3 (1982), p.23~25. 在這篇文章中，他認為支謙譯《月明童子經》和《申日經》是兩部不同的經，而後者是一部五世紀的失譯經。對於這一判斷，他並沒有給出明確的理由。

〔註 26〕參小野玄妙《佛書解說大辭典》第六卷之《申日兒本經》條，東京：大東出版社，1981 年，第 163 頁下~164 頁上。

人的支持。〔註27〕印順法師則將該經斷定為一部譯於前秦時期的失譯經。
〔註28〕臺灣學者楊惠南也曾考察過月光童子系經典，但他只是按經典在經
錄中的位置列舉出來，並沒有探討經典譯者及成立時間問題。〔註29〕楊梅
在其博士論文中曾分析過各部經中對月光童子漢譯名的使用情況，認為「我
們不能否認支謙所譯《申日經》在月光童子類經典中的第一譯地位」。〔註
30〕迄今為止，對這個問題探討最豐富的當是臺灣釋章慧法師，在其系列作
品中，她考證出《申日經》經題之「日」字當為「曰」字，故經題亦當改為
「申曰經」；〔註31〕通過對歷代經錄的考察，她認為今本《申日經》並不是
智昇等人所見本，而是後世修大藏時所輯獲的新本，即早已佚失的《小申日
經》；而通過對譯筆風格、經中反映思想、語詞等方面的考察，她認為該經
當為四世紀（前秦時期）中國北方的改寫本。〔註32〕

　　關於《德護長者經》，對其真偽學界並無異議，並且一致認為經中「大隋」
等語詞是那連提耶舍自行摻入的。〔註33〕但是這種認識多是一種習慣性思維

〔註27〕參鈴木裕美《古譯經典譯語——竺法護訳出經典を中心》，《印度學佛學研究》
　　　　第四十一卷第二號，1993 年，第 557 頁。
〔註28〕參印順法師《佛教史地考論》，臺北：正聞出版社，2000 年，第 260 頁。
〔註29〕參楊惠南《漢譯佛經中的彌勒信仰——以彌勒上、下經為主的研究》，《文史
　　　　哲學報》35 號，1987 年 12 月，第 131 頁。他在注釋 19 中提到《大正藏》所
　　　　收錄的本經題下，有兩行小字，寫有：「《開元錄》中無法護譯，恐是支謙誤
　　　　為法護。」支謙是三國時代吳國人，較東晉竺法護早。因此，《申日經》排在
　　　　第二位，恐怕是較早譯出之《月光童子經》的緣故。
〔註30〕參楊梅《4～8 世紀中國北方地區佛教讖記類偽經研究》，首都師範大學歷史
　　　　學院博士論文，2006 年，第 20～22 頁。
〔註31〕筆者贊同釋章慧的結論，但考慮到學界仍然通用「《申日經》」，故行文中並未
　　　　採用釋章慧的考證結果。
〔註32〕她先在其畢業論文《〈申日經〉研究》中對這一問題進行了探討；後又以《〈申
　　　　日經〉經本定位與經題考》為名，發表在第八期《中華佛學研究》；2006 年又
　　　　以該論文為藍本，擴充為《〈申日經〉研究》一書。關於「曰」字及今本《申
　　　　日經》為《小申日經》的考證，參氏著《〈申日經〉研究》，臺北：法鼓文化
　　　　事業股份有限公司，2006 年，第 23～96 頁；關於《申日經》為四世紀北方
　　　　改寫本的考證，參同書第 125～154 頁。
〔註33〕參列維著，馮承鈞譯《大藏方等部之西域佛教史料》，第 313～314 頁；古正
　　　　美《從天王傳統到佛王傳統——中國中世佛教治國意識形態研究》，臺北：商
　　　　周出版社，2003 年，第 178 頁；藤善真澄《末法家としての那連提黎耶舍—
　　　　—周隋革命と《德護長者經》》，《東洋史研究》第 46 卷第 1 號，1987 年，第
　　　　29～57 頁；藍吉富《隋代佛教史述論》，臺北：商務印書館，1974 年初版，
　　　　此據 1998 年版，第 10 頁等。

的結果，並沒有太多的文獻學證據。

2. 月光童子系偽經及月光童子信仰研究

學界對月光童子信仰的研究多根據偽經中的描述開展，故本小節將結合偽經研究與信仰研究放在一起進行介紹。

月光童子系偽經主要有：

①《法滅盡經》（存）；②《觀月光菩薩記》（闕）；③《佛鉢記》（闕）；④《首羅比丘見五百仙人並見月光童子經》（存）；⑤《般泥洹後諸比丘變經》（存）；⑥《天公經》（存）；⑦《清淨法行經》（存？）；⑧《本因經》（存）；〔註34〕。

（1）《法滅盡經》的研究

《法滅盡經》是一涅槃部經典。梁僧祐將其記為失譯經〔註35〕，隋法經《眾經目錄》則收入偽妄錄〔註36〕，隋彥悰《眾經目錄》認為其為疑偽，〔註37〕《內典錄》亦歸入疑偽部，〔註38〕智昇認為該經在《祐錄》中失譯，未標年代，並判斷該經為劉宋時期的譯經〔註39〕。僧祐曾在《釋迦譜》中摘錄此經〔註40〕，寶唱的《經律異相》也收有部分經文〔註41〕。從歷代經錄家的態度不難看出，關於此經的真偽，自古以來就爭訟不已。

不過，現代學者多傾向於認為《法滅盡經》是偽經。在敦煌遺書中存有《小法滅盡經》殘卷，從其存文看，當是《法滅盡經》。湯用彤認為《小法滅盡經》為偽經。〔註42〕瀧口宗紀、菊地章太等人也認為《法滅盡經》是偽經，造作年代在五至六世紀。〔註43〕最近劉屹師也在分析《法滅盡經》的細節後，

〔註34〕按《清淨法行經》在《出三藏記集》中有載，但從後世引用情況看，該經有多個異本，其中含有月光童子因素的經本最早可能出現在北朝末隋初。目前雖已發現《清淨法行經》殘本（主要是日本七寺發現的殘本《清淨法行經》），但該經並不含有月光童子，故今本並非唐湛然等引用之《清淨法行經》。

〔註35〕參梁僧祐撰，蘇晉仁、蕭鍊子點校《出三藏記集》卷四《新集續撰失譯雜經錄》，北京：中華書局，1995 年，第 163 頁。

〔註36〕參 CBETA, T55, no.2146, p.127, a1-2.

〔註37〕參 CBETA, T55, no.2147, p.173, a2.

〔註38〕參 CBETA, T55, no.2149, p.334, c21.

〔註39〕參 CBETA, T55, no.2154, p.675, c3-4.

〔註40〕參 CBETA, T50, no.2040, p.83, c24-p.84, b6.

〔註41〕參 CBETA, T53, no.2121, p.30, c12-p.32, a11.

〔註42〕湯用彤《漢魏兩晉南北朝佛教史》（增訂本），北京大學出版社，2011 年，第 331 頁。

〔註43〕瀧口宗紀《「法滅盡經」の成立とその影響》，《佛教論叢》第 42 號，1998 年，

認為它可能是一部中國撰述經典，是中國佛教對印度法滅思想的一種改造。
〔註44〕不過，也有一些學者持相反觀點。撫尾正信認為今本《法滅盡經》當
為正典，方廣錩、林雪玲等學者也贊同《小法滅盡經》即為《法滅盡經》，應
是正典。但相關論述的說服力不足。〔註45〕

（2）《般泥洹後諸比丘變經》的研究

《般泥洹後諸比丘變經》，亦名《般泥洹後諸比丘十變經》或《般泥洹後
諸比丘世變經》僅在敦煌文獻中有所保存，不過也僅存一號，即 S.2109-3，題
為「般泥洹後比丘十變經」，所言內容為佛預言在佛滅後僧團墮落，並在千年
之後三百年中閻浮提出現大水，水退後月光童子治世，時長五十一年。此後
佛法漸至滅盡，直至彌勒下世。彌勒下生千年後，十二部經到天竺北，但未
得到當地人信信奉，以至這些人墮入地獄。該經和很多經典有著錯綜複雜的
關聯。通過對各種經錄進行梳理，撫尾正信系統地研究了包括《般泥洹後諸
比丘變經》等在內的六部經典，並認為它們都是《法滅盡經》類經典。他的工
作已經將正典和偽經結合起來進行對比研究。〔註46〕菊地章太將其和傳世的
所謂劉宋慧簡翻譯的《佛母般泥洹經》中留存的「佛般泥洹後變記」進行了
比較，指出二者有著密切關聯，並認為「佛般泥洹後變記」可能是從梵文翻
譯而來，後有人在此基礎上加以改編，便形成了《般泥洹後諸比丘變經》，年
代在五世紀末六世紀初。〔註47〕

第 58～65 頁；菊地章太《あの世の到來：《法滅盡經》とその周邊》，收入田
中純夫編《死後の世界：インド中國・日本の冥界信仰》，東京：東洋書林，
2000 年，第 115～146 頁。
〔註44〕劉屹《法滅思想及法滅盡經類佛經在中國流行的時代》，《敦煌研究》2018 年
第 1 期，第 39～47 頁；並參同氏《經錄與文本：〈法滅盡經〉類佛經的文獻
學考察》，《文獻》2018 年第 4 期，第 87～99 頁。
〔註45〕撫尾正信《法滅盡經について》，《龍谷論叢》，1954 年第 1 期，第 23～47 頁；
季羨林主編《敦煌學大辭典》，方廣錩撰「《小法滅盡經》條」，上海辭書出版
社，1998 年，第 736 頁；林雪玲《敦煌本〈小法滅盡經〉非偽經考》，《普門
學報》第十七期，2003 年，第 1～11 頁。
〔註46〕參撫尾正信《法滅盡經について》，第 23～47 頁。
〔註47〕菊地章太《世の轉變と戒律のゆくえ──〈般泥洹後比丘世變經〉の成立を
めぐって》，《日本敦煌學論叢》第 1 卷，東京：比較文化研究所，2006 年，
第 137～166 頁；並參同氏《世變經成立年代考》，《東洋學研究》第 56 卷，
2019 年，第 396～378 頁；同氏《世變經成立年代考補遺》，《東洋學研究》
第 57 卷，2020 年，第 225～235 頁。

（3）《首羅比丘經》的研究

宋元時期，該經很可能已經佚失，但幸運的是在敦煌藏經洞中仍保存有多份殘本甚至全本。敦煌本《首羅比丘經》重見天日也成為推動月光童子信仰研究的重要契機。該經可分為兩大部分。第一部分以首羅比丘與五百仙人問答形式，講述了月光童子即將出世，並描述了月光童子出世的種種情況，包括出世時間和地點。經中提及，月光童子出世之前會有種種災難，其中有大水、大魔等，強調只有讀誦大乘經典、受持齋戒、堅持坐禪等出家者才可以度世。第二部分則描述了君子國國王及大臣等人前往蓬萊山中海陵山下閔子窟朝見月光童子，並聽聞月光童子講法，強調了世間會出現大災，以及該經神力。在此之後，經文還出現了一些內容雜亂的咒語等內容。《首羅比丘經》是現存唯一一部以月光童子為主角的佛教偽經，也是我們研究月光童子信仰在下層民眾精神世界存在形態的最重要的材料。

經本的整理工作。最先注意並整理該經的當是日本學者矢吹慶輝博士。矢吹慶輝於 1925 年秋往倫敦英國博物館調查敦煌佛教文獻材料，期間搜集了許多敦煌古寫本疑偽經，其最初在《鳴沙餘韻》中出版了圖版，後又於 1933 年出版了《鳴沙餘韻解說》。前者收錄了《首羅比丘經》的圖版，後者的第二部《疑偽佛典及敦煌出土疑偽古佛典》將 S.2697 號認定為《法經錄》中所收《首羅比丘見月光童子經》，並對該經進行了初步的研究，認為該經中體現的觀音信仰、維摩信仰混合形態是六朝佛教所具有的民間信仰特點，故判斷它是一部六朝時的偽經。〔註48〕矢吹慶輝博士也參與了同一時期《大正藏》的撰修工作，並將其搜集到的疑偽經編入正藏，即第八十五冊《古逸部・疑似部》，該冊亦收入了《首羅比丘經》。雖然從現在看，《大正藏》所收《首羅比丘經》僅據 S.2697 整理而成，沒有顧及到其他圖版，但我們仍要看到矢吹慶輝博士在當時的條件下能夠做出那樣的工作，已經是對佛教研究甚至是中國社會歷史研究做出了重要貢獻。

與矢吹慶輝博士大抵同時，陳垣在整理北平圖書館藏敦煌寫經時也發現了《首羅比丘經》殘卷，他在今北大藏 D 九九卷後題跋：「《首羅比丘經》之名，始見於隋《眾經錄》（疑偽部），唐各錄皆載之。宋以後久佚。今北平圖書館藏敦煌寫經八千六百餘軸，此經謹三軸，其稀少可知。此軸首題《首羅比

〔註48〕 參矢吹慶輝《鳴沙餘韻・解說篇》第二部《疑偽佛典概說》，東京：岩波書店，1933 年初版，此據京都：臨川書店，1980 年，第 224～226 頁。

丘見五百仙人並見月光童子經》全名，尤可寶貴也。中華民國廿年六月新會
陳垣識。」此經的全名的第一發現者當是陳垣。〔註49〕其實，在陳垣寫這一
跋語前，他可能早已見到該經的完整經題。因為在其著錄的《敦煌劫餘錄》
中，北8274（BD5926，重26）的背面就有一非常清晰、完整的經題。〔註50〕

　　此後，隨著對敦煌文獻研究的日益深入，更多的《首羅比丘經》殘卷、
甚至是全卷逐漸被發現，這就為整理出該經的全本提供了條件。1982年，荷
蘭學者許理和收集到五個版本，並以北8274（BD5926，重26）為底本，參校
北8275（BD687，日87）、S.2697、S.6881號、S.1811，將該經整理成英文。

　　1988年，白化文以北8274（BD5926，重26）為底本，校之以北8275
（BD687，日87）、S.6881、S.2697、S.1811+P.2464和北京大學圖書館藏卷+
北8661（BD8341，衣41），進行了全新校錄，除個別字詞尚有爭議外，基本
上復原了該經。〔註51〕後來的學者多以之為依據開展對該經的研究。

　　1992年，日本學者佐藤智水搜集到九件圖版，在白化文先生的基礎上增
加了北8460（BD5607，李7）和P.3019，並在對各個圖版抄寫質量進行了簡
要分析之後，以北8274（BD5926，重26）為底本進行了校錄。據該文「補
記」，這項工作完成時，佐藤氏尚未看到北大D99圖版，也未見到白化文的錄
文。次年，佐藤智水在榮新江、李開元等先生的幫助下獲得北大D99，並見
到白文後，又對該經進行了重新校錄。〔註52〕此後，劉屹先生也曾提示李盛

〔註49〕陳垣跋語中言自己曾在在北平圖書館見到三軸《首羅比丘經》，此三軸當為重
　　　　26（BD5926，北8274）、日87（BD687，北8275）和衣41（BD8341，北8661）。
　　　　參陳垣《敦煌劫餘錄》，1931年初刊，此據陳智超主編《陳垣全集》第八、九
　　　　冊，北京師範大學出版社、安徽大學出版社，2009年，第1170、1276頁。其
　　　　實，他還曾見到另一件經卷，即李7（BD5607，北8460），但該卷被其當作
　　　　道經予以收錄。參陳垣《敦煌劫餘錄》，第1223頁。
〔註50〕參陳垣《敦煌劫餘錄》，第1049頁。北8274（BD5926，重26）正面為《首
　　　　楞嚴經》卷六，背面另黏了幾張紙，但也都是拼接而成。從背後的印記可知
　　　　這些被黏貼的紙張上都曾抄有字。其中最後一張是剪切其他經卷，可能就是
　　　　《首羅比丘見五百仙人兵見月光童子經》，但是只留有了經題。目前發現的
　　　　《首羅比丘經》敦煌本卷子中，存有完整經題者有三：S.9158、北大D099、
　　　　BD8274（北7411，菜80）V、羽504。
〔註51〕參白化文《〈首羅比丘見五百仙人並見月光童子經〉校錄》，《敦煌學》第十六
　　　　輯，1990年，第47～59頁。
〔註52〕參佐藤智水《敦煌本〈首羅比丘經〉のテキストについて》，《岡山大學文學
　　　　院紀要》，第17號，1992年，第22～46頁；同氏《敦煌本〈首羅比丘經〉
　　　　点校》，《岡山大學文學院紀要》，第20號，1993年，第11～21頁。

鐸舊藏中有兩件寫本以及日本國會圖書館藏品中也有一件寫卷，值得今後校錄者注意。〔註53〕

2006年，楊梅在其博士論文《4～8世紀中國北方地區佛教讖記類偽經研究》附錄部分附上了該經錄文。該錄文以白文為基礎，對白文錯漏之處進行了改正。〔註54〕2010年，李盛鐸舊藏也由杏雨書屋公布，編號是羽137和羽142。〔註55〕

經本內容的研究。對月光童子信仰和《首羅比丘經》等偽經的關注，陳寅恪也許並不比矢吹慶輝晚。1930年，《歷史語言研究集刊》刊發了陳寅恪為陳垣《敦煌劫餘錄》所作之序，此即著名的《敦煌劫餘錄序》，序中陳先生針對一些人認為「北平書館所藏敦煌卷子」乃「劫餘」的觀點，摘出了多件極具學術價值的卷子，其中就包括《首羅比丘見月光童子經》，並認為該經乃「有關於佛教故事者也」。雖然現在審視這一判斷，它可能有些偏差，陳先生也並未再進行過相關研究，但陳寅恪對該經之研究的首倡之功不當被忽略。〔註56〕

在日本，矢吹博士之後，塚本善隆對月光童子信仰做出過具有歷史學意義的研究。塚本氏較早地便注意到了月光童子在中國的發展。他曾對月光童子劉景暉事件進行了專門探討，並利用佛教資料對月光童子形象進行了初步分析。他認為劉景暉的「月光童子」稱號即是源自月光童子系佛教經典，並指出除支謙、法護、那連提耶舍等人所譯正典外，《祐錄》中所收的《觀月光菩薩記》、《佛缽經》以及《彌勒下教》等偽經也是月光童子系經典。在北魏中後期動盪的社會環境下，正典中有關月光童子轉生中土的授記以及偽經中的月光童子的形象正成為一些人用以煽動民眾、舉旗造反的工具。不過，塚本善隆的研究工作還僅限於北魏之前的、與叛亂有關的月光童子形象，對月光

〔註53〕劉屹《〈書評〉北京大學藏敦煌文獻》，《敦煌吐魯番研究》第3卷，北京大學出版社，1997年，第372～373頁。

〔註54〕參楊梅《4～8世紀中國北方地區佛教讖記類偽經研究》，第104～109頁。

〔註55〕武田科學振興財團杏雨書屋編《敦煌秘笈影片冊》第2冊，大阪：武田科學振興財團，2010年，271～276、313～320頁。

〔註56〕在最近的一篇文章中，永田知之、榮新江等先生對此問題有着詳細論述，參永田知之《陳寅恪論及敦煌文獻續記——遺墨「敦煌研究」與講義「敦煌小說選讀」》，《敦煌寫本年報》第八號，2014年3月，第83～104頁；榮新江《陳寅恪先生〈陳垣敦煌劫餘錄序〉讀後》，載蔡鴻生、榮新江、孟憲實解讀《中西學術名篇精讀·陳寅恪卷》，上海：中西書局，2014年，第34～74頁。

童子在正典中的其他形象以及其後的發展並沒有展開探討。〔註57〕

最先專門對《首羅比丘經》經進行研究的當是日本學者砂山稔。早在 1976 年，他便發表了《月光童子劉景暉の反亂と首羅比丘經——月光童子讖お中心として》一文。通過對月光童子系經典的分析，他認識到月光童子和彌勒已經發生了合流，認為「月光菩薩在人們心目中是彌勒派來的救世主」。關於《首羅比丘經》本身，他認為是北魏延昌四年（515 年）劉景暉事件的產物，經中的「月光童子」指的便是劉景暉，而經中的大魔的原型則是此事件發生前爆發的大乘之亂的發起者沙門法慶。繼而，他得出了下面這樣的結論：該經造作於約為 6 世紀初的北魏肅宗明帝時代，造作地點則是以冀州為中心的中原地帶。〔註58〕他的觀點在日本學界有較大影響，得到了水野莊平等學者的支持。〔註59〕

許理和（Erik Zürcher）對四世紀中期之後的中國正典、偽經等佛教文獻以及世俗文獻中所見的月光童子信仰，作了歷史及文獻學的考察。通過對月光童子形象的分析，他還探討了佛道融合末世觀的出現。在解析《首羅比丘經》時，他根據《僧祐錄》無收和《法經錄》有載，認為該經應當造作於 518～589 年。並根據對經中所提到的「揚州」、「柳城」等地點的分析，認為該經很可能造作於揚子江流域。同時，他根據經文故事的發展情節，將該經分為三部分進行分別探討，第一部分是首羅比丘在太寧山中見五百仙人，第二部分是君子國國王大臣人民等及五百仙人在閡子騫窟見月光童子，第三部分是晦澀的密語手語部分。但他並沒有對三部分各自成立時間提出懷疑。需要指出的是，許理和在文章中始終是在用基督教式的末世觀來看待佛道融合後的末世觀，並將月光童子看做救世主。〔註60〕這一點受到了古正美等學者們的批評。但這絲毫無礙於這篇文章以其開創性與新穎性成為一篇經典論文。

1987 年，楊惠南發表了《漢譯佛經中的彌勒信仰——以彌勒上、下經為主

〔註57〕參塚本善隆《塚本善隆著作集》第二卷《北朝佛教史研究》，東京：大東出版社，1974 年，第 175～179 頁。

〔註58〕參砂山稔《月光童子劉景暉の反亂と首羅比丘經》，《東方學》51 輯，1976 年，第 113～117 頁。

〔註59〕參水野莊平《中國仏教における護國思想の受容過程について》，《印度佛教學研究》第五十八卷第一號，2009 年，第 264 頁；佐藤智水《敦煌本〈首羅比丘經〉のテキストについて》，第 22～46 頁等。

〔註60〕參 Erik Zürcher, "Prince Moonlight: Messianism and Eschatology in Early Medieval Chinese Buddhism", *T'oung Pao* LⅩⅧ, 1~3 (1982), p.1~59.

的研究》。文中，他整理了佛教中的月光童子經典，並以月光童子的角色為標準將文獻分為月光童子為主角的佛典和月光童子為配角的佛典。他還對月光童子的轉輪王形象以及與彌勒佛的關係進行了分析。在探討月光童子信仰時，對《首羅比丘經》進行了一些研究。他認為這是一部以月光童子為主角的偽經。他同時認為這部經是一部政治性的讖語，指出我們應當尤為注意經中提到的月光童子的「明王大聖」的形象，並認為經中提到的十八個賢聖都是該經集成時代的革命分子。這些革命分子造作此經，即是為他們的革命事業服務的。〔註61〕

柿市里子認為經中摻入了六朝時代民間流行的觀音信仰、維摩居士信仰，並存在關於道教神仙妖術的描寫。〔註62〕這顯然是受到了矢吹慶輝的影響。

溫玉成從經中的聖魔大戰出發，他認為該經的造作背景應當是北周武帝滅佛，而經中的大魔則是北周武帝，所以判斷該經便是造作於在6世紀70年代前半葉，下限是武帝去世之前（578年六月），而地點則是以太寧山為中心的地區。他認為今本《首羅比丘經》可能不是一次性完成的，並推測此經是北齊僧人僧慶所造或所集。〔註63〕

蕭登福也曾就這一問題發表過自己的觀點。他將《首羅比丘經》同北魏末年冀州沙門法慶叛亂聯繫在一起，更強調該經是胡漢矛盾的產物，並認為該經是受到漢末六朝以來道教李弘末劫救世說的影響。他將經文「五百仙人在太寧山中並見月光童子經一卷」標點為「五百仙人在太寧山中，並見《月光童子經》一卷」，與前人不同。他將太寧山連同經中提到的其他地方都視為起義軍所在地點，同時認為經中的「明王」一詞影響深遠，南宋白蓮教之「明王」可能不是源自摩尼教，而是出自這部經。他還認為該經可能是後世宣揚抄經免災類偽經的源頭。文中，他也將有關月光童子的佛典和世俗文獻進行了一番梳理，並對《月明菩薩經》、《月光童子經》等經典進行了簡要分析。〔註64〕蕭登福可能

〔註61〕 參楊惠南《漢譯佛經中的彌勒信仰——以彌勒上、下經為主的研究》，第119～181頁。

〔註62〕 參鐮田茂雄、河村孝照等主編《大藏經全解說大事典》，柿市里子撰「《首羅比丘經》」條目，東京：雄山閣出版株式會社，1998年，第836頁中。

〔註63〕 參溫玉成《〈首羅比丘經〉若干問題研究》，初刊於《佛學研究》，1999年第8期，第205～209頁；此據氏著《中國佛教與考古》，北京：宗教文化出版社，2009年，第603～613頁。

〔註64〕 參蕭登福《讖緯與道教》，臺北：文津出版社，2000年，第477～478、541～559頁；同氏撰《月光明王出世信仰及敦煌寫卷〈首羅比丘經〉借明王以聚眾抗胡的思想研究》，《敦煌學》第二十七輯，2008年，第347～366頁。

受到了塚本善隆等人的影響，他的這種處理為偽經找到了歷史事件的依據，但這種聯繫有過於草率，說服力並不是很強。

　　2003 年，古正美出版了《從天王傳統到佛王傳統──中國中世紀佛教治國意識形態研究》，該書的第四章為《齊文宣與隋文帝的月光童子信仰及形象》。該書的中心主題即是她提出的「佛教治國意識形態」論，對於月光童子的分析也不例外。書中，她不贊同許理和從末世論的角度看待月光童子信仰，認為月光童子的形象更接近於轉輪聖王。通過對各種經典的分析，她認為中國的月光童子信仰並不是傳自印度，而是傳自中亞的于闐及龜茲，其最早在符堅或道安時代既已傳入中國，並且在以後一段相當長的時間內主導了中國的佛教信仰，甚至影響了中國佛教的發展方向。〔註65〕古正美的觀點可謂別開生面，但她過於強調「佛教治國意識形態」的影響，以至於她對一些材料的解讀出現了很大的偏差。

　　楊梅在其博士論文中也有專章探討月光童子形象和《首羅比丘經》。文中，她根據不同經典的描繪，將月光童子區分為不同系統的形象，一是佛本生系統的月光王（月光太子、月光天子），二是藥師佛信仰中的月光菩薩，三是佛教偽經系統的月光童子，四是修行水觀的月光童子。在對此經進行性質定位上，她認為《首羅比丘經》應當是一部佛教讖記類偽經。在經本方面，她在許理和的基礎上，進一步提出，該文獻包括的三個獨立的部分，特別是前兩部分和第三部分的體例頗不一致，恐非一時一人之作，認為此經的現存本可能經過了一個不斷增撰的過程。在時間定位上，她根據對經中的「古月之讖」以及月光童子出世為王的考察，認為該經可能造作於石趙時期。除此之外，她還對月光童子的轉輪聖王信仰的發展演變進行了一番梳理。在其論文的第二章「『聖』與『佛』──讖記類偽經中的政治模式」中，她結合一些政治事件，對月光童子信仰的出現到發展再到衰落的過程進行了詳盡的分析。楊梅的研究在前人成果的基礎上有了很大的推進，然而需要指出的是，楊梅的分析是建立在《首羅比丘經》創作於石虎時期的基礎之上，但是這一結論還有待討論，所以文中有一些觀點還是可以繼續進行討論的。〔註66〕

〔註65〕參古正美《從天王傳統到佛王傳統──中國中世佛教治國意識形態研究》，商周出版社，2003 年，第 155～221 頁。

〔註66〕參楊梅《4～8 世紀中國北方地區佛教讖記類偽經研究》，第 28～54 頁；並參同氏《〈首羅比丘經〉文本內容及創作時代考》，《敦煌吐魯番研究》第十一卷，2008 年，第 183～198 頁。

　　曹凌也對該經的現存狀況進行了整理，並認為該經應當分為兩大部分。第一部分為首羅比丘和五百仙人、君子國君民和月光童子的對話。這一部分以對話主體的轉移又可分為兩小部分，即首羅比丘在太寧寺問五百仙人月光童子出世事和君子國國王問月光童子免災事。第二部分為一些蕪雜的東西，包括咒語及與此咒語相關的行法，以及月光童子與佛陀的對話等內容。他認為第一部分是可以獨立作為一部經典的，其第二部分則可能是一種附錄或者經典成立綴接上去的內容。他根據該經反映出的繁雜思想，並綜合各家研究，認為經典成立於四世紀初（後趙）到六世紀初葉（劉景暉起義）之間。同時，他根據經典中沒有提出不食肉，而代之以號召少食肉，推斷此經也許是在梁武帝提倡的斷肉運動在北方獲得廣泛影響之前，認為這也可以成為該經之形成早於《出三藏記集》撰出時代的一個佐證。〔註67〕

　　于淑健在《敦煌佛典語詞和俗字研究──以敦煌古佚和疑偽經為中心》一書中，對《首羅比丘經》中的「消息」等詞進行了考釋，並提出了如「觚更有之」等詞語的可行性。〔註68〕這種語言學上的工作對於我們進一步瞭解該經內容提供了方便，同時對我們利用口語方言等來判斷疑偽經的創作年代和地域也是有啟發意義的。

　　陳星宇也試圖通過梳理月光童子在佛道文獻中的形象流變，以解釋《首羅比丘經》的佛道緣緣，認為該經在吸收《法滅盡經》、《佛缽經》、《佛說神日經》等佛典要素的同時，也吸收了道經《太上靈寶天地運度自然妙經》等的一些因素，並使得月光童子的形象出現了仙化趨勢。〔註69〕

　　孫英剛、李建欣在討論中古時期佛教救世主信仰演變時，將月光童子信仰放置在了彌勒信仰的延長線上，重點分析了《首羅比丘經》等中體現的佛缽與月光童子信仰，並通過與中國政治實踐相聯繫，認為它們實實在在影響了當時的信仰和政治世界，對當時的政治起伏和宗教宣傳都產生了深刻的影響。〔註70〕

〔註67〕參曹凌《中國佛教疑偽經綜錄》，上海古籍出版社，2011 年，第 167～171 頁。

〔註68〕參于淑健《敦煌佛典語詞和俗字研究──以敦煌古佚和疑偽經為中心》，上海古籍出版社，2012 年，第 294 頁等。

〔註69〕陳星宇《〈首羅比丘經〉中月光童子形象的佛道淵源》，《學理論》2014 年第 18 期，第 145～146 頁轉 153 頁。

〔註70〕孫英剛、李建欣《月光將出、靈缽應降──中古佛教救世主信仰的文獻與圖像》，《全球史評論》2016 年第 2 期，第 109～140 頁。

　　徐漢傑通過對月光童子形象演變的分析，認為中古中國流行的月光童子出世為聖君的觀念是在借鑒了譯經中的未來佛彌勒形象後，通過中國本土偽撰的佛典塑造出來的，並認為這種信仰之所以得以產生並為世人所接受，應該與當時社會上流行的「法滅」和「無佛」思想又很大關係。〔註71〕

　　最近，王鶴琴在利用北齊《趙郡王高叡修史碑》討論天台山佛教聖化問題時，處理到了碑文中提及「月光童子戲天台之傍」，認為這種信仰源自《首羅比丘經》，並進而將其和中國傳統的王子喬信仰聯繫在一起，對理解中古時期月光童子信仰與本土傳統信仰的融合提供了新的認識。〔註72〕

（4）《普賢菩薩說此證明經》的研究

　　《普賢菩薩說此證明經》也僅存於敦煌藏經洞，現發現33號，其中6號完整、27號殘缺，並有3件標有「普賢菩薩說此證明經」經題的護首。〔註73〕該經分為三部分，第一部分是《黃仕強傳》（一少部分寫卷將其置於末尾），述黃仕強入冥及抄《普賢菩薩說此證明經》的靈驗故事；第二部分為普賢菩薩和佛陀、彌勒等的問答，敘述可在彌勒下生之後得見彌勒的十種人及因緣，並強調憶念普賢菩薩之神力；第三部分題作「佛說證香火本因經」，以空王佛等七佛集會為因緣，宣揚彌勒下生信仰，強調受持流通此經，其中包含了在中國的預言，提及彌勒在下生前會化作「法王」治理世間三十年。由於《普賢菩薩說此證明經》（尤其是《本因經》）曾被宣揚武則天稱帝的《大雲經疏》引用，所以自其被發現起，便得到了學者們的廣泛關注。〔註74〕前輩學者雖對

〔註71〕徐漢傑《偽撰佛典建構下的中古救世主》，《內蒙古師範大學學報》2019年第2期，第95～102頁。

〔註72〕參王鶴琴《論天台山佛教聖地化的初期歷史——以北齊〈趙郡王高叡修寺碑〉為中心》，《世界宗教研究》2020年第4期，第65～72頁。

〔註73〕參王孟《敦煌佛教疑偽經綜錄》，上海師範大學博士論文，2016年，第184～185頁。

〔註74〕Antonino Forte, *Political Propaganda and Ideology in China at the End of the Seventh Century: Inquiry into the Nature, Authors and Function of the Tunhuang Document S.6502 Followed by an Annotated Translation.* 1976年初版，此據東京：東方研究院，2005年；菊地章太《六世紀中國の救世主信仰——〈證香火本因經〉を手がかりに》，道教文化研究會編《道教文化への展望》，東京：平河出版社，1994年，第323～325頁；最近，尤春桃（April D. Hughes）也從《證明經》內部分析了《證明經》之所以可以被用於政治宣傳的原因，參April D. Hughes, Re-examining The Zhengming Jing: The Social and Political Life of an Apocryphal Maitreya Scripture, *Journal of Chinese Religions* 45 (1), p.1~18等。

《黃仕強傳》和《本因經》進行的研究十分豐富，但對《本因經》中月光童子信仰的探討則甚少措意。與之相關的一個問題是該經的造作年代，於此學界有多種觀點：一是認為該經是六世紀早期以前的作品，〔註 75〕二是認為該經是高宗晚年、武后上臺之際的作品，〔註 76〕三是認為該經是六世紀後半葉的作品，〔註 77〕四是認為該經是隋初開皇年間的作品。〔註 78〕筆者通過對經中「椹公」等的考察，認為該經應該是隋初時作品。〔註 79〕

（5）《天公經》的研究

《天公經》在敦煌藏經洞中雖只存三號（BD7362-1（北 4466、鳥 62）、BD14427（新 627）和 S.2714），但各號內容都多有不同，只有 BD7362 號卷才含有月光童子信仰，該卷卷末有「月光童子初出時，除罪滅禍殃」等字樣。此外，據張總先生調查現藏與美國舊金山亞洲藝術博物館的北齊觀音造像碑上也刻有該經。〔註 80〕方廣錩等對該經進行過校錄和初步研究，並根據該經最早為《法經錄》記載，判斷該經可能是一南北朝時期作品。〔註 81〕其實，就此經而言，因為該經存在多個異本，所以僅憑經錄的記載進行年代判斷似乎不太嚴謹。但因為相關資料的缺乏，進一步的研究亦只能暫付闕如。同樣的困境也存在於我們對《清淨法行經》的研究中。

（6）《清淨法行經》的研究

《清淨法行經》是中古時期佛教在與道教論爭中造作的一部偽經，它創

〔註 75〕 參菊地章太《六世紀中國の救世主信仰——〈證香火本因經〉を手がかりに》，第 320～341 頁；

〔註 76〕 參鄭阿財《敦煌疑偽經與靈驗記關係之考察》，《漢語史學報》第三輯，上海教育出版社，2000 年，第 288 頁；張子開《敦煌普賢信仰考論》，《山東大學學報（社會科學版）》，2006 年第 4 期，第 75～79 頁；同氏《中土新創普賢信仰文獻敘錄》，《江西師範大學學報（哲學社會科學版）》，2010 年第 6 期，第 68 頁。

〔註 77〕 參手島一真《空王仏と空王——石刻·伝世史料中における用例の考察》，《立正大學東洋史論集》，2008 年，第 11 頁；同氏《空王仏と空王——漢文仏典中における用例の考察》等。

〔註 78〕 參古正美《從天王傳統到佛王傳統》，第 183～184 頁。

〔註 79〕 參拙文《敦煌本〈佛說證香火本因經第二〉造作年代考》，收入本書下編。

〔註 80〕 張總《疑偽經典與佛教藝術探例》，收入《2000 年敦煌學國際學術研討會文集·石窟藝術卷》，蘭州：甘肅民族出版社，2003 年，第 253 頁。

〔註 81〕 相關錄文及研究，可參方廣錩整理《天公經》，收入方廣錩主編《藏外佛教文獻》第一輯，北京：宗教文化出版社，1995 年，第 369～373 頁；並參曹凌《中國佛教疑偽經綜錄》，第 215～218 頁。

造出了一個「行化東方」的三聖體系，以與道教的化胡說相抗衡。自日本七寺本古抄本的發現起，相關研究幾乎已經涉及到該經的各個方面。〔註82〕但根據湛然等人的引述，我們知道該經也是存在多個異本，其重要差異即在於「三聖」的組成及組合不同。月光童子在一些異本中就被列為三聖之一。關於這種變化是何時出現的，其背後動因又是怎樣，學界卻鮮有討論。據筆者目及，僅李小榮教授曾注意到月光童子被吸收進「三聖」之中可能是唐以後的事情，可惜他對此並未深究，並且在論述月光童子形象演變的整個鏈條時仍將作為「三聖」之一的月光童子放置在南北朝時期。〔註83〕

　　通過上文對相關學術史的簡單爬疏，不難看出，學界對月光童子信仰的探討已經相當豐富，涉及到佛典經本的措辭、思想、創作時間和地點，以及歷史背景等各個方面。就目前學術界的研究內容和成果而言，研究正典者多從經錄、語詞等角度對這些經典進行文獻學處理，未結合同時代存在的偽經以及歷史背景，對月光童子諸多信仰的共時性存在與歷時性轉變關注的遠遠不夠；研究偽經者對月光童子形象做過豐富的研究，但對正典的利用卻又顯薄弱。可以說，我們對月光童子信仰研究遠非透徹。

〔註82〕參石橋成康、直海玄哲、落合俊典等釋錄《清淨法行經》，收入牧田諦亮監、落合俊典編《七寺古逸經典研究叢書》第二卷之《中國撰述經典（二）》，東京：大東出版社，1996 年，第 5～28 頁；石橋成康《疑經成過程における一斷面——七寺藏〈清淨法經〉考》，收入牧田諦亮監、落合俊典編《七寺古逸經典研究叢書》第二卷之《中國撰述經典（二）》，第 745～768 頁；同氏《新出七寺藏〈清淨法行經〉考之二——疑經成立過程にぉける一斷面》，《佛教文化研究》37 號，1992；前田繁樹《〈清淨法行經〉と〈老子化胡經〉——排除のない論議》，收入牧田諦亮監、落合俊典編《七寺古逸經典研究叢書》第二卷之《中國撰述經典（二）》，第 769～782 頁；梁曉紅《從名古屋七寺的兩部疑偽經資料探討疑偽經在漢語史研究中的作用》，《普門學報》第 17 期，2003 年，第 1～29 頁；同氏《清淨法行經〉語詞考辨》，《普門學報》第 38 期，2007 年，第 1～10 頁；關於《清淨法行經》中「三聖」的最新研究，參金文京《〈玉燭寶典〉所載〈法滅盡經〉に見える老子・孔子・項橐三聖派遣說》，《東方宗教》第 117 號，2011 年，第 1～17 頁；野村卓美《清淨法行經〉の研究：釋迦が派遣した三菩薩と真丹の三聖人》，大谷大學文藝學會編《文藝論叢》第 81 輯，2013 年，第 32～45 頁；同氏《清淨法行經〉の研究：三菩薩と三聖人の對應關係再考》，大谷大學文藝學會編《文藝論叢》第 86 輯，2016 年，第 32～43 頁；45.劉屹《中古佛教的「三聖化導說」——以七寺所藏〈清淨法行經〉為中心》，《唐研究》第 22 卷，北京大學出版社，2016 年，第 27～48 頁等。

〔註83〕參李小榮《〈弘明集〉〈廣弘明集〉述論稿》，成都：巴蜀出版社，2005 年，第 211～227 頁。

　　就月光童子信仰整體研究而言，前人研究多侷限於某一點，尚未有完備系統的研究。但中古時期，月光童子信仰具有多樣性，既包括供上層僧眾修行的水觀，也包括為民眾運動提供理論依據的末世轉世；既包括救治病厄的佛教菩薩形象，也包括與道教化胡針鋒相對的行化東方聖人形象。

　　就具體問題而言，月光童子轉生中國信仰的起源問題，學界多秉持一貫態度，天然地認為這種觀念是中國人自己的造作，少有文獻學和歷史學上的考察。

　　信仰興盛、衰落乃至消失的原因應該是月光童子信仰研究中的應有之義，但迄今未見有學者予之以正面回應。

　　此外，圍繞月光童子信仰的一些文獻，如習鑿齒《與釋道安書》、《首羅比丘經》、《普賢菩薩說此證明經》等，還有很多探討的空間。

　　這些都是亟待解決的問題，也是本書著力要予以回應的問題。

四、基本框架與結構

　　本書分為上下兩編，上編重點分析月光童子信仰在中古時期的演變，下編則是對與月光童子信仰相關的一些文獻等進行專題討論。

　　上編分為四章。首先從整體上梳理了月光童子形象自傳入中土以至興盛成為上至皇權、下至黎民共同尊奉的神靈，再到衰落泯滅的歷史過程。這樣的工作主要建立在對月光童子系經典的文獻學考察基礎之上，但僅侷限於佛教經典並不能勾勒出超出佛典以外、存在於當時信眾精神世界的月光童子形象，而這種形象又恰恰是最為鮮活、最具生命力和中國特色的，最應受到我們關注的內容。所以筆者盡可能收集了本土信眾留下的有關月光童子信仰的文獻資料以及金石材料，努力將月光童子諸多形象的共時性存在與歷時性轉變一一勾勒出來。是為第一章。

　　在對月光童子信仰在中國的傳播進行了概括性敘述的基礎上，本書致力於對月光童子轉生中國信仰進行一番新的考察。中古時期月光童子諸多信仰中，月光童子轉生中國信仰影響最大，對中國社會的影響也最為顯著。這項研究的開展主要基於筆者對《申日經》、《德護長者經》相關內容及支遁、習鑿齒等人信件的考察，認為這種信仰可能是有其梵文本或西域文本的根據，並不一定必然是中國本土的造作。但我仍要強調的是本書的探索只是想提供一種可能性的思考，並不是完全否認前人關於這種思想的興起於本土的判

斷。是為第二章。

月光童子形象的本土化是本書關注的核心問題之一，第二章的工作只是辨析了這種本土化過程萌芽時的形態。如果說經典的譯介是月光童子形象本土化的原始助力，那麼本土造作的偽經則是本土化的最重要的動力。筆者擇取了《法滅盡經》以說明月光童子轉生中國的依據，對《首羅比丘經》、《清淨法行經》等偽經的分析，則嘗試梳理清楚月光童子在以偽經造作者為代表的下層信眾中的形象。當然，月光童子轉生中國信仰的另一個重要體現即是皇權的介入，但先彥時俊在這方面的研究已經相當成熟，故本書不擬贅言復述。是為第三章。

月光童子信仰出現於三國，興盛於南北朝隋朝及唐初，衰落於唐中後期，宋元時期已經泯滅無聞。其興盛當與南北朝社會動盪有關，民眾渴望明君聖主的出現，以解倒懸之苦。經典的傳譯給這些近於絕望的信眾帶來了精神依託，月光童子被塑造成末世救世主的形象，甚至成為民眾運動的旗幟。這種信仰的衰落，與大一統國家的重新出現，社會安定的大背景有著必然聯繫，但除此之外，各種勢力對信仰的爭奪很可能也是月光童子信仰在唐初之後迅速衰微的重要原因。皇權對月光童子形象的利用，當源自《申日經》等經典關於月光童子為轉輪王形象的刻畫，這種努力雖在東晉時已經出現，但真正走進統治者的視域，當是北朝末期的事。皇權對月光童子信仰進行新的審視的原因可能並不是源於對經典的崇奉，而是源於對民眾運動的恐懼。皇權對月光童子轉生信仰進行了一番無害化處理，使之成為統治者獨享的特權。所以譯經與偽經的互動、偽經與民眾運動的結合、民眾運動與皇權的互動以及譯經與皇權的互動可能正是月光童子信仰興盛的重要動力。月光童子信仰衰落的原因可能要比其興盛更為複雜，是一個需要從整個中古佛教史甚至宗教史的高度進行統籌把握的問題，限於學識，本書只能提供一些近乎想當然的理解。是為餘論，也就是第四章。

必須承認的是，上編的結構布局並不十分整齊。第一章為總論，概括了月光童子信仰在中古時期的各個面相；第二章、第三章只是對月光童子轉生中國一個面向的分析；餘論是對月光童子信仰興盛原因的一種嘗試性解釋，但和第二章、第三章的結合併不緊密，與第一章總論卻更具呼應性。一種更為合理的布局，應該是：第一章總論，第二章、第三章按歷時性邏輯分論南北朝時期的月光童子信仰和隋唐時期的月光童子信仰，第四章餘論。但筆者

並沒有採取這種結構，主要原因是，先賢關於南北朝以至隋唐時期的月光童子信仰已經有了非常豐富的探討，基本的敘事框架和邏輯都已經梳理完畢，本書第二章論及之「月光童子轉生中國思想起源」、第二章之《法滅盡經》與《首羅比丘經》等，雖然還有剩意可談，但都不能支撐起按歷時性所分的章節。當然還有另一種比較合理的布局，即按照月光童子信仰的不同面向，建立共時性結構敘事：第一章總論，第二章論述月光童子轉生中國信仰，第三章討論月光童子與中古化胡說，第四章餘論。但如此敘事，則容易出現第二章內容過於豐富，甚至可能佔據論文的三分之二的篇幅，而月光童子與中古化胡說關係的資料非常缺乏，尚不足以單獨成章，如此也會出現頭重腳輕的混亂。所以，綜合考慮，筆者採取了結構有所混亂，但仍可將前彥剩意略略一談的布局。

下編也分為四章。第一章分析了東晉名士習鑿齒撰寫的《與釋道安書》，這是一封涉及到月光童子轉生中國信仰的最早文獻。習鑿齒撰寫此信，主要是為了邀請釋道安來東晉宣揚佛法。信中，習鑿齒回顧了東晉皇室佛教政策的演變，發表了他對皇權和佛法關係的看法，表達了他對釋道安來東晉宣揚佛法的期待。關於該信件的寫作時間及宣揚的中心人物，學界一直存在著爭議。通過對信件內容以及相關歷史背景的分析，蓋章初步探討了上述兩個問題，認為該信件應當作於公元 365 年，其所宣揚的中心人物為晉哀帝。

第二章主要分析了《普賢菩薩說此證明經》的經本結構。《普賢菩薩說此證明經》在內容上與《首羅比丘經》有些很多相合，其中也有對月光童子信仰的宣揚，更為重要的是它曾在武后代唐的關鍵時刻發揮過重要的輿論宣傳作用。該經其實分為兩部分，一部分是《普賢菩薩說此證明經》，一部分是《佛說證香火本因經第二》。關於二者之間的關係。該章從經本語詞以及背後體現的民眾信仰等角度對上兩經的經本關係進行一些分析，嘗試提出一些新的認識。

第三章也是對《普賢菩薩說此證明經》的一些文獻學考察，不過重點關注了該經的第二部分，也就是《佛說證香火本因經第二》的造作年代。關於該部分的造作年代，學界有不少爭論，或認為是六朝南朝中期，或認為是六世紀中後葉，或認為是唐高宗武后時期。該章擬從「香火」本義、經錄記載、二聖信仰、金翅鳥信仰、神異僧稠公等角度，對《本因經》造作年代進行探討，認為它可能是隋文帝營建新都之後不久造作出來的。

　　第四章則是對與月光童子信仰密切相關的「化城」進行了綜合性討論。「化城」在月光童子信仰體系中往往被視為終極樂土，這一形象最初的原型是什麼？又經歷了怎麼樣的變化，才最終成為了偽經——或者說是民眾信仰——系統中的終極樂土。該章則從佛教譯經、佛教疑偽經和道教經典中對相關用法進行了系統梳理和分析。

　　因為本書各章都對《首羅比丘經》和《普賢菩薩說此證明經》有較多分析和引用，所以為方便讀者，便在校對敦煌文獻中的相關圖版並參考之前諸家校錄的基礎上，在附錄部分收錄了此二經的錄文。

五、不足

　　寫作之初，本書試圖對中古時期月光童子信仰進行一番徹底的清理性研究，然而隨著寫作的日益深入，筆者越發發現月光童子雖是一位「小菩薩」，其所涉及的問題也不是短時間內能全部予以解決的。本書涉及到的一些史料，雖說筆者已經頗著筆墨，但相關解讀亦非可稱之為定論。

　　首先是對月光童子信仰的多面性研究不充分。中古時期，在中國流傳的月光童子具有多種形象，但本書所著重予以探討的是只是轉生中國的信仰，對於諸如勸父禮佛的童子形象、修習水觀的菩薩形象等在漢地的流傳形態及其影響並沒有進行詳細討論。月光童子信仰與中古時期流行的也冠有「月光」之名的藥師佛脅侍「月光菩薩」和佛陀本生「月光太子」、「月光王」之區別，本書也沒有予以仔細區別。事實上，這種區別應當是首先完成的工作，因為它關係到對一些諸如智璪事、月光王白鐵余事件邊緣材料的判斷和使用。這項工作的闕如，很大程度上要歸因於筆者學識有限，筆者不能於海量文獻中找出三者間的明確界限，當然這種明晰的楚河漢界可能並不存在。為此，筆者在處理一些文獻時採取了保守的態度，試圖摒棄那些性質不明的材料，以保證本書的討論是在一個相對安全的範圍進行。仍需指出的一點是，本書對著力最多的轉生信仰之探討也不是全面的。比如，行化東方之信仰可謂是轉生信仰的一個變種，本書雖在第一章處予以了描述，但這種處理尚未展示出「轉生中國」和「行化東方」兩種觀念相互間的異同，更不足以說明「行化東方」信仰之產生與演變的背景與原因。

　　其次是對月光童子轉生信仰的起源和衰落研究不充分。從溯源的角度看，月光童子信仰終究是一種外來思想，但本書並沒有對這種思想之緣起予以探

究。月光童子信仰本身可能是一種月亮崇拜的體現，如此，則這種信仰就涉及到了對古代印度和中亞地區的月天、娜娜女神等崇拜。但是筆者對後二者的認知尚不足以使自己從中辨析出那些和月光童子可能相關的元素。月光童子信仰興勃亡忽，本書雖然嘗試著對其中原因進行一些推測，但都難稱確論。比如，筆者對上述問題的回答可以用「解釋權易位」進行概括，但是這種解釋體系更多的是通過對表面現象的一致性或重合性的認知而建構起的，並沒有一種令人信服的內在邏輯予以支持。筆者雖然對前輩學者關於月光童子被吸收進彌勒信仰的解釋並不認可，但也同樣認為本書提出之譯經、信仰、民眾運動、皇權等多種元素間互動的解釋只是一種歷史的可能性。

再次是對月光童子信仰的外圍問題研究很不夠。歷史現象不是孤立存在的，信仰亦是如此。中古時期月光童子信仰的演變與其他歷史現象相互交織、彼此影響著，所以本書的研究若要達到一個令人滿意的程度，必須對這些相關性的問題進行一番瞭解。比如，筆者也認為月光童子信仰的衰落可能與文殊師利信仰的興盛有關。這兩種菩薩的興盛期可謂是相續的，北朝後期隋唐之初，月光童子興盛在前，文殊信仰鼎盛在後；二者同是童子聖人，並將鎮護真丹；他們或與天台嵩山相結合，或與五臺聖境相聯繫，開創了佛教菩薩化現中國聖山的時代。但筆者尚無力對文殊這位比月光童子「更大」的菩薩給予更多的探究，所以這部分內容也未能付諸筆端。又比如，《本因經》、異本《清淨法行經》等偽經所展現出的月光童子信仰和中古老子化胡說之間存在著的密切關係，本書也措筆無多，之所以如此，完全是因為筆者對老子化胡說的瞭解很不充分。

第三，對漢文文獻之外的資料的搜集和使用尚待進一步推進。就佛教經典而言，本書使用的更多的是漢文佛經，但是月光童子系經典本身是存有其他語言文本的。筆者雖曾搜集使用了巴利文本和藏文本的相關文獻，但是對這些文本的閱讀還是借助於友人，並且未進行字句和情節的仔細核對。巴利文和藏文文本之外，諸如犍陀羅語等文獻中是否存在類似經典，這樣的工作完全沒有展開。其實，除卻佛教經典，還有一些圖像資料，筆者對其利用也很不充分。比如，文中筆者列舉了曼荼羅上畫有月光童子，今天的趙州柏林寺壁畫上也保留有相關圖像信息，但是本書並沒有充分挖掘其中可能包含的信息，也沒有搜集其他文獻或地區保存的圖像資料。

第五，研究視角有待更新。本書試圖通過歷史學的視角統攝一批以月光

童子信仰為中心的疑偽經典，並努力還原這種信仰在中古時期的歷史生態。就使用的研究方法看，更多的屬於歷史文獻學的範疇，這便在很大程度上限制了文章的豐富性。其實，就月光童子信仰而言，也可以運用圖像學、宗教學等方法進行探討，甚至引入社會學的研究方法也是有可能的。

　　總之，從一定程度上講，本書的研究不可能臻於完美要歸因於歷史現象的複雜性以及史料記載的缺失，但更重要的原因是筆者自身學識水平相當有限，希望以後能夠不斷提高自己的學術修養，使自己能在有限的生命中將月光童子這一「小菩薩」的無盡研究再向前推進一小步。

第一章　月光童子的中國形象

　　在中古社會中，月光童子是一位具有巨大影響力的佛教菩薩，雖然有關他的史料只是零星地被保存下來，但也足以讓我們一窺其對社會之影響。[註1] 本章主要想在總體上對月光童子信仰進行一番勾勒，試圖說明在中古時期，

〔註1〕從現代佛教來看，佛教中最為重要的佛和菩薩當屬如來、彌陀、彌勒、觀音、地藏等，月光童子似乎並不為人所知。檢點大藏，月光童子經典也不如上述佛和菩薩的多。這也許正是荷蘭學者許理和（Erik Zürcher）認為月光童子並不是一位大乘佛教中著名的大菩薩的原因吧。但是通過考察月光童子經典，我們認為月光童子在中國歷史和漢傳佛教史中的地位雖然不如那些佛和菩薩顯著，雖然可能也稱不上是「大菩薩」，但在當時的歷史上的影響力絕對是相當大的。許文參 Erik Zürcher, "Prince Moonlight: Messianism and Eschatology in Early Medieval Chinese Buddhism", *T'oung Pao* LXVIII, 1~3 (1982), p.1~59. 關於月光童子在中古時期的具體影響，可參看砂山稔《月光童子劉景暉の反亂と首羅比丘經》,《東方學》51 輯，1976 年，第 113～117 頁；水野莊平《中國仏教における護國思想の受容過程について》,《印度佛教學研究》第五十八卷第一號，2009 年，第 261～266 頁；N.H. Rothschild, "Emerging from the Cocoon: Ethnic Revival, Lunar Radiance, and the Cult of Liu Sahe in the Jihu Uprising of 682-3", *Annali dell'Università degli studi di Napoli "L'Orientale". Rivista del Dipartimento di Studi Asiatici e del Dipartimento di Studi e Ricerche su Africa e Paesi Arabi*, 2005 (65). p.257~282. 該文的簡本可參羅漢《剝開蠶絲：在白鐵余 682～683 年的佛教運動中的民族、財富和末法意識》，胡素馨主編《寺院財富與世俗供養國際學術研討會論文集》，上海書畫出版社，2003 年，第 322～332 頁；古正美《從天王傳統到佛王傳統──中國中世佛教治國意識形態研究》，商周出版社，2003 年，第 155～221 頁；楊梅《4～8 世紀中國北方地區佛教讖記類偽經研究》，首都師範大學博士論文，2006 年；蕭登福《月光明王出世信仰及敦煌寫卷〈首羅比丘經〉借明王以聚眾抗胡的思想研究》,《敦煌學》第 27 輯，2008 年，第 347～366 頁等。

尤其是東晉末南北朝以至隋唐時期，中國存在著一種比較活躍的月光童子崇拜現象。

第一節　月光童子形象的傳入

在文化交流中，書籍是一種非常重要的載體，但又並不是唯一的媒介。以佛教傳入中國為例，其途徑便包括口傳、藝術、翻譯等多種方式。佛教中佛、菩薩形象和信仰的傳入也並非始於經典的傳譯。但僅就目前條件而言，可資我們探求歷史本來面貌的資源太少，這也迫使我們在很多時候只能依據經典進行推演。

就月光童子形象和信仰而言，我們可以根據三國吳時期支謙的《月明菩薩經》（T109）〔註2〕等經典，認為最遲在三國時期月光童子形象已經傳入中國。在《月明菩薩經》這部經典中，月光童子家住羅閱祇（即王舍城），有清潔之行，其父名「申日」。由之，可以確定這裡的月明童子和申日與後世翻譯的《申日經》等經典中的人物應當是一致的。該經以月明童子禮佛問法為主要內容，佛則為他開示「四願」，強調守戒奉法，並向其講述羅衛太子（乃佛陀本生）割髀取肉及血以救至誠意比丘之事。〔註3〕經中，月明童子具有童貞之體，雖然可以親至佛前聽法，只是一個聽眾，完全沒有菩薩的形象，但既然支謙將經題譯作「月明菩薩經」，我們不難看出，在支謙的認識中，月明童子並不僅僅只是一個孩童，而是一位行為高潔的菩薩。還有一點值得留意，即這裡的月明童子和後世經典中的諫父禮佛等月光童子故事不同，但對後世月光童子信仰也很有影響，這一點下文將有進一步論述。

在支謙的譯經中，他已經告知我們申日的存在，但其形象也僅僅限於他乃「月明童子之父」而已。至於申日的其他形象，僅就這部譯經而言，我們不可探知。至於支謙在譯介及講解此經時是否論及申日的角色，我們也已經不能知曉了。但是在一部被智昇判斷為曹魏佛經的《佛說不思議功德諸佛所護念經》（T445）卷二中，我們看到了諸如「東南方無悅世界首寂如來」、「過去

〔註2〕從目前的研究看，《月明菩薩經》為支謙譯作當無太多質疑，相關研究可參Nattier, Jan. A Guide to the Earliest *Chinese Buddhist Translations: Texts from the Eastern Han and Three Kingdoms Periods*. International Research Institute for Advanced Buddhology, Soka University, 2006, p.142.

〔註3〕參 CBETA, T03, no.169, p.411, a8-c26。

首寂如來」等內容〔註4〕。「首寂」是「申日」的梵文意譯。如果這部經中的「首寂」就是《月明菩薩經》等經典中的「申日」的話，那麼，申日便有了一種佛的形象。但是據該經末尾的夾註，我們知道該經出《華手》等諸經，〔註5〕而《華手經》為鳩摩羅什譯經，故可知《佛說不思議功德諸佛所護念經》（T445）不可能是曹魏譯經，智昇的判斷是有誤的。

　　從總體上看，三國時期有關月光童子的經典只有支謙譯的《月明菩薩經》，所以，可以稱三國時期為月光童子信仰的初傳時期。

第二節　月光童子信仰的興盛

　　相比於三國時期，兩晉南北朝時期的月光童子信仰逐漸興盛起來，不僅在經典的譯介和造作方面突出，而且日漸影響到了當時社會的現實生活。

一、經典的譯介與造作

　　從經典譯介的角度看，三國時期的月光童子信仰並不興盛。但這一情況到了西晉以後有所改變，有關月光童子的經典突然多了起來。僅就經錄記載來看：

　　（1）劉宋《眾經別錄》卷上《大乘經錄第一》（S.2872+P.3747）〔註6〕載：

　　①支謙《佛說月明菩薩經》一卷，明願為宗，文；

　　②竺法護《月光童子經》一卷，以佛現不思議為宗，文質均。

　　（2）梁僧祐《出三藏記集》卷第二《新集經論錄》載：

　　③支謙《月明童子經》一卷，一名《月明童男子》，一名《月明菩薩三昧

〔註4〕　參 CBETA, T14, no.445, p.362, a3-4、p.364, b6.

〔註5〕　參 CBETA, T14, no.445, p.364, b25.

〔註6〕　《眾經別錄》在《出三藏記集》中已有提及，費長房認為「未詳作者，似宋時述」。到唐智昇時期，該本已是「尋本未獲」。但幸運的是，該目錄在敦煌藏經洞中被保存了下來。最先發現該經目錄的是王重民。王先生在 1938 年就論證了 P.3747《佛經目錄》就是《歷代三寶紀》中所謂「《眾經別錄》二卷，未詳作者，似宋時述」的殘卷。參王重民《敦煌古籍敘錄》，北京：中華書局，1957 年，第 264～265 頁。後白化文、方廣錩兩先生發現 S.2872 與 P.3747 可以綴合。參白化文《敦煌寫本〈眾經別錄〉殘卷校釋》，《敦煌學輯刊》1987 年第 1 期，第 14～25 頁；方廣錩《敦煌佛教經錄輯校》（上），南京：江蘇古籍出版社，1997 年，第 1～24 頁。關於該經錄的研究還有很多，茲不一一列舉。相關介紹，可參方廣錩上述著作。

經》；

④竺法護《月明童子經》一卷，一名《月光童子經》。

卷第三《新集安公失譯經錄》載：

⑤《申日經》一卷，安公云：出《中阿含》；

⑥《月光童子經》一卷；

⑦《失利越經》一卷。

卷第四《新集續撰失譯雜經錄》

⑧《申日兜本經》一卷；

⑨《小申日經》一卷（未見經本）。

從上述的記載可以看出，釋道安見到的經本可能有：支謙《月明童子經》、竺法護《月明童子經》、失譯《申日經》（T441）及《月光童子經》（T534）。這樣看來，僧祐之前存在的以月光童子故事為主線的譯介經典至少有七部。這一數目比三國時期的一部要多了很多。就現存經本記載的內容來看，故事基本如下：

月光童子仍然是孩提形象，家住羅閱，體道禮佛，敬信三寶；而申日最初時執迷外道，並且在外道慫恿下意欲害佛。月光童子規勸申日放棄害佛行為，但最終無果。後來，佛以各種神通破除申日的毒計，申日由此受到感化而歸心釋教。

各部經典存有詳略各異的情形，經中人物也稍顯不同，如《申日經》中，出現了敬信佛法的申日之兄旃羅日，並有旃羅日戲弄不蘭迦葉等外道諸師的情節，但這些在竺法護譯《月光童子經》等經典中並不存在。雖然這些經典多是以月光童子之名命名，但是故事的主角卻是申日，月光童子在中間只是一位勸父禮佛的角色，並且所起作用並不明顯。這便出現了經題之強調「月光童子」和經本之關注「申日」的矛盾。但考慮到經題的這種命名方式，肯定是作者或譯介者刻意的安排，所以筆者以為，這種矛盾恰可反映出，在作者或譯師的意識中，月光童子明顯要比申日更重要，更具有宣法的意義。換句話說，譯師可能本就具有月光童子信仰。

從總體上看，這一時期的譯經都在講述同一個故事，可以視為同一類作品，甚至是同本異譯。

相比於支謙時代，這一時期月光童子形象更為具體和豐富了。但最為重要、對中國影響也最為廣泛和強烈的是月光童子轉生中國形象的出現。這一

點在第二章中將有詳論，本節只做一簡單梳理。

習鑿齒《與釋道安書》中寫有「月光首寂將生真土，靈鉢東遷忽驗於茲」，這很可能化用了一部現已不存的講述了月光童子轉生中國的經典。同一時期，支遁的《月光童子贊》也透露出月光童子轉生中國的痕跡。從這一角度看，當時譯介的月光童子經典至少又可以增加一部。

現存《申日經》雖然也有月光童子在末世將轉生「秦國」的相關描述，但筆者認為它很可能是姚秦時期的一部抄本，其原本的經題可能是「小申日經」，其所本可能是現已佚失的《申日經》。〔註7〕

上述幾部經典都是以月光童子為主要角色。同一時期還存在幾部涉及到月光童子，尤其是月光童子出世的重要經典，即傳世大藏經中收錄的《法滅盡經》（T396）和可能為疑偽經的《般泥洹後諸比丘變經》。這兩部經典都提及了末法背景下，水災疫病橫行，此時月光童子出世，救世五十二年，然後隱退，佛法滅盡。未來恒久遠時，彌勒下生，佛法復興。但這兩部描述的十分簡單。並且最先收錄這兩部經典的是僧祐的《出三藏記集》，這種現象似乎說明，這兩部經典是道安（314～385 年）之後才出現的。

在《出三藏記集》中還收錄了幾部以末世水災為背景的月光童子出世類偽經，即《觀月光菩薩記》一卷、《佛鉢經》一卷（或云《佛鉢記》，甲申年大水及月光菩薩出事）、《彌勒下教》一卷（在《鉢記》後）。〔註8〕這幾部偽經（不包括《彌勒下教》）肯定是以月光童子為主角的，強調的很可能也是月光童子轉生中國救世。從經錄的記載看，它們出現的年代應該是 385～518 年。但是通過與現存《申日經》、《德護長者經》（T545）等涉及到月光童子轉生中國的經典比較來看，後者都未涉及到大水，〔註9〕所以《觀月光菩薩記》等經典中特意描寫的水災很可能就是中國本土的時事或記憶的反映。「甲申大水」一說在道教經典中多有提及，見諸《太平經鈔·甲部》、《太上洞玄靈寶天地運度自然妙經》、《太上洞淵神咒經》、《元始五老赤書玉篇真文天書經》等經典。這些說法最早可能出現於東晉時期（316～420 年）。但是據菊地章太等學者的研究，「甲申大水」一說可能出現於晉末宋初的一種預言，實際上是為劉

〔註7〕參見本書上編第二章第二節《今本〈申日經〉的出現》。
〔註8〕參梁僧祐撰，蘇晉仁、蕭鍊子點校《出三藏記集》卷五《新集疑偽經撰雜錄》，北京：中華書局，1995 年，第 225 頁。
〔註9〕雖然《法滅盡經》中提及水災，但水災本就是佛教宇宙觀中四大災之一，並沒有被特別突顯。

裕篡晉造輿論。〔註 10〕果真如此，那麼，我們便可以將這些經典造作的上限判斷為東晉末年，也就是五世紀初；下限便是《出三藏記集》最後編訂時間，即 518 年。此外，還有一部偽經《首羅比丘見五百仙人並見月光童子經》（下文簡稱《首羅比丘經》，T2873），從主旨內容和宣揚主題來看，它和上述幾部偽經幾乎完全一致，當是同一類經典。如此來看，該經的造作年代也當在宋初以後。

隋法經《眾經目錄》（編撰完成於 594 年，T2146）中收有一卷本《天公經》（T2876）一部，該經在敦煌存有殘卷，共有三號，即 BD7362-1（北 4466、鳥 62，首殘尾全）、BD14427（新 627，首尾全）和 S.2714（首尾全）。三種抄本內容雖大致相同，但也稍有差異。其中 BD7362-1 號字數最多，末尾有「月光童子初出時，除罪滅禍殃」等字樣，〔註 11〕曹凌認為這個抄本受到了月光童子信仰的影響。〔註 12〕筆者贊同這一判斷。據方廣錩等學者研究，該經本若干內容係據《觀世音經》及淨土經典敷衍而成，〔註 13〕並且最早收錄該經的是法經的《眾經目錄》，如此，則該經乃一南北朝時期作品當無大的問題。該經殘存部分的最後一句宣揚的內容和《首羅比丘經》等經典十分一致，所以該經也可以視為月光童子信仰影響下的一部作品。

關於月光童子轉生中國信仰，在這一時期還有一個非常顯著的特點，即月光童子和佛缽信仰已經有了較為密切的關係。現存將二者聯繫在一起的最早資料很可能便是寫於 365 年的《與釋道安書》。但很明顯它並不是這種信仰的源頭。月光童子和佛缽的關係可能在《佛缽記》等偽經中得到發展。

以上幾部經典，無論是正典還是偽經，它們都是以月光童子事蹟為主要內容，可以稱之為「月光童子系經典」。但這一時期還有一些經典也出現了月光童子，比如北涼曇無讖譯《大方等大集經》（T397），東晉竺難提譯《請觀世音菩薩消伏毒害陀羅尼咒經》（T1043），《跋陀羅比丘尼經》（出《經律

〔註 10〕 參菊地章太《甲申大水考——東晉末期の圖讖的道教とその系譜》，《東方宗教》第 87 號，1996 年，並參《〈太上靈寶天地運度自然妙經〉成立の歷史的背景——劉裕による東晉王朝篡奪をめぐって》，《社會文化史學》第 35 號，1996 年等。此據同氏《六朝道教における終末思想の形成》，《櫻花學園大學研究紀要》第 2 號，2000 年，第 151～152 頁。

〔註 11〕 相關錄文，可參方廣錩整理《天公經》，收入方廣錩主編《藏外佛教文獻》第一輯，北京：宗教文化出版社，1995 年，第 369～373 頁。

〔註 12〕 參曹凌《中國佛教疑偽經綜錄》，上海古籍出版社，2011 年，第 215～218 頁。

〔註 13〕 參方廣錩主編《藏外佛教文獻》第一輯，第 369 頁。

異相》，T2121）等。儘管我們並不能確定這些經典中的月光童子是否就是申日子、具有出世色彩之月光童子，但必須指出的是，「月光童子」之名在南北朝時期的譯經中出現的次數要明顯多於三國和之後隋唐時期，從這一點也可以看出兩晉南北朝時期確實是月光童子信仰最為興盛的時期。為更為直觀地觀察這一現象，茲列表格如下：

表一：歷代月光童子系經典表

時期及數量統計	譯師／造作者及作品	月光童子形象
三國時期 凡一部 正典一部	孫吳支謙《月明菩薩經》	高潔童子，親身禮佛，聽聞佛法
兩晉南北朝時期 凡十三部 正典八部 偽經五部	西晉竺法護《月光童子經》	家住王舍城，申日之子，勸父禮佛
	《申日經》〔註14〕	
	今本《申日經》	家住王舍城，申日之子，勸父禮佛，得聞佛陀授記，末後轉生秦國
	北涼曇無讖《大方等大集經》	童子菩薩，禮佛聞法，能誦偈語，能說經咒
	東晉竺難提譯《請觀世音菩薩消伏毒害陀羅尼咒經》	聞法菩薩
	《跋陀羅比丘尼經》	王舍城富人，迦葉本生
	劉宋求那跋跎羅《失利越經》	家住王舍城，失利越之子，勸父禮佛
	《申日兜本經》	家住王舍城，申日之子，勸父禮佛
	《法滅盡經》	末世出世救世，滅災厄，興佛法
	《般泥洹後諸比丘變經》	末世出世救世，滅災厄，興佛法
	《觀月光菩薩記》	末世出世救世，滅災厄，興佛法
	《佛缽記》	末世出世救世，滅災厄，興佛法
	《首羅比丘經》	末世出世救世，滅災厄，興佛法，號稱明王、法王
	《天公經》	末世出世救世，滅災厄

〔註14〕筆者認為，今本《申日經》並不是《出三藏記集》等所記之本，詳細論文，參本書上編第二章第二節《今本〈申日經〉的出現》。

隋唐時期 凡十部 正典九部 偽經一部	隋闍那崛多《五千五百佛名經》	信眾稱念童子之名，並念咒語，可「從一聖處至另一聖處」
	隋那連提耶舍《月燈三昧經》	乃童子菩薩，家住王舍城，親身禮佛，聽聞佛法，家中供養佛陀；受佛陀授記，末後得佛護祐
	隋那連提耶舍《德護長者經》	家住王舍城，申日之子，勸父禮佛，得聞佛陀授記，末後轉生大隋國
	《普賢菩薩說此證明經》之《本因經》部分	月光童子為如童菩薩，號稱明王
	唐波羅頗蜜多羅譯《寶興陀羅尼經》	聽聞佛法，口說大明咒
	唐菩提流志《大寶積經》	前生與摩納仙（佛之本生）同在燃燈佛前，發願願為佛護法；今生家住王舍城，親身禮佛，聽聞佛法，家中供養佛陀；受記為佛。
	唐菩提流志譯《一字佛頂輪王經》	洞達一切陀羅尼之菩薩
	唐菩提流志《佛說文殊師利法寶藏陀羅尼經》	菩薩形象，有「月光童子陀羅尼」，畫月光童子等像可得護祐
	唐菩提流志《寶雨經》	月光天子，末後再生為女身皇帝，後升兜率天，侍慈氏彌勒
	唐般剌蜜諦《首楞嚴經》	菩薩之身，修行水觀
宋以後 凡一部 正典一部	宋天息災《大方廣菩薩藏文殊師利根本儀軌經》	畫月光童子等像可得護祐

注：該表格只是統計了大藏中出現的「月光童子」之名的經典，至於「月光菩薩」、「月光王」、「月光天子」、「月光王子」、「月光太子」等名，由於多屬於東方藥師佛信仰、本生故事信仰等系統，並且經典十分繁雜，這裡暫未列出。

二、月光童子信仰在實踐層面的影響

　　南北朝時期月光童子信仰不僅在經典著述方面有了很大的發展，而且對時人的生活也產生了較大的影響。正如前文所分析的，月光童子的形象有三種，一是行為高潔、勸父禮佛的童貞形象，二是聞說四願、救治病厄的菩薩形象，三是末世救世的轉輪王、未來佛形象。就筆者目前的分析看，雖然現存經典所宣揚的更多的是第一種形象的月光童子，但對時人生活產生影響的是後兩種。其實，在中國流佈的過程中，月光童子信仰和中國本土思想不斷融合，信仰的形式和內容也發生了演變。

（1）聞說四願、救治病厄的菩薩形象

據《續高僧傳》載：

> 釋智璪，俗姓張氏，清河人，晉室播遷，寓居臨海。祖元秀，
> 梁倉部侍郎，任臨海內史。父文懷，陳中兵將軍。璪受經之歲，言
> 無虛發，行不斯人。親里鄉鄰，深加敬愛。年登十七，二親俱逝。
> 慘服纏釋，便染疾病。頻經歲月，醫藥無効。仍於靜夜，策杖曳疾。
> 出到中庭，向月而臥。至心專念：「月光菩薩，惟願大悲，濟我沈病。」
> 如是繫念，遂經旬朔。於中夜間，夢見一人，形色非常，從東方來。
> 謂璪曰：「我今故來為汝治病。」即以口就璪身，次第吸漱。三夜如
> 此。因爾稍瘥。〔註15〕

關於這一故事中的月光菩薩，許理和認為它恰恰可以說明在南方地區也存在
偽經中的月光童子信仰，〔註16〕顯然認為這則故事中的月光菩薩就是轉生中
國的月光童子。而楊梅則認為「對比上文內容，可以看出智璪事例是繼承了
支謙譯《月明菩薩經》的思想，以救治『疾病窮厄』為主題的本生系統的月光
信仰，和《首羅比丘經》等偽經宣揚聖君出世信仰絕不相同」。〔註17〕筆者贊
同楊梅的判斷，認為這裡的「月光菩薩」形象中很可能已經糅合了佛的本生
月光王信仰以及月光童子信仰，但也認為這裡的月光菩薩也有可能是藥師佛
脅侍二菩薩之一。

首先，智璪夢中的月光菩薩從「東方」來。這一點說明，即使這裡的月
光菩薩就是月光童子，但已經融入了東方信仰。「東方」的月光菩薩很容易讓
我們聯想到東方藥師佛信仰。根據方廣錩等先生的研究，藥師信仰很可能是
一種產生於中國，之後傳入西域、印度，在印度等地接受了當地影響之後再
次傳回中國的信仰。藥師信仰在南北朝時期非常興盛，出現了以《大灌頂經》
等為代表的對後世具有深遠影響的經典。〔註18〕所以智璪夢中的月光菩薩是

〔註15〕〔唐〕道宣撰，郭紹林點校《續高僧傳》卷一九《唐天台山國清寺釋智璪傳》，
北京：中華書局，2014 年，第 721 頁。

〔註16〕參 Erik Zürcher, "Prince Moonlight: Messianism and Eschatology in Early
Medieval Chinese Buddhism" p.22.

〔註17〕參楊梅《4～8 世紀中國北方地區佛教讖記類偽經研究》，第 28 頁。

〔註18〕關於藥師信仰和《大灌頂經》等的研究，可參 Michel Strickmann, "The
Consecration Sutra: A Buddhist Book of Spells", in Buswell, ed. *Chinese Buddhist
Apocrypha*, Honolulu: University of Hawaii Press, 1990, p.75~118；傅楠梓《中
古時期的藥師信仰》，玄奘大學碩士論文，1989 年；伍小劼《大灌頂經研

東方藥師佛脅侍菩薩應當是可信的。

其次，考慮到南北朝時期月光童子在中國的影響力也非常大，[註19]智璪夢中的月光菩薩含有月光童子身影的可能性也是存在的。但這裡有一點疑問，即在現存月光童子經典中，完全沒有關於月光童子具有救治病厄的功能。那麼，他怎麼能為智璪治病呢？楊梅的觀點可以給我們提供一個思路，即這裡可能又摻入了佛陀本生故事的影響。[註20]在《月明菩薩經》中，具有救治疾病功能的並不是月明童子而是佛陀本生羅衛太子。同時，在中古中國流傳甚廣的一個佛陀本生故事就是「月光太子」或「月光王」故事。這類故事中，釋迦過去世為月光王，慷慨好施，救濟苦眾，並將頭施予惡婆羅門。此故事最初見諸吳支謙譯《菩薩本緣經·月光王品》（T153）[註21]，後世經典也多有收錄相關故事，這裡宣揚的月光王和《月明菩薩經》中佛陀講述的羅衛太子故事十分一致，而月光太子和月光童子在名字上非常相似。此外，東晉南北朝時期是「月光王」或「月光王子」、「月光太子」等本生故事的經典傳譯的高發期，諸如鳩摩羅什譯《大智度論》（T1509）[註22]、北魏慧覺譯《賢愚經·月光王頭施品》（T202）[註23]等，在後世具有重大影響、傳播相當廣泛的經典都是在這一時期傳譯出的。其他以月光王為譬喻的經典也非常多，

究〉——以〈灌頂拔除過罪生死得度經〉為中心》，上海師範大學博士論文，2010年等。方廣錩《藥師佛探源——對「藥師佛」的漢譯佛典文獻學考察》，初刊於《宗教學研究》2014年第4期，收入氏著《疑偽經研究與「文化匯流」》，第306～340頁；同氏《關於漢、梵〈藥師經〉的若干問題》，初刊於《宗教學研究》2015年第2期，收入氏著《疑偽經研究與「文化匯流」》，第341～354頁；同氏《再談漢、梵〈藥師經〉的若干問題》，初刊於《世界宗教研究》2016年第6期，收入氏著《疑偽經研究與「文化匯流」》，第354～358頁等。

[註19] 南北朝時期，無論是在北方還是在南方，月光童子的影響力都不容忽視。就造作經典而言，在北方，存在著諸如現存本《申日經》、《首羅比丘經》等經典；在南方則有《佛缽記》等經典。就實際影響而言，在北方出現了諸如「月光童子劉景暉」叛亂等事件；而南北朝後期出現的「月光童子常在天台山，亦常往來於此（嵩高山）」的俗語則可以說明，在當時，月光童子無論是在北方還是在南方的信眾中都有較大影響。關於這一俗語，本書上編第三章第二節《〈首羅比丘經〉中的月光童子》有相關論述。

[註20] 參楊梅《4～8世紀中國北方地區佛教識記類偽經研究》，第28頁。

[註21] 參 CBETA, T03, no.153, p.62, c19-p.64, c18.

[註22] 參 CBETA, T25, no.1509, p.146, b11-19.

[註23] 參 CBETA, T04, no.202, p.387, b5-p.390, b12.

比如《方便報恩經》（T2121）〔註24〕，又如天親菩薩造、北魏毗目智仙譯《轉法輪經優婆提舍》（T1533）〔註25〕等。所以筆者頗為懷疑，「月光童子」、「月光王」的形象在信眾、尤其是不識經典之下層信眾中有交叉融合的可能。〔註26〕易言之，佛陀本生故事的傳播推動了月光童子信仰的興盛，而後者的興盛可能又使得前者的傳播更為廣泛了。

（2）末世救世的轉輪王、未來佛形象

我們所知悉的有關月光童子的偽經，最為推崇的形象就是他末世救世的轉輪王、未來佛形象。而這一形象在中古中國時期也確實曾為一些人利用。因為相關事件學界多有詳論，所以在下文中，筆者只是暫標名目，羅列相關代表性研究；若學界無所論述，或論述較少，則稍作補充。

「讖」作為一種中國本土早已萌發的神秘文化，一直對王朝統治者乃至整個社會都有影響，甚至在某些特殊時期還起到了非常關鍵的作用。佛教傳入中國之後，它作為宗教本身具有的神秘性便和中國傳統的「讖」等神秘文化融合，產生了不少「佛讖」。很多僧人便兼通天文曆數、方術以及讖緯，如後趙之佛圖澄、北涼之曇無讖、梁之寶誌等人，在當時便以善方術等知名。這些僧人甚至還參與到了佛讖的製作和傳播中，如《北齊書·寶泰傳》中就記載了當時鄴城尼惠化就曾在寶泰出行「寶行臺，去不回」；其後果然死於行臺。〔註27〕這些信仰和讖言，一方面可為叛亂領袖使用，另一方面，也可以為上層統治者鞏固統治所用。〔註28〕對月光童子信仰的利用也存在這樣的情形。

首先要提及的就是北魏末年發生的兩次叛亂，這兩次叛亂都是下層民眾利用月光童子信仰發動的：

〔註24〕 參 CBETA, T53, no.2121, p.72, a5-p.73, a28.

〔註25〕 參 CBETA, T26, no.1533, p.357, a11-12.

〔註26〕 民眾，尤其是下層民眾對經典的認識並不是十分清晰，往往將很多名相混合起來理解。關於這一點已有很多學者有過一些研究，比如侯旭東對北方佛教造像記的研究就可以說明這一點，參侯旭東《五六世紀北方民眾佛教信仰——以造像記為中心的考察》，北京：中國社會科學出版社，1998 年。

〔註27〕 〔唐〕李百藥《北齊書》卷一五《寶泰傳》，北京：中華書局，1972 年，第194 頁。

〔註28〕 相關研究，參安居香山《漢魏六朝時代的圖讖与佛教》，收入安居香山、中村璋八編《偽書の基礎的研究》，東京：漢魏文化國書刊行會，1966 年，第 266～268 頁；嚴耀中《魏晉南北朝時期的占卜讖言与佛教》，《史林》2000 年第4 期，第 12～17 頁；呂宗力《讖緯与魏晉南北朝佛教》，《南京大學學報》2010年第 4 期，第 109～122 頁等。

①「月光童子劉景暉叛亂」事件。關於此案,《魏書・刑罰志》中有比較詳細的記錄:

> 熙平中,有冀州妖賊延陵王買,負罪逃亡,赦書斷限之後,不自歸首。廷尉卿裴延俊上言:「《法例律》:『諸逃亡,赦書斷限之後,不自歸首者,復罪如初。』依《賊律》,謀反大逆,處買梟首。其延陵法攎等所謂月光童子劉景暉者,妖言惑眾,事在赦後、亦合死坐。」正崔纂以為:「景暉云能變為蛇雉,此乃傍人之言。雖殺暉為無理,恐赦暉復惑眾。是以依違,不敢專執。當今不諱之朝,不應行無罪之戮。景暉九歲小兒,口尚乳臭,舉動云為,並不關己,『月光』之稱,不出其口。皆奸吏無端,橫生粉墨,所謂為之者巧,殺之者能。若以妖言惑眾,據律應死,然更不破□惑眾。赦令之後方顯其事。律令之外,更求其罪。赦律何以取信於天下,天下焉得不疑於赦律乎!《書》曰:與殺無辜,寧失有罪。又案《法例律》:『八十已上,八歲已下,殺傷論坐者上請。』議者謂悼耄之罪,不用此律。愚以老智如尚父,少惠如甘羅,此非常之士,可如其議,景暉愚小,自依凡律。」靈太后令曰:「景暉既經恩宥,何得議加橫罪,可謫略陽民。餘如奏。」〔註29〕

《魏書》收此案目的在於彰顯北魏統治者「悼耄之罪」,根據審判討論,可以知道劉景暉雖然只是九歲小兒,但卻在延陵法攎等人的包裝下,被擁護為「月光童子」,並且被宣傳為「能變為蛇雉」,多有神通變化。「法攎」應該是一僧人之法名。根據《魏書》的描述,他應該就是月光童子叛亂的「罪魁禍首」。九歲小兒劉景暉之所以成為亂僧法攎的目標,應該和景暉自身所具備的條件有關:其一,劉景暉只有九歲,亦即還只是一個童子,與「月光童子」之童子形象相合;其二,「景暉」之意與「月光童子」之「月光」形象亦合;其三,景暉姓「劉」,這也暗合當時在北方影響甚大的「金刀之讖」「劉氏當王」等讖;〔註30〕其四,當時月光童子信仰中「月光童子末法出世」

〔註29〕〔北齊〕魏收《魏書》卷一一一《刑罰志》,北京:中華書局,1974 年,第2884~2885 頁。

〔註30〕月光童子劉景暉案前後,北魏發生了多期以「劉」為旗號的叛亂,如宣武帝永平二年(509 年)正月,涇州沙門劉慧汪聚眾反;宣武帝永平三年(510 年)二月,秦州沙門劉光秀謀反,州郡捕斬之;孝明帝正光五年(524 年)山胡劉蠡升自云聖術,胡人信之,咸相影附。

非常盛行。〔註31〕所以，從此來看，這一事件顯然是月光童子出世信仰和中國傳統的「劉氏讖言」等相結合的產物。

②劉僧紹叛亂。《魏書・宣武帝紀》和《天象志》記載：

宣武帝延昌三年（514 年）十一月，幽州沙門劉僧紹聚眾反，

自號淨居國明法王，州郡捕斬之。〔註32〕

「淨居國」當是源於佛經中的「淨居天」，亦即「五淨居天」，《俱舍頌疏》（T1823）載「此五名淨居天，唯聖人居，無異生雜，故名淨居。」〔註33〕劉僧紹以此自居，是否含有以「聖人」自居呢？僧紹姓「劉」也是值得注意的，不管其姓是否果真為「劉」，這一點和劉景暉等以「劉氏」為名的叛亂應屬同類事件。此外，「明法王」一號，雖然可以解讀為「聖明法王」，但正如我們對《首羅比丘經》的分析，月光童子有諸如「平君」、「明君」、「明王」、「聖君」和「法王」等稱謂，並且中古時期月光童子在民眾中影響最大的形象就是轉輪王。那麼，這裡出現的「明法王」是否也是一種對月光童子轉輪王形象的化用呢？〔註34〕由於史料不足，這裡只能提供一個假設。

其次，月光童子信仰在這一時期可能也已經受到上層統治者的重視，並加以利用。月光童子信仰對隋唐統治者的影響，已有很多名家論述過，但南北朝時期的影響則少有人關注。365 年，在寫給釋道安的一封信中，東晉名臣習鑿齒曾盛讚晉哀帝功業，認為「道業之隆，莫盛於今」，並將晉哀帝比作月光童子，言「豈所謂『月光首寂將生真土，靈缽東遷忽驗於茲』乎？」〔註35〕這些內容可以表明月光童子信仰已經進入了文人士大夫的視野，被他們用以比喻聖明君主的統治。

如果說月光童子信仰在東晉時期開始盛行，那麼就目前的資料來看，直

〔註31〕相關研究可參看塚本善隆《支那佛教史研究・北魏篇》，東京：弘文堂，1942年，第247〜284 頁；砂山稔《月光童子劉景暉の反亂と首羅比丘經》，第113〜117 頁；蕭登福《月光明王出世信仰及敦煌寫卷〈首羅比丘經〉借明王以聚眾抗胡的思想研究》，第347〜366 頁；楊梅《4〜8 世紀中國北方地區佛教讖記類偽經研究》，第79〜84 頁等。

〔註32〕《魏書》卷8《宣武帝紀》，第215 頁；同書卷105《天象志一》，第2340 頁。

〔註33〕參 CBETA, T41, no.1823, p.864, a8-9.

〔註34〕孫英剛認為「明法王」應當是轉輪王，並通過竺法護譯《菩薩說夢經》、《大寶積經》等經典的解讀，認為此「明法王」實際上象徵著對彌勒的護法。參孫英剛《南北朝隋唐時代的金刀之讖與彌勒信仰》，《史林》2011 年第 3 期，第 60 頁。

〔註35〕相關考證，參本書下編第一章《習鑿齒〈與釋道安書〉考釋》。

至南北朝後期，使用這種信仰的群體更多的是下層信眾。但是這種情形從北朝後期開始被改變了。筆者認為這種由下層轉向上層的改變應該始於那連提耶舍的譯經。古正美在其研究中國中世佛教治國意識形態一書中，曾指出在高齊文宣帝統治時期翻譯的《月燈三昧經》（T639）中，那連提耶舍將受法童子的角色由文殊師利童子改為了月光童子，並認為這種改變是那連提耶舍有意為之，其目的就是幫助齊文宣帝以「月光童子形象統治北齊」。〔註36〕據經錄所載，《月燈三昧經》凡有三譯《出三藏記集》中收有失譯一卷本《月燈三昧經》〔註37〕；《歷代三寶紀》則收有三部，一是東漢安世高譯一卷本《月燈三昧經》〔註38〕，二是劉宋先公譯一卷本《月燈三昧經》（一名《文殊師利菩薩十事行經》，一名《逮慧三昧經》）〔註39〕，三是高齊那連提耶舍譯十卷本《月燈三昧經》〔註40〕。後世多承襲此說，但在正藏收錄這些經本時，並無安世高譯本，卻有兩部先公譯本，在再次雕刻高麗藏時，學僧守其法師便認為今收入《大正藏》第641號《佛說月燈三昧經》的譯者應歸為安世高，〔註41〕而第640號《佛說月燈三昧經》譯者為先公。從歷代經錄僧的態度看，他們歷來都是將兩經典視為「大乘單本」等予以收錄的。費長房在收錄安世高譯本時，又認為該本「出《大月燈三昧經》」〔註42〕，但又不知此「《大月燈三昧經》」為何經。通過經文內容看，今天歸為先公所譯的經本和那連提耶舍經本第六卷的內容更為接近。所以筆者懷疑所謂「《大月燈三昧經》」即是那連提耶舍譯的十卷本《月燈三昧經》。而相對應的「小」《月燈三昧經》則可能是今天歸在先公名下的第640號。通過對比先公本和那連提耶舍本，我們發現二者確實十分接近，不同之處就是受法童子名稱不同。如果二人所譯經典果真是同一部經典，那麼為什麼經中的受法童子卻又不同呢？考慮到早期經典在印度、西域流傳過程中本來就是不斷變化的，所以不同時期的同一部經

〔註36〕參古正美《從天王傳統到佛王傳統》，第173～179頁。關於《月燈三昧經》的成立，村上真完等學者也有討論，但並未涉及月光童子和文殊師利的對比問題。參村上真完《Samādhi-rājasūtra のについて》，《印度學佛教學研究》第16卷第2號，1968年，第359～362頁。

〔註37〕參CBETA, T55, no.2145, p.30, b27.

〔註38〕參CBETA, T49, no.2034, p.52, b13.

〔註39〕參CBETA, T49, no.2034, p.94, a21.

〔註40〕參CBETA, T49, no.2034, p.87, b26.

〔註41〕參CBETA, T15, no.641, p.629, a24-b7.

〔註42〕參CBETA, T49, no.2034, p.52, b13.

典內容可能迥然有別，〔註43〕所以我們尚不能判斷二人是否曾有篡改經文之行為。二者所據譯本今已不可考，但是那連提耶舍譯本尚有梵文本和藏文本存世。該經梵文名為「Samādhi-rāja」，藏文本為「Chos thams-cad-kyi raṅ-bshiṅ mñam-pa-ñid rnam-par-spros pa tiṅ-ṅe-ḥdsin-gyi rgyal-po」，兩個版本的受法童子都是「月光童子」，這種對比也可以看出，那連提耶舍的翻譯應該是忠於原文的。況且那連提耶舍譯經過程中，每個環節都有高僧大德的參與，可以保證譯經的真實性。〔註44〕中古時期同一經典重譯時差別很大的案例很多，原因也有多種。目前雖仍不能肯定那連提耶舍的譯文比先公譯本更為接近其所據梵文或西域語種本，但通過多種對比和對其譯經過程的分析，筆者更傾向於認為那連提耶舍並沒有刻意篡改譯本。

　　儘管筆者並不贊同古正美關於那連提耶舍篡改經文的觀點，但在注意到那連提耶舍本《月燈三昧經》的譯介年代為齊文宣帝「天保八年」（557 年）或北齊後主天統年間（565 年四月～569 年十二月）〔註45〕後，考慮到上距劉景暉叛亂（515 年）不足半世紀，與趙郡王高叡所修寺碑（557 年）〔註46〕很可能處於同一時期，所以筆者認為在月光童子信仰如此盛行時期，那連提耶舍也許是受到國內形勢影響，著意翻譯出了這樣一部經典。如果聯繫到他在入隋之後還曾翻譯出了預言月光童子將轉生「大隋國」的《德護長者經》，那麼這種譯經行為視為有意之舉似乎更為合理了。

　　這一時期，月光童子轉生中國信仰對下層信眾及統治階層的影響俱如前述，除此之外，還需要提及的一點是，這種思想在當時的佛教大德中的流行情況。《南嶽思大禪師立誓願文》載：

　　　　正法從甲戌年至癸巳年，足滿五百歲止住。像法從甲午年至癸
　　　酉年足滿一千歲止住。末法從甲戌年至癸丑年足滿一萬歲止住。入

〔註43〕比如玄奘和義淨都曾翻譯過《灌頂拔除過罪生死得度經》，並且二者譯本相隔不到半世紀，但其內容變化就非常明顯，如玄奘本中只有一佛，而義淨本則有七佛。相關研究，可參看伍小劼《〈大灌頂經〉研究》，第 273 頁。
〔註44〕參本書上編第二章第二節《今本〈申日經〉的出現》。
〔註45〕據費長房的記載，那連提耶舍是在天保八年於天平寺將該經譯出。參 CBETA, T49, no.2034, p.87, b26.據隋法經的記載，則是在北齊天統年間那連提耶舍和法智於相州共同將該經譯出。參 CBETA, T55, no.2146, p.115, a17.兩種說法在後世都有承襲。
〔註46〕趙郡王高叡所修寺碑為我們提供了有關月光童子信仰在南朝和北朝的盛行情況，詳細論述可參本文上編第三章第二節。

末法過九千八百年後，月光菩薩出真丹國說法大度眾生。滿五十二年入涅槃後，《首楞嚴經》、《般舟三昧》先滅不現，餘經次第滅，《無量壽經》在後得百年住。大度眾生，然後滅去，至大惡世。我今誓願持令不滅，教化眾生至彌勒佛出，佛從癸酉年入涅槃後，至未來賢劫初，彌勒成佛時有五十六億萬歲。我從末法初始立大誓願，修習苦行，如是過五十六億萬歲，必願具足佛道功德見彌勒佛。如願中說入道之由莫不行願，早修禪業少習弘經，中間障難事緣非一，略記本源兼發誓願及造金字二部經典。〔註47〕

上文所引經文出自《法滅盡經》，慧思具有濃厚的末法觀念〔註48〕，他對月光童子事的引用也可以稱為月光童子信仰在佛教僧團上層流行的一個佐證。

（3）一種本土化的形象——天台山月光童子

在北朝後期的兩種文獻資料中，我們發現了一種具有濃厚本土色彩的月光童子形象。這種形象和中國境內的名山結合在了一起，此即北魏盧遠明《嵩山記》和北齊《高叡所修寺碑記》記載的「天台山月光童子」。

唐徐堅（659～729 年）《初學記・嵩高山》「事對」中引《嵩山記》：「《嵩山記》曰：『月光童子常在天台，亦來於此。』」〔註49〕該條雖未言明《嵩山記》的作者，但同書卷五《地部上》「玉人金像」條載：「盧元明《嵩山記》曰：岳廟盡為神像」，「石床銅銚」條記載亦同，〔註50〕由此可知《初學記》所引《嵩山記》之作者即是盧遠明。〔註51〕盧元明，約公元 571 年前後在

〔註47〕 參 CBETA, T46, no.1933, p.786, c4-18.

〔註48〕 相關研究可參，仲尾俊博《慧思禪師の末法思想》，《印度學佛教學研究》第二卷第一號，1953 年 9 月，第 157～158 頁；結城令聞《支那佛教における末法思想の興起》，《佛教講座》第 IV 卷，1958 年，第 83～87 頁；惠谷隆戒《南嶽慧思の立誓願文は偽作か》，《印度學佛教學研究》第六卷第二號，1958 年 3 月，第.524～527 頁；小林泰善《南嶽慧思立誓願文の形成に關する問題》，《印度學佛教學研究》第二十四卷第一號，1975 年 12 月，第 250～253 頁；釋性玄《佛教末法思想在中國之受容與開展——以南嶽慧思之末法思想為中心》，圓光佛學研究所畢業論文，2009 年等。

〔註49〕 參唐徐堅等著《初學記》卷五《地部上》，北京：中華書局，1962 年，第 104 頁。

〔註50〕 參唐徐堅等著《初學記》卷五《地部上》，第 103 頁。

〔註51〕 朱祖延先生曾對《嵩山記》有過輯佚，共輯出 20 條，參朱祖延《北魏佚書考》，鄭州：中州古籍出版社，1985 年，第 123～125 頁；並參同氏《朱祖延集》，武漢：崇文書局，2011 年，第 95～97 頁。

世，〔註52〕《嵩山記》的完成很可能要早於此。徐堅所引《嵩山記》中提及的「月光童子」事，在《藝文類聚》中也發現了十分類似的記載：

> 《仙經》云：嵩高山東南大岩下石孔，方圓一丈，四方，北入
> 五六里，有大室，高三十餘丈，周圍三百步，自然明燭，相見如日
> 月無異，中有十六仙人，云：月光童子常在天台，時亦往來此中，
> 人非有道，不得望見。」〔註53〕

《藝文類聚》引文與盧遠明《嵩山記》引文似乎同源，但相對全備，如此，《藝文類聚》成書年代雖晚於《嵩山記》，但並不本於後者而成，很可能是據原文摘引而來。根據今本的記載狀況看，引文可能是源於一部性質不明的《仙

〔註52〕據敦煌本《啟顏錄》載，徐之才在封西陽郡王後曾舉行慶宴，盧元明亦有參
加，並且成為徐嘲笑的對象。參隋侯白撰，曹林娣、李泉輯注《啟顏錄》，上
海古籍出版社，1990年，第24～25頁。這裡的記載和《北齊書‧徐之才傳》
相似，《啟顏錄》只記載了記徐對盧之譏諷，而《北齊書》則記載了盧之首先
發難。按徐之才封西陽郡王事在武平元年（571年）。
《嵩山記》的完成年代不可考，但隋大業年間，崔賾在一封奏對中提及「臣
見魏大司農盧元明撰《嵩高山廟記》云：有神人，以玉為形象，長數寸。或
出或隱，出則令世延長」，玩味此句，《嵩高山廟記》作成之時，盧元明還未
入高齊（550～577年），其官職為大司農。又《嵩高山廟記》這句逸文與《初
學記》所引《嵩山記》的一條記載當為同一事：盧元明《嵩山記》曰：嶽廟
盡為神像。有玉人高五寸，五色甚光潤，製作亦佳，莫知早晚所造，蓋嶽神
之像，相傳謂明公。山中人悉云，屢常失之，或經旬乃見。（參《初學記》。）
筆者頗為懷疑《嵩高山廟記》即是崔賾對《嵩（高）山記》的誤稱。
〔註53〕參唐歐陽詢撰，汪紹楹校《藝文類聚》卷七《山部上》，上海古籍出版社，1965
年，第131頁。

經》。〔註54〕此後，諸如宋樂史《總仙記》、《巨鼇記》、明傅梅《嵩書》〔註55〕、明龔黃《六嶽登臨志》〔註56〕、明張聯元《天台山全志》〔註57〕等山志、方

〔註54〕按，東晉葛洪（284～364 年或 343 年）曾經在《抱朴子內篇》中多次引用過一部「《仙經》」（參見王明《抱朴子內篇校釋》（增訂本），北京：中華書局，1985 年，第 15、20 頁等），該經多記煉丹、金石等內容，並且該經可能在 4 世紀早期就已經出世。王家葵曾對此《仙經》有過一些考證，可以參看（參氏文《〈仙經〉考略》，《宗教學研究》，1997 年第 2 期，第 53～56 頁）。但是所謂的「《仙經》」是否是一部經典，是一個值得懷疑的問題，因為現存道藏以及現今可見道經目錄中，並沒有一部經典的經題或簡稱就是「仙經」。又，「仙經」一詞也被用於統稱道經。但從《藝文類聚》所引之片段看，後世一些文獻中也有引及一些與之相類的材料。茲列表於下：

表三：地理志書所見「仙經」引文表

書　名	引文內容
《藝文類聚》「嵩高山」	《仙經》云：「嵩高山東南大岩下石孔，方圓一丈，四方，北入五六里，有大室，高三十餘丈，周圍三百步，自然明燭，相見如日月無異，中有十六仙人，云：月光童子常在天台，時亦往來此中，人非有道，不得望見。」
《元和郡縣圖志》「青城山」	青城山，在縣西北三十二里。《仙經》云：此是第五洞天，上有流泉懸澍，一日三時灑落，謂之潮泉。
唐徐靈府《天台山記》	《仙經》云：此山有石橋，一所現，二所不知其處。又云：多散仙人遇得橋即與相見。
《太平寰宇記》「大崑崙山」	大崑崙山，在縣東南四十里。按《仙經》云：「姑餘山，因麻姑曾於此山修道上升，有餘址尚在，因以為名。」
《太平寰宇記》「王屋山」	王屋，在縣南五十里。《仙經》云：王屋山有仙宮洞天，廣三千步，號小有清虛洞天。山高八千丈，廣數百里，太行、析山為佐命，中條、古鐘為輔翼。三十六洞，小有為羣洞之尊；四十九山，王屋為眾山之最，實不死之靈鄉，真人之洞境也。
《太平寰宇記》「中台山」	中台山，山頂方三里，近西北陂有一泉，水不流，謂之太華泉，蓋五臺之層秀。《仙經》云：「此山名紫府，常有紫氣，仙人居之。」

僅從引文的簡單對比看，上述六條體例較為相近，內容性質也非常一致。如果各條所記「仙經」是同一部文獻，則它可能包括了一些描寫各地名山的內容。但這樣的推論也是非常危險的，因為《藝文類聚》等四部文獻是根據六部記載相關內容之文獻（此種文獻亦可被籠統稱為《仙經》）而來亦是有可能的。

〔註55〕參明傅梅《嵩書》卷十一《靈緒篇》，明萬曆刻本，第 7 頁上～下。
〔註56〕參明龔黃《六嶽登臨志》卷三中嶽嵩山，明抄本。
〔註57〕參明張聯元《天台山全志》卷十，清康熙刻本。

志等書也多引此段，並將其視為《仙經》之文。但從它們所引從字句俱未超出《藝文類聚》所載看，後世山志等書當完全抄自《藝文類聚》等書。要之，《仙經》這部經典至遲在盧元明之前已經出現。易言之，「月光童子常住天台，亦常往來於嵩高山」的觀念在盧遠明時代之前已經出現。並且，根據所謂「中有十六仙人，云：月光童子常在天台，時亦往來此中，人非有道，不得望見」的敘述亦可見月光童子在時人的信仰中的地位。

在一塊由高叡（536～570 年）所資助修的寺廟所刻寺碑碑文中也有一種和盧元明《嵩山記》記載相近的說法：

> 次復月光童子戲天台之傍，仁祠浮圖繞嵩高之側。行藏比於幻
> 化，出沒放於淨土。弗□□□罕逢濡足，及於金臺羅漢遠住東海，
> 瓊樹聲聞遙家西域。承風問道，此實闕如。豈落太圓所都，化作徑
> 行之境；真人所府，靉成息心之地。〔註58〕

高叡為北齊高祖、神武帝高歡弟趙郡王高琛之子，《北齊書》及《北史》皆有傳。〔註59〕該碑名為「大齊趙郡王高叡修寺碑」，又名「高叡定國寺塔廟碑」，為高叡於齊文宣帝天保八年（557 年）二月十五日所立，原藏河北靈壽縣幽居寺遺址內，現藏河北省文物保護所。該碑中月光童子和天台山有著密切關係，可能也和嵩高山有著一定聯繫，但這種聯繫並不是很明確。

通過上引類書及碑刻資料，不難看出至遲在 557 年，月光童子與天台山的關係已經穩定下來，並有著廣泛的影響，而且這種關係要比月光童子和嵩高山等名山的關係更為密切和穩定。正如今天所知，這樣結合的結果便是形成了菩薩和名山一一對應的關係，即如五臺之於文殊，九華之於地藏等，但這些結合很可能都是發生在隋唐之後，晚於天台山和月光童子的結合，所以筆者頗為懷疑二者的結合可能是佛教之佛或菩薩和山嶽結合最早的範例之一。當然這種結合可能與文殊的本土化還存在不同。

相對於佛教四大名山而言，天台山的月光童子信仰今天已經難覓蹤跡了。儘管如此，我們仍然可以看出，月光童子這樣一種形象完全找不到佛典論述依據，說明民眾正在逐漸將月光童子形象趨於本土化，偏離了西方傳來

〔註58〕參清陸增祥《八瓊室金石補正》卷二十，北京：文物出版社，1985 年，第 122 頁。

〔註59〕參唐李百藥撰《北齊書》卷十三《高叡傳》，北京：中華書局，1972 年，第 170～173 頁；唐李延壽撰《北史》卷五十一《高叡傳》，北京：中華書局，1974 年，第 1844～1846 頁。

之經典的描述。

綜上，從總體上看，月光童子信仰在南北朝時期影響趨於鼎盛，其影響仍然集中於下層，各種本土造作經典頻出，民間叛亂也時有發生；但《月燈三昧經》的譯介等也顯現出統治階層對這種信仰的關注。這一時期，月光童子信仰的屬性也開始突破經典的範疇，日益和中國本土信仰結合，最為顯著的一點就是出現了和天台山、嵩高山等名山結合的月光童子形象。

第三節　月光童子信仰的延續與衰落

隋唐時期，一些涉及到月光童子信仰的重要經典再次被翻譯成漢文，本土造作的作品中也多有其身影；並且這一時期的經典譯介與政治統治的關係進一步突出和緊密。此外，這一時期，月光童子信仰似乎也被捲入到了佛道論爭之中。

一、隋文帝統治時期的月光童子信仰

隋文帝時期，與月光童子信仰關係最為密切、對政治影響最大的譯經當屬《德護長者經》。該經是那連提耶舍於開皇三年（583 年）六月譯出的，經中直接預言，月光童子將轉生大隋國為大行王。關於這一點，許理和等認為「該經的翻譯是隋文帝政治意識形態一部分。他將佛教信仰雜糅進政治統治中，正是為了印證他的政權源自佛授。」，並推測「也許正是那連提耶舍自己有意將該經翻譯成今天的這一版本，因為當時他被隋文帝楊堅禮奉在帝國最重要的佛教機構、毗鄰新首都的皇宮的大興善寺，並受到皇家供奉，僅用時一年便譯出此經。」〔註60〕

關於隋初的月光童子信仰，除了譯經等資料外，我們從一些石刻碑文中也能找尋到一些痕跡。仁壽中時為當陽令的皇甫毗曾為玉泉寺撰寫碑文，文載：

> 故有白銀千尺之體，紫金丈六之身，八部般若之文，四種悉檀
> 之義。神通自在，慧力無窮。因導化行，開示悟入。皈依者盡發菩
> 提，迴向焉普登常樂。是以獼猴建塔，遂生忉利之天；野雁銜華，

〔註60〕參 Erik Zürcher, "Prince Moonlight: Messianism and Eschatology in Early Medieval Chinese Buddhism" p.25~26.古正美《從天王傳統到佛王傳統》，第 163 ～221 頁；楊梅《4～8 世紀中國北方地區佛教讖記類偽經研究》，第 79～80 頁等。

復往彌陀之國。豈值日藏沙門，孤遊正道；月光童子，獨見如來？

四生因茲度脫，六道藉此昭蘇。實火宅之高車，昏河之大筏。〔註61〕

上述引文是在宣揚佛與佛法之拯濟苦難、普度眾生之義。文中「孤遊正道之日藏沙門」與「獨見如來之月光童子」兩個典故，強調的是「四生因茲度脫，六道藉此昭蘇」，似為突顯佛陀慈悲惠及世間所有眾生而用。當然這種描述實為後文中「我隋皇帝乘乾御宇，握鏡披圖，父愛蒼生，君臨赤子」等內容做鋪墊，完全是在為隋文帝歌功頌德。故這裡所表現出的「月光童子」就是轉生王之形象。

二、月光童子信仰與武曌統治

入唐之後，武后對月光童子信仰也有著與隋文帝類似的利用，可能正是在她的影響下，當時的大譯師菩提流支在本是正典的《寶雲經》（T660）中竄入了一段比較冗雜的經文，經中月光童子被授記：

> 天子！以是緣故，我涅槃後、最後時分、第四五百年中，法欲滅時，汝於此贍部洲東北方摩訶支那國，位居阿鞞跋致，實是菩薩，故現女身，為自在主。經於多歲正法治化，養育眾生猶如赤子，令修十善；能於我法廣大住持，建立塔寺；又以衣服、飲食、臥具、湯藥供養沙門；於一切時常修梵行，名曰月淨光天子。然一切女人身有五障。何等為五？一者、不得作轉輪聖王；二者、帝釋；三者、大梵天王；四者、阿鞞跋致菩薩；五者、如來。天子！然汝於五位之中當得二位，所謂阿鞞跋致及輪王位。天子！此為最初瑞相。汝於是時受王位已，彼國土中，有山湧出五色雲現。當彼之時，於此伽耶山北亦有山現。天子！汝復有無量百千異瑞，我今略說，而彼國土安隱豐樂，人民熾盛，甚可愛樂，汝應正念施諸無畏。天子！汝於彼時住壽無量，後當往詣覩史多天宮，供養、承事慈氏菩薩，乃至慈氏成佛之時，復當與汝授阿耨多羅三藐三菩提記。〔註62〕

根據經文，「月光天子」，也就是月光童子，會在末法時降生於摩訶支那國，

〔註61〕參 CBETA, T46, no.1934, p.819, b22-28.並參清嚴可均輯《全隋文》第二十八卷，皇甫毗《玉泉寺碑》，北京：商務印書館，1999 年，第 326 頁。

〔註62〕《寶雨經》（T660），卷 1，第 284 頁上。富安敦曾對這段竄入的文字進行了研究，但是他並沒有重視月光童子在中國授記及末世論文獻中的作用。參 Antonino Forte, *Political Propaganda and Ideology in China at the End of the Seventh Century*, p.125~136.

也就是中國，並以一女主身份成為統治者。顯然，這完全是迎合了正積極謀取成為女皇的武后之心理。關於此事，學界也已有相當研究成果，可資參考。〔註63〕在這裡，想要補充三點。

第一，菩提流志的作用。之前的研究，之關注到了上舉《寶雨經》中竄入的「月光天子」一段經文，但事實上菩提流志並非僅在這一部經典中宣揚了月光童子信仰，在其他經典中也多有涉及。如其所譯《大寶積經》（T310）中便描述了一位「家住王舍城，親身禮佛，聽聞佛法，家中供養佛陀，並得授佛記未來成佛」的月光童子，這種形象和《申日經》、《德護長者經》等經中的月光童子十分一致；〔註64〕其所譯《一字佛頂輪王經》（T951）中的月光童子是一位可以洞達一切陀羅尼的菩薩形象，〔註65〕其所譯《佛說文殊師利法寶藏陀羅尼經》（T1185A）中的月光童子也是一位菩薩，並有「月光童子陀羅尼」傳世，信眾手畫月光童子像便可得菩薩護祐〔註66〕。通過這幾部譯經可以看出，月光童子不僅和政治統治相關，而且出現了與之相關的咒語和圖像，說明這種信仰出現了密教化傾向。

第二，「月光童子咒」的流行。「月光童子咒」早在北涼曇無讖譯《大方等大集經》（T397）中即已存在〔註67〕，經中載，月光童子是為了「滅過去業因緣病苦」而誦出此段陀羅尼咒的。但是這段咒語在很長時間內影響並不是很大。〔註68〕直到唐初，多部譯經中「月光童子咒」才再次出現。貞觀元年

〔註63〕參 Erik Zürcher, "Prince Moonlight: Messianism and Eschatology in Early Medieval Chinese Buddhism" p.25~26. Antonino Forte, *Political Propaganda and Ideology in China at the End of the Seventh Century: Inquiry into the Nature, Authors and Function of the Tunhuang Document S.6502 Followed by an Annotated Translation.* Napoli, 1976, second edition. Tyoto, 2005, p.190~201；214~217；楊梅《4～8世紀中國北方地區佛教讖記類偽經研究》，第81～83頁等。

〔註64〕參《大寶積經》第31、32和34卷。

〔註65〕參 CBETA, T19, no.951, p.224, c11-21.

〔註66〕參 CBETA, T20, no.1185A, p.793, a22-p.794, c23.

〔註67〕參 CBETA, T13, no.397, p.146, b7-19.

〔註68〕《首羅比丘經》第三部分中也有一些咒語，但並非出自月光童子之口，從其內容看與《大方等大集經》也完全不一樣，筆者頗為懷疑該咒語是造作者隨意寫成。多數學者認為《首羅比丘經》並不是一時完成的，甚至不是由同一人完成的，楊梅等學者將該經分為三部分，筆者贊同這種處理方式。參楊梅《4～8世紀中國北方地區佛教讖記類偽經研究》，第28～37頁；並參氏著《〈首羅比丘經〉文本內容及創作時代考》，《敦煌吐魯番研究》第十一卷，2008年，第183～198頁。

（627 年）來華的波羅頗蜜多羅也曾翻譯了一部有關月光童子的經典，即《寶興陀羅尼經》，經中月光童子親承佛陀，聽聞佛法，並可以口說大明咒，據筆者簡單比對，這段咒語和《大方等大集經》非常相近。至於《佛說文殊師利法寶藏陀羅尼經》之陀羅尼則可能和上述兩種真言有一定差距。敦煌寫卷 S.2143《佛事文摘抄》〔註69〕亦有《月光菩薩說多羅尼神咒》。下表為五種月光童子陀羅尼咒之比較表，因筆者不通梵語，故不能將陀羅尼譯成相應梵文，只是簡單地比對了發音可能相近的部分，其中讀音相近處，會做一些簡單對應：

表二：月光童子咒表

《大方等大集經》之陀羅尼〔註70〕	《寶興陀羅尼經》之陀羅尼〔註71〕	《佛說文殊師利法寶藏陀羅尼經》之陀羅尼	《首羅比丘經》之陀羅尼	《佛事文摘抄》之《月光菩薩說多羅尼神咒》
那提 阿三摩路卑 咩羅 素摩（口皮）／女〕泯 伊希那遮久遮尼 那婆久遮尼 那遮久遮尼 牟羅輸陀尼 〔（口*皮）／女〕茶呋〔（口*皮）／女〕茶呋修羅	多地也他罤帝 阿娑摩路卑 彌哆離 蘇摩婆坻 縊呬娜婆軍闍脾 娜婆軍闍 娜婆軍闍脾 茂羅輸陀泥 婆茶呋婆茶呋 婆茶呋摩囉婆 哆他多跛履侈陀 婆婆婆頗頗頗娑娑娑 阿茂羅 阿者離 陀陀波囉者羅	曩莫戰捼囉 缽囉婆 野矩麼 囉步跢野怛儞也 他缽囉陛缽囉 婆嚕底達摩尾舜 地婆棘 覩銘娑嚕 賀	優丘尼優丘尼 但藫但藫 欝離欝離 烏呼烏呼尼 薩呼薩呼 但又但又 又阿由池池呼尼 要他要他 索由富寬 尼富寬尼	滌低帝徒蘇咃 阿若蜜帝嗚都咃 絛岐咃 波賴帝咃 耶彌若咃 嗚都咃 俱羅帝咃 岐摩咃

〔註69〕《英藏敦煌文獻》將該卷定名為「齋曆（十二月禮多記、十齋日等）」，《大正新修大藏經》擬題為「持齋念佛懺悔禮文」，並收有全部錄文。郝春文等認為此件內容龐雜，既有齋曆（十二月禮多記、十齋日等），也有「禮懺文」，還有齋文、呪、偈等，所抄內容有的是完整的，有的只是摘抄。從筆體看應為一人所書，屬個人筆記性質，故暫定名為「佛事文摘抄」。參郝春文主編《英藏敦煌文獻釋錄》第十一卷，北京：社會科學文獻出版社，2014 年，第 150 頁。

〔註70〕參 CBETA, T13, no.397, p.146, b7-19.

〔註71〕參 CBETA, T13, no.402, p.565, c8-p.566, b9.

	脾地離			
	縊迦娜耶跛履			
	侈陀栴陀那			
	抵履尼			
	菩薩離			
	菩薩囉坻履尼			
	呋伽藪囉抵履尼			
	娑娜婆藪囉抵履尼			
囉尼				
那修羅囉尼				
復多拘知	復哆句胝			
波利車陀	跛履侈陀			
闍羅呋	闍間			
闍羅呋婆移	闍間呋呋婆移			
闍羅呋那	闍間呋娜			
摩叉呋	摩佉沙呋			
迦迦呋	迦迦佉			
呵呵呵呵	呵呵呵呵			
休休休	虎虎虎			
撥施脾陀那	娑波履奢脾陀娜			
	波履侈陀			
婆利車陀	阿摩摩			
阿摩摩	儞也摩摩			
若摩摩	棄也摩摩			
呋摩摩	娑母陀囉			
三牟陀陀羅	母陀囉婆佉			
阿陀羅呋婆	僧塞迦囉			
散迦羅尼	娘跛履侈陀菩提			
波利車陀菩提	娑乞史坻脾摩			
娑廁提比摩	摩訶脾摩			
比比摩摩訶比比	部哆句胝			
摩	阿迦舍始婆娑跛			
復多拘知	履侈陀			
阿迦奢或婆娑波	娑婆呵			沙婆呵
利車陀				
莎呵				

　　第三，月光童子畫像的功用。前引《佛說文殊師利法寶藏陀羅尼經》是一部宣揚月光童子像功用的經典，表明當時很流行月光童子畫像，也就是說

月光童子像也已經從佛經文字記載發展為直觀圖像表現。其實，月光童子畫像出現的時間甚早。支遁就曾在某處見到過月光童子畫像，並寫詩讚頌了他。但我們並不能確定，支遁所見畫像是何種形態，也不能考知其功能為何。唐朝時，也有相關記載。唐中宗朝官修文館學士劉秀所撰《涼州衛大雲寺古剎功德碑》曾描繪了大雲寺中各處建築及壁畫：

> 雲聯梵殿，煙凝珍館。目屬寶坊，儼焉相對。雕薨鏤角，金鳳盤龍。刊名模金，分身留影。地土聿廣，樓閣相連。變現無方，感通隨念。至若須彌地主，虛宮梵王，是名菩薩；月光童子，如請說經，猶言護法。內控六賊，外伏四魔，皈依祖師，同申或律，心悟一乘，行聞正果，道存八方，宏施濟度，為現在楷梯，乃將來龜鏡。〔註72〕

「須彌地主」和「月光童子」等都是佛教的神祇，他們都被畫在了寺院建築之牆壁上。在劉秀等人看來，他們「猶言護法」，可降賊伏魔。所以不難看出，月光童子像在當時寺院似乎具有護法功能。玄宗朝，僧一行曾記錄了曼荼羅圖位，其中就列有月光童子，〔註73〕此亦是將月光童子視為護法，不過是將其作為與「日光童子」相對應的護法而已。

三、偽經中的月光童子信仰與宋元以後的「明王出世」信仰

隋唐時期，涉及月光童子信仰的偽經似乎只有一部，即《普賢菩薩說此證明經》之《本因經》部分。但經中也僅是提到「爾時如童菩薩月光菩薩是」、「爾時如童菩薩，手把金剛埵」〔註74〕，其角色似乎並不重要。但有學者認為經中的「天出明王」正是月光童子，甚至認為後世「明王出世」也是來自月光童子信仰。〔註75〕一般認為宋元以後「明王出世」信仰中之「明王」源於摩尼教，印順等學者之所以將其與月光童子信仰聯繫起來，筆者以為，很可

〔註72〕 參清董浩輯《全唐文》卷二七八劉秀《涼州衛大雲寺古剎功德碑》，北京：中華書局，1983 年，第 2822 頁上～頁下；並參清王昶《金石萃編》（影嘉慶十年經訓堂刊本）卷六九，南京：江蘇古籍出版社，1998 年，第 408 頁下。

〔註73〕 參 CBETA, T39, no.1796, p.638, a25.並參 CBETA, X23, no.438, p.333, a2// Z1:36, p.319, a2// R36, p.637, a2.

〔註74〕 參 CBETA, T85, no.2879, p.1365, a26-27; p.1367, c16-17.

〔註75〕 相關觀點，可參印順法師《淨土與禪》，北京：中華書局，2011 年，第 18～21 頁；蕭登福《月光明王出世信仰及敦煌寫卷〈首羅比丘經〉借明王以聚眾抗胡的思想研究》，第 360～361 頁等。

能是受到了《首羅比丘經》以及《本因經》等經文的影響。因為只有這些偽經中才出現了月光童子為「明王」月光童子「出世」等字詞與描述。至於這種聯繫是否成立，似乎還需要進一步的探討。〔註76〕

隋唐時期，經常被學者與「月光童子出世」信仰聯繫在一起的一次叛亂是「白鐵余事件」。關於此次叛亂，張鷟《朝野僉載》有記載：

> 白鐵餘者，延州稽胡也，左道惑眾。先於深山中埋一金銅像於柏樹之下，經數年，草生其上。紿鄉人曰：「吾昨夜山下過，每見佛光。」大設齋，卜吉日以出聖佛。及期，集數百人，命於非所藏處劚，不得。乃勸曰：「諸公不至誠布施，佛不可見。」由是男女爭布施者百餘萬。更於埋處劚之，得金銅像。鄉人以為聖，遠近傳之，莫不欲見。乃宣言曰：「見聖佛者，百病即愈。」左側數百里，老小士女皆就之。乃以緋紫紅黃綾為袋數十重盛像，人聚觀者，去一重一回布施，收千端乃見像。如此矯偽一二年，鄉人歸伏，遂作亂，自號光王，署置官職，殺長吏，數年為患。命將軍程務挺斬之。〔註77〕

羅漢（Norman Harry Rothschild）、楊梅等學者便認為白鐵余即是借助月光童子出世信仰，聚集財富，收納信眾，並發動叛亂，自號「月光王」。〔註78〕將白鐵余與月光童子信仰聯繫起來的就是白鐵余號「月光王」。不過，關於這種觀點，近來張朝富等人進行了反駁，認為這裡的「月光王」更可能是取自本生故事之「月光王」，其所依據的經典即是《賢愚經》。〔註79〕這兩種觀點，

〔註76〕 其實，我更關注的是，既然《首羅比丘經》中已經出現了「明王」等詞，那麼這種思想在後世的延續性又是如何呢？可以以《本因經》為基點思考這個問題：該經中的明王思想和《首羅比丘經》中的明王思想是否一致？多數研究《本因經》的學者都認為該經和《首羅比丘經》有很密切的關係，經中明王即是源於後者之月光童子，那麼二者之間的關聯果真如此直接嗎？就筆者掌握的材料看，尚未有學者對此問題進行嚴肅的討論。

〔註77〕 〔唐〕張鷟撰，趙守儼點校《朝野僉載》卷三，北京：中華書局，1979年，第73頁。

〔註78〕 參 N.H. Rothschild, "Emerging from the Cocoon: Ethnic Revival, Lunar Radiance, and the Cult of Liu Sahe in the Jihu Uprising of 682-3", p.257~282.並參同氏《剝開蠶絲：在白鐵余682～683年的佛教運動中的民族、財富和末法意識》，第322~332頁；楊梅《4～8世紀中國北方地區佛教讖記類偽經研究》，第80～81頁等。

〔註79〕 參張朝富《白鐵余起事佛教背景考察》，《四川大學學報（哲學社會科學版）》，2012年第4期，第84～90頁。

都有其合理之處。但正如上文筆者已經論述的那樣，中古時期的月光童子信仰很可能並不是簡單地與經典一一對應，在民眾尤其是下層信眾中，他們對月光童子的認識很可能是混合了多種佛和菩薩，甚至是本地神靈的形象。因此，我們不能簡單地採取其一而否定其他。就白鐵余事件來說，這一觀點同樣適用，即白鐵余可能同時使用了月光童子出世的信仰和本生故事中的月光王信仰，並且他可能並不是有意將二者混合起來使用的，因為他對兩種形象的區分也未必見得就比追隨其叛亂的信眾清晰多少。

四、與「化胡說」相關的月光童子

佛道圍繞「化胡說」進行的論爭可能從東晉末《化胡經》編撰之後不久已經開始。〔註80〕《史記》等史籍中有「老子西去」之記載，道教徒便以之為根據，編造出了老子西去化胡的故事，並且這種故事在不同時代有不同之演繹。〔註81〕面對道教徒的這種攻擊，佛教徒也予以了回應，即提出了所謂的「三聖行化東方」說。按，「三聖行化東方」可能出於疑偽經《清淨法行經》，其形成的下限是劉宋時期。〔註82〕「三聖行化東方」是以中國聖人比附佛教

〔註80〕關於《化胡經》作成年代，學界存有多種說法，主要有桑原騭藏「晉惠帝永康元年（300 年）說」（參氏著《老子化胡經》，《藝文》第 9 號，1910 年初刊，後收入《桑原騭藏全集》第 1 卷，東京：岩波書店，1968 年。方今茲曾將該文譯為漢語，載《中央日報》1942 年 2 月 11 日《文史週刊》）。許理和（Erik Zürcher）等學者多同此說（參 Erik Zürcher, The Buddhist Conquest of China: The Spread and Adoption of Buddhism in Early Medieval China, 2vols, *Sinica Leidensia*, XII, E.J. Brill, Leiden, 1959; 1972, p.295, 430.此據許理和著、李四龍譯《佛教征服中國：佛教在中國早期的傳播與適應》，南京：江蘇人民出版社，2003 年，第 533～544 頁；等）；柴田宣勝「劉宋說」（參氏撰《老子化胡經偽作者いへ》，《史學雜誌》第 44 編第 1 號，1933 年）；劉屹師「東晉末劉宋初說」（參氏撰《〈化胡經〉產生的年代》，《道家文化研究》第 13 輯，北京：三聯書店，1998 年初刊，第 87～109 頁，此據氏著《經典與歷史——敦煌道經研究論集》，北京：人民出版社，2011 年，第 1～17 頁。）等。

〔註81〕相關研究，可參王維誠《老子化胡說考證》，按該文本是王先生於國立北京大學研究院研究生論文，初刊於《國學季刊》第 4 卷 2 號，1934 年，此據孫彥、薩仁高娃、胡月平選編《敦煌學研究》第三冊，北京：國家圖書館出版社，2009 年，第 1400～1521 頁。

〔註82〕目前可查看之材料，有關「三聖行化東方」即記載，多是出於《清淨法行經》。但曹凌認為《空寂所問經》中可能已經包含了「三聖行化東方」說的內容，而《空寂所問經》可能形成於釋道安之前，故後世所引有關「三聖行化東方」之內容尚不能確認即是源於《清淨法行經》。參氏著《中國佛教疑偽經綜錄》，上海古籍出版社，2011 年，第 118 頁。

菩薩，就對應的中國聖人而言，比較固定，即老子、孔子和顏回；就所對應之佛教菩薩則說有多種組合，除老子之「迦葉」角色比較固定外，孔子和顏回對應之角色則多變，但就兩晉南北朝時期的材料看，二者身份之變換也只限於「光淨菩薩／童子」和「儒童菩薩」之間。〔註83〕需要指出的是，這一時期，月光童子並未被吸收到「三聖行化東方」之論說中。儘管古人的引用比較隨意，並且《清淨法行經》多有異本，〔註84〕但隋唐以前的記載或是將顏回比作光淨菩薩／童子，或是比作儒童菩薩，但從未比作月光菩薩／童子，由此可推知時人所引用不同之異本中並未見「月光菩薩／童子」的出現，此亦足見當時月光童子並未成為「三聖」之一。這種情況發生改變的時間可能要晚到隋唐時期，這也是以往學者多忽略的一點。〔註85〕

可能造作於隋初之《普賢菩薩說此證明經》之《本因經》中載：〔註86〕

　　爾時觀世音託生凡夫，爾時普賢菩薩優婆塞身是。此二菩薩分身，百億難解難了，亦不可思議。爾時如童菩薩月光童子是，爾時摩訶迦葉尊者是，爾時優波利（是）。堂公是初果羅漢，離諸生死；泰山僧朗是清淨羅漢；杯度是解空羅漢，號為隱公。三賢四聖皆同一字。〔註87〕

〔註83〕關於兩晉南北朝時期，記載「三聖行化東方」的文獻，較為繁雜，王維誠、許理和、李小榮、伍小劼等學者多有梳理。就筆者所見，曹凌對這些文獻的搜集最為齊備，可參氏著《中國佛教疑偽經綜錄》，第113～118頁。

〔註84〕儘管北周釋道安、隋朝灌頂等人都標明自己是引自《清淨法行經》，但他們的引文對孔子和顏回對應之角色並不一致，說明當時應該存在《清淨法行經》的不同異本。此外，宋志磐在其所撰《佛祖統紀》中便曾直接言明他曾見到了《清淨法行經》的不同版本，並將不同內容標出。參 CBETA, T49, no.2035, p.333, b27-c4.

〔註85〕王維誠、許理和、李小榮等學者在研究中，多直接將月光童子也納入「三聖行化東方」論之中。李小榮可能已經認識到，月光童子被吸收進「三聖」是唐初之後才發生的，但在論述過程中仍認為自「三聖行化東方」說出現之始，月光童子便已是位列三聖行列。相關內容，可參王維誠《老子化胡說考證》，第31～43頁；許理和《佛教征服中國》，第398～399頁；李小榮《〈弘明集〉〈廣弘明集〉述論稿》，第211～227頁。

〔註86〕關於該經的造作年代，參本書下編第三章《〈佛說證香火本因經第二〉造作年代考》。

〔註87〕關於該經，《大正藏》收有以 P.2186 號為底本，以 P.2136 和 S.1552 為校本釋錄之經文，參《大正藏》第85冊，2879 號經卷，CBETA, T85, no.2879, p.1362, c12-p.1368, b19.目前，該經錄文最為精當者，當是林世田的工作。參林世田《敦煌所出〈普賢菩薩說證明經〉及〈大雲經疏〉考略──附〈普賢菩薩說證明經〉

引文所講的「三賢四聖」當都是觀音和普賢的化身，所以說他們「皆同一字」。關於「三賢四聖」，富安敦（Antonino Forte）認為「三賢」指堂公、僧朗和杯度；「四聖」指觀音、普賢、摩訶迦葉和優婆離。〔註88〕但摩訶迦葉和優婆離都是觀音和普賢的分身，似乎四者不太可能並稱為四聖。筆者以為，「三賢」似指「如童菩薩月光童子」、「摩訶迦葉尊者」和「優婆離」，三者都是釋迦牟尼弟子，故稱賢者。「四聖」似指「初果羅漢堂公」、「清淨羅漢僧朗」、「解空羅漢杯度」，第四位聖人也許就是「隱公」，抑或者是抄寫、流傳過程中被遺漏了。〔註89〕如是，則「三賢」中出現了南北朝時期已經非常流行之「三聖行化東方」說中的兩位聖人，即「儒童菩薩」（按《本因經》中之「如童菩薩」當係「儒童菩薩」之筆誤）和「迦葉」，只是不見「光淨菩薩／童子」，而多出了「優婆離」。優婆離與迦葉同為佛陀十大弟子之一，號稱「持律第一」。從這種描述即可以看出月光童子與「三聖行化東方」已經有所關涉了。此外，該經具有濃厚的「化胡」色彩，這一點似乎也暗示了月光童子與「三聖行化東方」說之關係。經文載：

校錄》，《文津學誌》第 1 輯，2003 年，第 165～190 頁。案後文中所引《普賢菩薩說此證明經》經文，均來自此文。如與林文不合者，另行出注。又，此句十分混亂，前輩學者在斷句上各持己見。矢吹慶輝的斷句為：「爾時如童菩薩月光童子。是爾時摩訶迦葉尊者。是爾時優波利。堂公是初果羅漢。離諸生死泰山僧朗。是清淨羅漢杯度。是解空羅漢號為隱公。三賢四聖皆同一字」。參 CBETA, T85, no.2879, p.1365, a25-b1。林世田的斷句為「爾時，如童菩薩月光童子，是爾時摩訶迦葉尊者，是爾時優波利，堂公是初果羅漢，離諸生死，泰山僧朗是清淨羅漢，杯度是解空羅漢，號為隱公，三賢四聖皆同一字。」參林世田《敦煌所出〈普賢菩薩說證明經〉及〈大雲經疏〉考略》，第 172 頁。

〔註88〕參 Antonino Forte, *Political Propaganda and Ideology in China at the End of the Seventh Century: Inquiry into the Nature, Authors and Function of the Tunhuang Document S.6502 Followed by an Annotated Translation.* p.361, n.58.

〔註89〕從語義上看，此句亦可斷句為：「爾時觀世音託生凡夫，爾時普賢菩薩優婆塞身是。此二菩薩分身，百億難解難了，亦不可思議。爾時如童菩薩（是），月光童子是，爾時摩訶迦葉尊者是，爾時優波利（是）。堂公是初果羅漢，離諸生死；泰山僧朗是清淨羅漢；杯度是解空羅漢，號為隱公。三賢四聖皆同一字。」如此，三賢則為：堂公、僧朗和杯度；四聖則為：如童菩薩、月光童子、摩訶迦葉、優波離。但是考慮到在後世的流行的包括有月光童子在內的「三聖行化東方」說中或未同時出現，或以「明月儒童」等身份出現，如此，月光童子和儒童似指同一菩薩。此外，本段所謂「三賢四聖」是「三賢」在前「四聖」在後，所以將如童菩薩月光童子、摩訶迦葉、優波離視為「三賢」，將初果羅漢堂公、清淨羅漢僧朗、解空羅漢杯度、隱公視為「四聖」更符合原文的行文邏輯。

老子作相師，白迭承釋迦。老子重瞻相，此人非常聖。難解難思議，號為釋迦文。九龍與吐水，治化彌勒前。元初苦行時，居在迦黃山。乃久不得道，來至崑崙山。乃久不得道，來至蒲城山。展轉至五馬道，從海中心入，即為造化城。化城何物物：琉璃作外郭，舉高七百尺；白銀作中郭，舉高七百尺；紫金作中城。

從這段經文不難看出，造作者將道教之老子與佛教之佛陀已經發生了聯繫。該經中出現這種「化胡」之語，可以看出造作者受到了中古時期化胡說之影響，並且無論是對佛教抑或道教，作者都沒有表現出明顯的偏袒。儒童菩薩月光童子出現在這樣一部偽經中，是不是也可以視為造作者對當時化胡說認識的一種反映？亦即，在當時月光童子可能已經被捲入化胡說之中了。

將月光童子和」三聖行化東方」聯繫在一起的最有力之材料，是唐湛然（711〜782年）之《止觀輔行傳弘決》（T1912），文載：

《清淨法行經》云：月光菩薩，彼稱顏回。光淨菩薩，彼稱仲尼。迦葉菩薩，彼稱老子。〔註90〕

從中不難看出，湛然所見《清淨法行經》之記載和北周釋道安〔註91〕、隋灌頂〔註92〕等人所見版本不同，月光童子已經成為「三聖」之一。

可能與《止觀輔行傳弘決》作成時間相近之《歷代法寶記》〔註93〕的記載也頗有意思：

案《清淨法行經》云：天竺國東北真丹國，人民多不信敬，造罪者甚眾。吾我今遣聖弟子三人，悉是菩薩，於彼示現行化。摩訶迦葉，彼稱老子；光淨童子，彼號仲尼；明月儒童，彼名顏回。講論五經，《詩》、《書》、《禮》、《樂》，威儀法則，以漸誘化，然後佛經當往。〔註94〕

這裡所引《清淨法行經》稱顏回為「明月儒童」，該稱謂也僅見於此。又，《清

〔註90〕參 CBETA, T46, no.1912, p.343, c18-20.

〔註91〕參 CBETA, T52, no.2103, p.140, a6-8.

〔註92〕參 CBETA, T38, no.1767, p.109, c15-16.

〔註93〕該書末載錄了山人孫寰之《大曆保唐寺和上（無住）傳頓悟大乘禪門門人寫真贊文並序》，故此書可能是為紀念於唐大曆九年（774）六月三日去世的成都府保唐寺無住禪師而作，因此作者當是無住的門人，撰於無住去世後不久。相關研究，參陳士強《〈歷代法寶記〉考原》，《法音》，1989年第9期，第28頁等。

〔註94〕參 CBETA, T51, no.2075, p.179, c4-9.

淨法行經》在日本名古屋七寺寫經被發現，將抄經和《歷代法寶記》所引之
經文進行對比，不難發現，二者的記載幾乎完全相同，只是關於月光童子的
稱呼不一致。〔註95〕因佛典中並無菩薩名曰「月明儒童」，故筆者頗為懷疑這
裡是《清淨法行經》異本轉抄過程中出現的錯誤：抄寫者可能看到了不同版
本之《清淨法行經》，其中有言「月光菩薩／童子，彼名顏回」者，有「月明
菩薩／童子，彼名顏回」者，有言「儒童菩薩，彼名顏回」者，但抄
〔註96〕
寫者並未按照一個本子如實抄寫，而是將各種版本加以糅合，故出現了「月
明+儒童」的現象。當然還有一種可能，即本來就存在這種稱謂。比如，據北
周甄鸞引《文始傳》就記載「（老子）委尹喜為罽賓國佛，號明光儒童」。〔註
97〕按《文始傳》可能是北朝後期樓觀道的一部作品。〔註98〕

綜合考慮《止觀輔行傳弘決》與《歷代法寶記》的記載，我們可以推論，
在唐中前期，月光童子作為「三聖」之一的形象在時人觀念中已經比較穩定
了。這時的月光童子不僅是轉生的聖王，還成為了行布教化的聖人。

五、月光童子和水觀

唐天竺沙門般刺蜜諦譯《首楞嚴經》（T945）卷第五描述了一個之前未出
現的月光童子形象，將其和水觀聯繫在一起。該經卷第五中有記，該經中共
有二十五位大菩薩，每位菩薩都代表一種修行的法門，共計二十五種法門，
如，優波尼沙陀修色塵，阿那律陀則修眼根，舍利弗修的是眼識。月光童子
所修即水大：

> 月光童子即從座起，頂禮佛足而白佛言：「我憶往昔恒河沙劫，
> 有佛出世，名為水天，教諸菩薩修習水精，入三摩地，觀於身中水

〔註95〕七寺古寫經本《清淨法行經》經文可參看，牧田諦亮、落合俊典編《七寺古
逸經典研究叢書》第二卷之《中國撰述經典（二）》，東京：大東出版社，1996
年，第 13～14 頁。

〔註96〕按月明菩薩／童子亦即月光菩薩／童子，支謙譯《月明菩薩經》即將月光童
子譯作「月明童子」。

〔註97〕參 CBETA, T52, no.2103, p.145, c20-21.

〔註98〕關於《文始傳》的時代，山田利明有過考察，認為《文始先生無上真人關令
內傳》是在《文始傳》等書基礎上，在隋唐之際新編成的。參氏文《〈文始先
生無上真人關令內傳〉の成立について》，載《歷史における民眾と文化—酒
井忠夫先生古稀祝賀紀念論集》，東京：國書刊行會，1982 年，221～235 頁；
並參劉屹師《〈廣品說〉考》，《首都師範大學學報（社會科學版）》，1999 年
第 6 期，第 17～18 頁。

性無奪，初從涕唾，如是窮盡津液精血大小便利，身中漩澓，水性一同，見水身中與世界外浮幢王剎諸香水海等無差別。我於是時初成此觀，但見其水未得無身。當為比丘，室中安禪。我有弟子，窺窗觀室。唯見清水，遍在室中，了無所見。童稚無知，取一瓦礫投於水內，激水作聲，顧眄而去。我出定後頓覺心痛，如舍利弗遭違害鬼。我自思惟：今我已得阿羅漢道，久離病緣，云何今日忽生心痛？將無退失，爾時童子捷來我所，說如上事。我則答言：汝更見水，可即開門，入此水中，除去瓦礫。童子奉教，後入定時，還復見水，瓦礫宛然，開門除去。我後出定，身質如初。〔註99〕

除了此經之外，記載這種形象的佛典並不多。不過，楊梅認為「北涼曇無讖譯《大方等大集經》卷19記月光童子以水月之譬喻來說明佛智不著諸法、不生不滅的特性，這或許是後來將水觀作為月光童子證道之途徑的淵源。」並指出，其實在北朝時期，「水觀法」就已成熟，但並不獨為月光童子所專；不過到了唐以後一般以月光童子為修習水觀的代表，以水月之聚散隨緣、無有自性來概括一切法之空性。〔註100〕確實如此，月光童子的此種形象在後世文人詩集中屢有表現，並且多取材於該經中月光童子所講述之弟子打擾其修行之事中。〔註101〕比如，蘇軾就曾以此經典故入詩，《臂痛謁告作三絕句示四君子》之一「心有何求遣病安，年來古井不生瀾。祗愁戲瓦閒童子，卻作泠泠一水看。」蘇軾用「瓦閒童子」一典來表現他遠離官場後生活之清閒。〔註102〕明朝賀復徵《文章辨體彙選》載譚元春《潛刻右丞墨蹟歌小引》：「即右丞焚香寂照時，亦不能使詩畫風流化為月光童子一泓空水」。但這裡也僅僅是說明月光童子與水有關聯，並且，文中所謂「月光童子一泓

〔註99〕 CBETA T19, no.945, p.127b24～c15.

〔註100〕 參楊梅《4～8世紀中國北方地區佛教讖記類偽經研究》，第24～25頁。

〔註101〕 《首楞嚴經》載：當為比丘，室中安禪。我有弟子，窺窗觀室。唯見清水，遍在室中，了無所見。童稚無知，取一瓦礫投於水內，激水作聲，顧眄而去。我出定後頓覺心痛，如舍利弗遭違害鬼。我自思惟：今我已得阿羅漢道，久離病緣，云何今日忽生心痛？將無退失，爾時童子捷來我所，說如上事。我則答言：汝更見水，可即開門，入此水中，除去瓦礫。童子奉教，後入定時，還復見水，瓦礫宛然，開門除去。我後出定，身質如初。參 CBETA, T19, no.945, p.127, b24-c7.

〔註102〕 關於蘇軾引用此典的相關研究，可參梁銀林《佛教「水觀」與蘇軾詩》，《西南民族大學學報：人文社科版》，2005年第3期，第322～324頁。

空水」更可能是指月光如水的那層意境。

後世可能也有以此體裁入畫者，據一名為象未道人曾作文描寫柏林寺壁畫，文載「我閱此圖頻抖擻，神工鬼跡古無有……又非月光童子夜女禪，吞盡兩江灌腰肘，不投瓦礫不窺窗……不然而何鬼與神，巧匠旁觀齊縮手」〔註103〕。

總之，隋唐時期，月光童子信仰發展的一個顯著特點就是與上層統治聯繫更為密切，更多經典是圍繞統治者譯介出來的；與此同時，這種信仰在民間也有延續性發展，但其影響力已遠不如南北朝時期。如果暫不考慮它是否和摩尼教發生了融合，那麼宋元以後的月光童子信仰、尤其是月光童子出世信仰，似乎已經找不到蹤跡了。與其他時期相比，這一時期月光童子成為「行化東方三聖」之一是月光童子信仰演變過程中的一大轉變。這時的月光童子不僅是轉生的聖王，還是行布教化的聖人。

本章小結

本章主要在總體上對月光童子信仰進行一番勾勒，試圖說明在中古時期，尤其是東晉末南北朝以至隋唐時期中國存在著一種比較活躍的月光童子崇拜現象。

通過梳理不難發現，三國時期月光童子信仰開始傳入中國，但經典無多，可以說只有支謙翻譯的《月明菩薩經》一部。童子雖在譯者觀念中是一菩薩形象，行為高潔，敬信佛法，但在當時的社會並沒有太大影響。儘管如此，支謙譯經可能對後世月光童子信仰有一定影響，即在此經中月光童子和佛陀本生故事羅衛太子救治病厄聯繫在了一起。也許正是這種聯繫使得後世的月光菩薩在流傳過程中也具備了救治病厄的功能，其相關事件，可參南朝陳之智璪、唐初白鐵余事件。

兩晉南北朝時期是月光童子信仰興盛的時期，這一時期無論是傳譯經典，還是本土造作經典都比其他時期多了很多。月光童子形象也非常豐富，就譯介經典而言，多描繪了一位行為高潔、敬信佛陀、諫父禮佛的童子，但也有經典已經宣揚了一位末世出世救世的月光童子形象，這類經典可能包括一部今天已經佚失的《申日經》，存世的《法滅盡經》等。就本土造作經典而言，

〔註103〕參趙縣地方志編纂委員會《趙州志校注》，趙縣地方志編纂委員會印，1985年，第250～251頁。

它們更為看重的是那位可以在惡世拯救他們的月光童子，所以諸如《佛缽記》、《首羅比丘經》、《天公經》等經典即是以末世大水災等災難為背景，宣揚月光童子出世。和其他時期相比，信眾對月光童子的信仰不再僅限於傳譯、造作和誦讀或傳抄經典方面，他們也越來越多的以之為武器表達自己的需求，諸如月光童子劉景暉事件、劉紹僧事件等可能就是在月光童子信仰影響下發生的叛亂；北朝後期，上層統治者似乎也已經開始重視並有意識地利用這種信仰來鞏固統治了。這種表現之一就是那連提耶舍在高齊時期翻譯出了一部月光童子在其中扮演重要角色的經典，即《月燈三昧經》。齊亡後，那連提耶舍入隋，又繼續翻譯出了一部宣揚月光童子出世中國的經典，即《德護長者經》。這一時期，月光童子形象發生的另一個顯著變化就是，他開始與中國本土的天台山、嵩高山等名山結合起來。

隋唐時期，月光童子信仰仍在繼續延續和發展，這一時期主要有三個顯著特點：第一，月光童子信仰影響愈來愈多地為統治者所用，諸如隋文帝、武則天等人都充分利用了這種信仰；與此同時，在民間，這種信仰在當時的影響已經不如南北朝時期那麼重要了，這一點體現在經典上就是本土造作經典很少，現存經典中只有《本因經》涉及到了一些；體現在實踐方面，就是在月光童子信仰影響下的民眾運動少了。第二，月光童子信仰逐漸密教化，重要表現就是「月光童子咒」在經典中頻繁出現，「月光童子像」在信眾中也已經具有了信仰功效。這種信仰可能一直延續到明清。第三，月光童子成為「行化東方三聖」中的一員，不僅具有了轉生治世的形象，也具有了行教化之形象。

隋唐以後的宋元明清時期，流傳於世的月光童子信仰可能僅限於上層僧眾傳習的「水觀」。當然，學界也認為這時期的月光童子信仰可能和摩尼教發生了融合，形成了「明王出世」信仰形態。但這一點仍然需要進一步的探討。

本章對月光童子信仰在中國的傳播進行了概括性的介紹，說明在中古時期尤其是南北朝時期，月光童子的影響一直都存在，並且相當活躍。下文將以具體的經典，對月光童子信仰的傳入、與本土思想的結合等方面進行一些探討。

第二章　降生中國的菩薩:「月光童子轉生中國」思想的起源

　　月光童子之所以能在中古時期有那麼大的影響力,主要是因為他在當時民眾心中有一種轉輪王或救世主的形象,人們相信他會在亂世中降世,拯救百姓困苦。現代學者多將這種形象歸為今本《申日經》。但這種形象是如何產生的呢?又是何時產生的呢?今本《申日經》是否就是這種思想的原始經本呢?

　　在緒論對《申日經》等經典研究學術史的回顧中不難看出,歷代經錄僧雖然在《佛說申日經》譯者的問題上各持己見,但在該經的真偽上的態度還是一致的,即都認為它是一部真經。可見在古代,該經的真實性從來沒有受到過質疑。但近代以來的學者的態度卻恰恰相反,更多的是認為該經是一部偽經,至少其授記部分是中國人擅自摻入的。只有列維和印順法師還在堅持該經是一部正典。

　　懷疑該經為偽經的學者,更多的是考慮到一部出自印度或西域地區的經典,不應當有直接預言中國有出世大菩薩或轉輪王的文字。並且認為其他經典中轉輪王出世時應是一個比較太平的環境,所以這部經典中出世於一亂世的月光童子是不符合正典思維的。〔註1〕他們的這些觀點更可能是受到了後世一些帶有濃厚政治色彩事件的影響,諸如隋朝那連提耶舍譯《德護長者經》中插入「月光童子降生大隋,為大行王」的情節、武則天對《大雲經》淨光天

〔註1〕參釋章慧《〈申日經〉研究》,臺北:法鼓文化事業股份有限公司,2006年,第125～154頁。

女一角色之利用、《大雲經疏》的出現以及菩提流支在《寶雨經》中插入月光童子以女身為轉輪王的情節。現代學者大都認為這些情節並不是印度佛典所原有的、都是譯師們為迎合統治者而刻意為之的。〔註2〕換言之，現代學者們的懷疑多是源於一種主觀的判斷，並沒有確切的證據可以說明今本《申日經》的授記部分尤其是其中的「月光轉生中國」的思想是中國人摻入的。

其實，前輩學者討論《申日經》真偽問題，一直將懷疑目光更多地聚焦在了「月光童子轉生秦國」一點上，很少關注到月光童子「轉生形象」和「諫父禮佛形象」的差別，也很少有人追問「轉生形象」是來自印度或中亞的形象還是中土造作的新信仰，亦即今本《申日經》授記部分所體現的「月光轉生中國」思想的真偽性如何？〔註3〕就筆者管見所及，僅印順法師和許理和兩人曾就這一問題發表過一些看法。

印順法師的討論首先從「彌勒與月光」的關係開始，他認為彌勒信仰實為月光崇拜；接著他便將彌勒下生信仰和月光童子出世信仰結合在了一起，認為「月光出世」信仰之「原始的傳說，見於西來的譯典」。〔註4〕印順法師從佛教內在思想方面考察這種信仰的真偽，可謂獨具匠心。許理和則試圖通過對早期中國與中亞之戰爭影響的角度推測這一問題。他認為如果今本《申日經》若是竺法護所譯，則意味著旃羅法化生中國為君王的說法在公元3世紀上半葉已有流傳。並且推測，這並不一定就是中國人的發明，很可能早在公元前2世紀中國入侵亞洲內陸之後，此類「預言」已在印度或佛教中有所出現。〔註5〕許理和探討之邏輯非常清晰，但稍欠直接證據。筆者佛學義理知識淺薄，不能從佛教思想發展角度對這一問題作進一步的推進，僅擬盡可能使用一些與「月光童子轉生中國」思想有直接或間接關聯之歷史材料對上述問題進行一番考察。

〔註2〕 參 Michel Strickmann, The Consecration Autra: A Buddhist Book of Spell, *Chinese Buddhist Apocrpha*, University of Hawaii Press, 1990, p.103.並參藍吉富《隋代佛教史述論》，臺北：商務印書館，1974年初版，此據1998年版，第10頁。

〔註3〕 這裡所謂「真偽」指其思想來源，「真」即這種思想是來自印度本土或西域，「偽」即這種思想是本土造作。

〔註4〕 參印順法師《淨土與禪》，北京：中華書局，2011年，第11～14頁。

〔註5〕 參 Erik Zürcher, The Buddhist Conquest of China: The Spread and Adoption of Buddhism in Early Medieval China, 2vols, *Sinica Leidensia*, ⅩⅡ, E.J. Brill, Leiden, 1959; 1972.此據許理和著、李四龍譯《佛教征服中國：佛教在中國早期的傳播與適應》，南京：江蘇人民出版社，2003年，第415頁，注釋130。

第一節　「月光轉生中國」思想在中國最初的傳播

筆者以為，探討「月光童子轉生中國」思想的真偽問題，有一項多為前輩學者所忽略或探討不深入、但仍需要做的工作就是探尋最先接受此思想的中國人的態度，尤其是具有較高佛學學識者們的觀點。

這裡首先要大致確定一下該經出現的上限時間。對今本《申日經》的一些用詞進行一番分析，也許並不失為一種簡單而有效的方法。這一工作，釋章慧已經作的非常細緻。經過她的研究，我們基本上可以確認，《申日經》的造作者曾經參考過竺法護等人的作品。〔註6〕筆者在這裡僅摘取釋章慧未曾考察的「靈鳥頂山」做一補充。比如，經中使用了「靈鳥頂山」、「靈鳥山」兩個詞，即「靈鷲山」。但在現存正藏中，使用該詞的經典並不是很多。據梁僧祐（445～518年）轉引釋道安（312～385年）在《綜理眾經目錄》中的記載來看，東漢來華譯師支婁迦讖在《首楞嚴經三昧經》經中也最早使用了「靈鳥頂山」一詞。〔註7〕但這部經典早已佚失。現存佛典中，「靈鳥頂山」、「靈鳥山」凡見諸五部典籍：竺法護（231～308年）譯《佛說德光太子經》、竺法護譯《佛說幻士仁賢經》、竺法護譯《佛說須摩提菩薩經》、竺法護譯《佛說八陽神咒經》和《佛說申日經》。〔註8〕《法苑珠林》曾引竺法護譯《佛說心明經》，經中亦曾用「靈鳥山」一詞，但今本《佛說心明經》使用的卻是「靈鷲山」一詞。〔註9〕不難看出，《申日經》的造作者（若不是竺法護）對該詞的使用更可有可能是受到了竺法護譯經的影響。還有一點也可以對這一推測予以支持，即「靈鳥頂山」和「靈鳥山」本是「靈鷲山」的兩種翻譯方式，但它卻同時出現在今本《申日經》中，這本身就是譯師翻譯風格的體現。這種使用方式恰恰可以在竺法護翻譯的《佛說須摩提菩薩經》中出現過。

通過對用詞等內容的分析，我們基本上可以確認，該經不可能是法護之前的作品，將該經視為支謙的觀點是不正確的。同時，據梁僧祐記載：「（竺

〔註6〕參釋章慧《〈申日經〉研究》，第131～137頁。

〔註7〕相關內容為《安公經錄》云：中平二年十二月八日，支讖所出其經首略「如是我聞，唯稱佛在王舍城靈鳥頂山中」。參梁僧祐撰，蘇晉仁、蕭鍊子點校《出三藏記集》卷七《〈首楞嚴三昧經〉注序》，北京：中華書局，1995年，第268頁。

〔註8〕分參 CBETA, T03, no.170, p.412, a6-10; CBETA, T12, no.324, p.31, a9-b10; CBETA, T12, no.334, p.76, b6-11; CBETA, T14, no.428, p.73, b6; CBETA, T14, no.535, p.817, c27.

〔註9〕分參 CBETA, T53, no.2122, p.698, b23; CBETA, T14, no.569, p.942, a17.

法護譯經）凡一百五十四部，合三百九卷。晉武帝時，沙門竺法護，到西域得胡本還，自泰始中至懷帝永嘉二年以前所譯出。」〔註10〕泰始為晉武帝年號，公元265～274年；永嘉二年即308年。又現存法護譯經大多記有譯經時間或題記，其中時間最早者為泰始二年〔註11〕，即266年，與僧祐記載十分契合。所以，我們可以確認今本《申日經》不可能早於266年。

確定了今本《申日經》出現的上限後，我們便可以以此為界限找尋同時期或稍後時期人們對「月光轉生中國」的認識了。

一、支遁的態度

東晉高僧支遁（314～366年）曾完成過包括十四位佛和菩薩在內的十三首組詩，《月光童子贊》便是其中的第十三首。〔註12〕有學者認為這組贊詩中出現月光童子是支遁有意選擇的結果。〔註13〕但筆者以為這十三首贊詩更可能是支遁在某處欣賞到十四位（或者更多）菩薩畫像後寫出的，換言之，贊詩是以其所見為題進行的詩歌創作，並不是有意篩選的結果。這一點也可以通過這些贊詩都是「像贊」看出。如非如此，我們很難理解支遁為何讚頌了善思菩薩、首閉菩薩、不眴菩薩等在中國歷史上幾無影響的菩薩。

這組詩在《廣弘明集》中有收錄。支遁在詩中這樣寫道：

靈童綏神理，恬和自交忘。弘規愍昏俗，統體稱月光。

〔註10〕 參梁僧祐撰，蘇晉仁、蕭鍊子點校《出三藏記集》，第43頁。

〔註11〕 釋僧祐《出三藏記集》卷七《須真天子經》條言「《須真天子經》，泰始二年十一月八日，於長安青門內白馬寺中，天竺菩薩曇摩羅察口授出之。時傳言者，安文惠，帛元信，手受者聶承遠、張玄泊、孫休達。十二月三十日未時訖。」，參《出三藏記集》，第267頁。曇摩羅察即曇摩羅剎，乃竺法護梵名。關於竺法護所譯經卷時間，可參看任繼愈主編《中國佛教史》（第二卷），北京：中國社會科學出版社，1985年，第24～30頁。最近，顧偉康對該經的譯介地點給出了新的考察，很值得參考，見顧偉康《〈須真天子經記〉考——竺法護早年是否懂中文？》，《新加坡佛學研究學刊》第一卷，2013年，第215～235頁。

〔註12〕 從《大正藏》本看，這組贊詩共讚歎了十四位佛和菩薩，其先後順序是：（1）釋迦牟尼佛、（2）阿彌陀佛、（3）文殊師利、（4）彌勒、（5）維摩詰、（6）善思菩薩、（7）不二入菩薩、（8）法作菩薩、（9）首閉菩薩、（10）不眴菩薩、（11）善宿菩薩、（12）善多菩薩、（13）首立菩薩、（14）月光菩薩。不二入菩薩和法作菩薩的贊詩實為一首。

〔註13〕 參 Erik Zürcher, "Prince Moonlight: Messianism and Eschatology in Early Medieval Chinese Buddhism", *T'oung Pao* LXVIII, 1~3 (1982), p.24~25.

　　　心為兩儀蘊，跡為流溺梁。英姿秀乾竺，名播赤縣鄉。

　　　神化詭俗網，玄羅摯遊方。丘岩積陳痾，長驅幸玉堂。

　　　汲引興有待，冥歸無盡場。戢翼棲高嵋，凌風振奇芳。〔註14〕

這首詩描繪了月光童子的法力和慈悲，認為他「玄羅摯遊方」、「弘規憨昏俗」、「神化詭俗網」，即可以行化天下，移風易俗。這顯然是一種治世的行為。在這首詩中，支遁還用了一些多用於帝王的詞彙來形容月光童子，比如「長驅幸玉堂」中的「玉堂」便是指的君王的宮殿。《韓非子・守道》：「人主甘服於玉堂之中。」〔註15〕唐杜甫《進鵰賦表》中也曾說「令賈馬之徒，得排金門，上玉堂者甚眾矣。」〔註16〕「汲引興有待，冥歸無盡場」兩句，似乎是在說月光童子治世功就後，一旦後聖出現，自己便主動隱退。所以這首贊詩中的月光童子是一位轉輪王的形象應當是沒有異議的。又，詩中講到「英姿秀乾竺，名播赤縣鄉」，「乾竺」即「天竺」，「赤縣」即中國。這兩句詩和今本《申日經》中的兩個情節十分相似，一是月光童子諫父以救佛，應當對應於他「英姿秀乾竺」之事；二是轉生秦國為聖王，對應的應是「名播赤縣鄉」──若非如此，難道只因中國有涉及月光童子之譯經，便可以稱他已名滿中華了嗎？據此，筆者以為，支遁是誦念過記有《申日經》等內容之經典的，並且對其正典性沒有產生過懷疑。當然，因為信息的缺乏，我們目前尚不能確定這首贊詩的創作年代。如果這首詩是作於支遁出家之後，則時間範圍可以縮小為338至366年。這樣，我們可以把月光童子和中國發生聯繫的年代初步確定在366年之前。〔註17〕

二、習鑿齒和釋道安的態度

　　東晉名士習鑿齒曾經給釋道安寫過一封邀請其來東晉宣揚佛法的書信，即著名的《與釋道安書》。關於這封書信的寫作時間及其信中的內容，本書下編第一章《習鑿齒〈與釋道安書〉考釋》有詳細討論，在此僅簡述相關內容。該信的寫作時間為興寧三年（365年），它在《弘明集》和《高僧傳》中都有保存，但《弘明集》本相對較全。茲依據《弘明集》本，將這封信件擇要摘錄如下：

〔註14〕參 CBETA, T52, no.2103, p.197, c1-6.

〔註15〕韓非撰，王先慎撰，鍾哲點校《韓非子集解》，北京：中華書局，2003年，第203頁。

〔註16〕杜甫著，仇兆鰲注《杜詩詳注》，北京：中華書局，1979年，第2172頁。

〔註17〕這組贊詩的寫作年代尚不可考，很可能要早於後文提到的習鑿齒《與釋道安書》的寫作時間（365年），故將其放置在《與釋道安書》之前。

　　興寧三年四月五日，鑿齒稽首和南：……唯肅祖明皇帝，實天降德，始欽斯道。手畫如來之容，口味三昧之旨。戒行峻於岩隱，玄祖暢乎無生。大塊既唱，萬竅怒呺。賢哲君子，靡不歸宗。日月雖遠，光景彌暉。道業之隆，莫盛於今。豈所謂「月光首寂將生真土，靈缽東遷忽驗於茲」乎？……弟子襄陽習鑿齒稽首和南。〔註18〕

信中，習鑿齒回顧了佛教東傳以來的發展過程，梳理了歷代東晉皇室對佛教的政策，認為東晉哀帝時期的佛教達到了一個高峰，「賢哲君子靡不歸宗，……道業之隆莫盛於今」。在習鑿齒看來，這種盛況正暗合了「所謂『月光首寂將生真土，靈缽東遷忽驗於茲』」。在這封信中，月光童子轉輪聖王身份也是可以確定的，即是代指剛剛繼立的新君司馬奕。這一記載表明習鑿齒也是認為月光童子是將要轉生中國。這封信之所以重要，還因為它幫助我們將中國出現「月光童子轉生中國」思想的時間提前到365年之前。

　　需要指出的是習鑿齒信中提及的「首寂」一詞。「首寂」，又可音譯為「申日」、「德護」等，即月光童子之父。〔註19〕「首寂」一詞在一部被智昇歸為曹魏譯經的《佛說不思議護諸功德經》中既已使用，〔註20〕但據該經可能是於羅什譯《華手經》等經中抄出，所以其年代可能要晚於羅什時代。目前可查之經藏，「首寂」一詞最早出現在竺法護譯經，並且是以佛的形象出現的，並未展示其本生。〔註21〕習鑿齒在信中將「月光」和「首寂」連用，表明二者是有內在關聯的，而我們借助《申日經》等經典認識到「首寂」和「月光」

〔註18〕參 CBETA, T52, no.2102, p.76, c12-p.77, a12.

〔註19〕在歷代大藏經中，《元本》（即《普寧藏》）和《明本》（即《永樂北藏》）之「首」作「道」，從「月光首寂將生真土」與「靈缽東遷忽驗於茲」對仗關係看，「道」字似乎更為合適，但更早的《高麗藏》、《宋本》（即《資福藏》）等卻沿用「首」字，故從文獻學的一般規律看，「首」字可能更接近原貌。從文意上看，「道寂」作「釋迦佛法漸滅」可通；「首寂」生真土亦可通：首先首寂乃月光之父，其次首寂作佛在多部經典，亦包括《申日經》的異譯本《德護長者經》中有記載。綜合考慮，筆者認為「首」字即是信件原字，而「道」乃元朝改刻。

〔註20〕關於首寂為如來的經典，可參看曹魏代失譯人名譯《佛說不思議功德諸佛所護念經》, CBETA, T14, no.445, p.362, a3-4; p.364, b6.

〔註21〕西晉竺法護譯《大哀經》卷第八《智積菩薩品》載：佛告族姓子：「乃往過去久遠世時，有佛號名首寂如來、至真、等正覺、明行成為、善逝、世間解、無上士、道法御、天人師，為佛、世尊。」參 CBETA, T13, no.398, p.449, c20-25; p.450, a22-23.並參《佛說海龍王經》卷第二《總持身品》載：「此名苦習盡道者，彼無悅世界首寂如來佛國日本原由根〔56〕根盡歸本」，參 CBETA, T15, no.598, p.139, c20-21.

就是父子關係。但我們需要注意到，能最早告知我們二者這層關係的現存經典就是這封信。換言之，習鑿齒描述的這段內容我們是從竺法護等譯師的早期譯經中找不到的。

信中，習鑿齒使用了「所謂」一詞，似乎暗指這種說法是源於一部經典，或來自口傳。但口傳似乎也應當是來自一部經典。並且在習鑿齒看來，這部經不僅是一部可以奉持的真典，而且釋道安也應該曾看到過，至少是知曉其內容。就習鑿齒信中反映出的信息看，這部經和今本《申日經》的內容十分接近，但不同的是，今本沒有涉及到首寂轉生中國之事。

需要指出的是，在習鑿齒的認識中「月光童子」和「首寂」似乎是一塊降生中國。

至於釋道安對該經的態度，我們可以從其經錄中得到一些認識。道安曾作《綜理眾經目錄》（下文簡稱《安錄》），它是我國最早的佛經目錄。道安在《安錄》中特設了一疑經目錄，將其懷疑為疑偽經的經典收錄其中，所以道安也是我國最早區分佛經疑偽的高僧。〔註22〕但這部目錄在蕭梁時期既已亡佚，所幸的是經過梁僧祐的收集整理，《安錄》中的很多資料都被保存在了《出三藏記集》中。依據僧祐的記錄，道安曾收有：支謙《月明菩薩經》、竺法護《月明童子經》（又名《月光童子經》）、失譯《申日經》及《失利越經》，並且這些經典都是作為正典被加以收錄的。此外，在其疑經錄中，我們也沒有發現一部名為《申日經》或《月光童子經》的經典。筆者以為，習鑿齒引用的那部經典肯定是在上述幾部經典之中。如此，我們可以推知，道安雖然是見到過含有月光童子轉生中國等授記內容的那部經典，但是並不認為它是一部偽經。

三、鳩摩羅什的認識

鳩摩羅什是我國歷史上傑出的譯經師，他本是天竺人，但出生在龜茲，後曾遍遊天竺各國，精通梵漢等多種語言。來到中國後，他翻譯了諸如《法華經》等大批經典，對佛教在中國的傳播與發展產生了重大而深遠的影響。他曾和廬山慧遠有過多次書信交往。在其中一封回覆信中，他曾談到「經言：『末後，東方當有護法菩薩』」。〔註23〕這裡，我們雖不知這句經言所云是羅

〔註22〕關於道安的疑偽思想，可參看李素潔《道安疑偽經判別標準研究》，上海師範大學碩士論文，2007年。

〔註23〕參梁釋慧皎撰、湯用彤校注、湯一玄整理《高僧傳》，北京：中華書局，1992年，第217頁。

什直接引用，抑或是其化用了某部經典，但可以確定的是他見過或聽聞過有一部經典有此內容。僅就這封信而言，羅什是在用這句話來稱讚慧遠弘揚佛法的功績，並表達自己對慧遠的欽慕；就羅什所引這部經典而言，該經應當包括一個重要內容，即它講述了一菩薩會在釋迦涅槃後的末法時代來到東方（即中國）〔註24〕護持佛法。在現存大藏中，我並沒有發現同一時期的譯經中存在類似的末世護法菩薩。〔註25〕筆者懷疑，這句話可能就是本於《申日經》中授記部分而來。「末後」即所謂「我般涅槃千歲已後，經法且欲斷絕」，「東方」即所謂「當出於秦國作聖君」，「菩薩」可能是借用了《月明菩薩經》中月光童子的菩薩身份。當然，也存在另一種可能，即「末後」、「東方」、「菩薩」等因素都存在於一部經典之中，這部經典已經佚失不存。但無論如何，這封信的存在，至少可以表明，對於「末後，中國出現救世菩薩」的觀念，羅什是認可的。

關於月光童子之事，羅什無疑是知道的。在其所譯經中，他也使用過申日害佛的例子，比如《大智度論初品中·不共法釋論》就載：「亦如德護居士，火坑毒飯，欲以害佛；即以其日除其三毒，滅邪見火」。〔註26〕他在這裡並沒有使用竺法護對「申日」的譯法，而是將其譯為「德護」，這在漢譯經典中是最早的。因此，他對申日的事情是有瞭解的，並且這種瞭解很可能並不是來源於漢文經本，而是梵文或者其他西域文字的經本。

那麼，從鳩摩羅什未對末世菩薩轉生中國這一授記產生懷疑看，這一思想可能也是有其梵文或其他文字原本的；如果這部經典果真是《申日經》，那麼該經也可謂是「翻譯有源」了。

四、同時期的天竺或西域僧眾的地域觀

對今本《申日經》授記部分持懷疑態度的學者，多認為月光童子轉生的地點不太可能為中土，這一點似乎太過於特殊了。其實，如果我們將月光轉生中國放置於當時天竺或西域僧人的地域觀中進行審視，便會發現這件事情

〔註24〕因為羅什是在稱頌慧遠時引用的該經，所以慧遠所在即是所謂「東方」，故我們可以推知，此經中之「東方」即是中土。

〔註25〕在後世，尤其是在唐朝之後，文殊菩薩在東方的護法角色日益重要起來，甚至在宋元後成為了中土皇帝的象徵。關於文殊菩薩在東方護法的經典，可參看北宋施護譯《佛說最上意陀羅尼經》，CBETA, T21, no.1408.

〔註26〕參 CBETA, T25, no.1509, p.248, a10-12.

並不是那麼的特殊。

　　早在秦漢以前，天竺或西域的民眾對中國就已經有所認識。季羨林通過考古、天文和神話傳說三個方面，論證了中印之間的文化交流的關係源遠流長，甚至可以追溯到周初。〔註27〕薛克翹認為天竺很早就知道了中國，並稱中國為「支那」，「支那」一詞最早見諸可能作於公元前四世紀的《政事論》中。〔註28〕通過提到「支那」的《摩訶婆羅多》、《羅摩衍那》和《摩奴法典》看，作者們一般是將中國和一些諸如 Pauṇḍaraka、Draviḍa、Draviḍa、Kamboja、Yavana 和 Śaka 等民族聯繫起來講述，這些民族也都能在史籍中找到，〔註29〕所以中國在當時天竺人生活中的地位似乎並沒有被特意突出。

　　具體體現在佛經中，中國也是佛法覆蓋的地區。如北涼曇無讖《大方等大集經》（T397）敘述佛陀在欲色二界中間大寶坊中說法，一切龍王也欲至佛所聽佛宣法。這裡所提龍王便包括了龜茲、于闐以至中土等國龍王：「乾陀羅國有一龍王，名伊羅缽多，與三萬龍王。真丹國土有一龍王，名曰三角，與萬八千龍王……共至佛所頭面禮敬」。〔註30〕在這裡中國的地位並不突出，但也被包含其中。《大集經》列舉出許多國名，可以說是該經作者們當時地域觀念的一種體現。又如苻秦鳩摩羅什譯《大莊嚴論經》（T297）也曾提及中國：「我昔曾聞，漢地王子眼中生膜遍覆其目，遂至闇冥無所睹見，種種療治不能瘳除。時竺叉尸羅國有諸商估來詣漢土，時漢國王問估客言：「我子患目，爾等遠來頗能治不？」〔註31〕又如，唐實叉難陀譯《大方廣佛華嚴經》（T241）載諸菩薩住處，認為大海之中也有住處，這其中也包括中國，「摩度羅城有一住處，名：滿足窟，從昔已來，諸菩薩眾於中止住。俱珍那城有一住處……震旦國有一住處，名那羅延窟，從昔已來，諸菩薩眾於中止住。疏勒國有一住處，名：牛頭山……」。〔註32〕在這些經中，中國的地位也沒有被特別突出。

　　其實，印度本土出現宣揚中國佛法興盛的思想在東晉以前也有相關例證，最為典型的就是佛缽的遷移。《法顯傳》中記載了法顯（334～420 年）在錫蘭（今斯里蘭卡）所聽聞的佛缽遷移情形：「法顯在此國聞天竺道人，於高座上

〔註27〕參季羨林《中印文化交流史》，北京：新華出版社，1993 年，第 7～13 頁。
〔註28〕參薛克翹《中印文化交流史話》，北京：商務印書館，1998 年，第 6 頁。
〔註29〕參季羨林《中印文化交流史》，第 13 頁。
〔註30〕參 CBETA, T13, no.397, p.157, a9-12.
〔註31〕參 CBETA, T04, no.201, p.297, c18-22.
〔註32〕參 CBETA, T10, no.279, p.241, c9-19.

誦經云『佛缽本在毘捨離,今在揵陀衛,竟若干百年(法顯聞誦時有定歲數,但今忘耳)當復至西月氏國,若干百年當至于闐國,住若干百年當至屈茨國,若干百年當復至師子國,若干百年當復來到漢地,若干百年當還中天竺已,當上兜術天上。」〔註33〕佛缽作為佛法的象徵,所到之地代表著一地佛法的興盛。從法顯的見聞看,當時錫蘭的佛教信徒就已經將中國當做一個佛教未來興盛的國度了,儘管中國只是佛缽轉移路線中的一個過路站而已。從這個角度看,在印度等地產生中國出現護法菩薩的思想是可能的。

所以筆者認為,在天竺或西域僧人看來,中國只是他們認知世界的一個組成部分;他們的認識中,中國的地位可能都不一定是最重要的。他們在經中提到中國,只是反映了他們對周圍地域的認知。將月光童子轉生中國孤立地放在今本《申日經》中進行解讀,中國的地位便可能會被主觀式地放大,以至於難以理解。但如果將它置於一個更為廣闊的、可以橫向對比的語境中,便會發現月光童子轉生中國並不是那麼的特殊,而是佛經宣揚佛法的一種常態表現。

五、月光童子的轉輪王身份

《法滅盡經》是一部涅槃部經典,關於其真偽自古以來便爭訟不已,撫尾正信、方廣錩等學者認為該經為正典〔註34〕。《法滅盡經》的一些內容與出現年代稍晚的《般泥洹後諸比丘變經》、《首羅比丘經》等偽經非常一致,這也恰恰可以說明這些相同因子很可能源於《法滅盡經》。經中記載了佛陀涅槃後,「諸天衛護,月光出世。得相遭值,共興吾道,五十二歲」,這明顯就是一種對轉輪王的描述。並且該經還描述了月光童子和彌勒的關係。〔註35〕

其實,不獨《法滅盡經》,以及被視為摻入了中國元素的今本《申日經》、《德護長者經》等經典有月光童子為末世轉輪王甚至佛的描述,其他正典性尚未受到懷疑的經典也有類似記載。如隋那連提耶舍譯《月燈三昧經》便記佛陀曾向月光童子授記:

〔註33〕 參東晉法顯撰,章巽校注《法顯傳校注》,北京:中華書局,2008 年,第 137 ~138 頁。

〔註34〕 撫尾正信《法滅盡經について》,《龍谷論叢》,1954 年第 1 期,第 23~47 頁;季羨林主編《敦煌學大辭典》,方廣錩撰「《小法滅盡經》條」,上海辭書出版社,1998 年,第 736 頁;林雪玲《敦煌本〈小法滅盡經〉非偽經考》,《普門學報》第十七期,2003 年,第 1~11 頁。

〔註35〕 參本文上編第三章第一節。

後大怖畏惡世時，應當聞持是三昧。我今於汝有付囑，我人中尊自勸汝。我涅槃後末世時，應當聞持是三昧。十方所有一切佛，過去世中及現在。彼佛皆學是三昧，得到無為佛菩提。〔註36〕

月光童子回答：我於佛仙滅度後，當護持此佛勝法。〔註37〕

該經也曾描述了月光童子和彌勒的關係：如是月光童子者……彼人末代可怖時，惟是彌勒所證知。〔註38〕

不難看出，《月燈三昧經》的敘事和《法滅盡經》是相當一致的。

唐菩提流志譯《大寶積經》也有類似的內容，佛陀曾對月光童子說：

過去無數劫，有佛名然燈。我為摩納仙，持華來供養，便記我成佛，號釋迦牟尼。當坐於道場，演說此經典。汝時為童子，聞我得受記，歡喜生淨心，合掌而發願：若摩納成佛，我當助宣化，乃至滅度後，護持於法藏。……即發如是願，於我末法中，受持此經典，廣宣說流佈。……汝當於後世，持此難聞法，廣為諸眾生，分別其義趣。我亦於過去，正法欲滅時，持此現光經，廣為眾生說。〔註39〕

經中，佛陀將自己和月光童子的前世因緣予以敘說，並指出月光曾發心願在佛陀涅槃後護持佛法。這種任務正是轉輪王所承擔的。〔註40〕

綜上，通過對距離該經可能出現時間最近的高僧及名士態度的考察，我們認為，今本《申日經》所表達的「月光轉生中國」的思想在當時是被普遍認可的，這其中便包括最早區分經典疑偽的道安。可能見到過相應梵文本或西域本的鳩摩羅什，也承認「末後中國出現護法菩薩」的觀點，並且這種思想可能「翻譯有源」。同時，我們也認為佛經中出現中國以及月光轉生中國的情節是一種非常正常的現象。易言之，「月光童子轉生中國」信仰可能在《申日經》傳入中國之前既已存在了，並不一定是中國人自己摻入進去的。

退一步講，這種信仰即使是中國的本土創造，但最遲到365年，它在中國已經存在並傳播開來，在此後的幾十年中也得到了上層僧眾的認可。同時，筆者也認為，承載這種思想的經典可能就是道安在其經錄中所收錄的幾部有

〔註36〕參 CBETA, T15, no.639, p.551, c9-13.
〔註37〕參 CBETA, T15, no.639, p.552, c15.
〔註38〕參 CBETA, T15, no.639, p.567, b6-12.
〔註39〕參 CBETA, T11, no.310, p.177, c16-p.178, a7.
〔註40〕參本文第三章第一節。

關月光童子的經典中的一種。在未確定它是哪部經典之前，為表述方便起見，筆者暫擬以內容與其最為接近的今本《申日經》經題稱呼該經，即《申日經》。

第二節　今本《申日經》的出現

一、僧祐之前所存《申日經》

上文中，我們討論了今本《申日經》的授記內容（即「月光童子轉生中國」）得到了許多高僧大德、甚至是經錄僧的認可，但是通過他們的文字，我們卻不能肯定他們所見《申日經》即是今本《申日經》。

在習鑿齒《與釋道安書》中，「月光首寂將生真土」一句中反映出的首寂的身份很值得我們思考。這裡主要有兩個問題：首先是首寂轉輪王身份的問題。雖然很可能在曹魏時期既已出現「首寂如來」的說法，〔註41〕但是在保存下來的東晉之前的經典中卻沒有申日得授記為佛的內容，更沒有申日轉生中國為王的說法。第二個問題是在習鑿齒的信中申日是排在其子月光童子之後的。在當時的禮制的環境下，如果沒有確切的經本作依據，習鑿齒這樣的名士怕很難會如此安排。上述兩個問題很難用今本《申日經》解答，這不禁讓我們懷疑習鑿齒引用的經典可能不是今本《申日經》。

如果我們將今本《申日經》、《月光童子經》中都提到的申日在聽聞佛法後，得「法忍」、「覺悟」、「從佛得度」，視為申日成佛、成正果，或認為「首寂降生真土」是習鑿齒在敘述月光童子時連帶著寫上，其在信中只是起到了附屬的角色，那麼似乎可以解決第一個問題。至於第二個問題，也許可以用一個含糊的勉強的理由解釋一下，即在《申日經》或當時流行的故事中，月光童子的名聲遠在其父之上，以至於時人在描述這一故事時不經意間便將月光童子置於其父之上了。

將「月光首寂將生真土」和「靈缽東遷忽驗於茲」連起來看，月光首寂降生和佛缽東遷之間似乎有著某種隱約的對應關係。如果把後世出現的一些經典也納入考慮範圍，我們便會發現這種隱約的對應關係會逐漸變得清晰和確切。首先是在《出三藏記集》卷五《新集疑經偽撰雜錄》中收錄了三部疑偽經《觀月光菩薩記》一卷、《佛缽經》一卷（或云《佛缽記》，甲申年大水及月

〔註41〕《佛說不思議功德諸佛所護念經》卷二中有「東南方無悅世界首寂如來」、「過去首寂如來」等內容，參 CBETA, T14, no.445, p.362, a3-4、p.364, b6.

光菩薩出事)、《彌勒下教》一卷(在《缽記》後)。〔註42〕這三部經典雖然都已經佚失不存,但從僧祐的注文和收錄順序,我們不難看出《佛缽記》中在描述佛缽之事的同時,也講述了月光童子轉生為王的情節。在唐代道世編撰的《法苑珠林》中,我們找到了一條逸文:

　　　　《缽記》云:釋迦如來在世之時,所用青石之缽,其形可容三

　　升有係。佛泥洹後,此缽隨緣往福眾生,最後遺化興於漢境。〔註43〕

從引文中,不能看出該經描述的是佛陀涅槃後佛缽遷移之事,但與法顯等人的見聞不同,此處描述的佛缽最後到達之地為「漢地」,而非經漢地後再返回天竺等。這種描述應該是由來有自的,並且很可能是源於正典。因為佛缽遷移思想最遲在西晉時就傳入漢地,並後世又多有譯經相續。如西晉失譯《佛滅度後棺殮葬送經》(T392)便載:「(佛)滅度後,諸國諍之。民心邪荒、賤命貴淫、背孝尊妖,缽當變化現五色光,飛行升降,開化民心。⋯⋯(缽)轉當東遊,所歷諸國,凶疫消歇。極東國王,仁而有明,缽當翔彼。王崩之後,其嗣淫荒。⋯⋯王亡尊缽,憂忿交胸。⋯⋯天、龍見之,悲喜迎缽還海供奉。」〔註44〕可知西晉時期,在中土就已經出現了佛缽東遷的信仰。這種信仰在以後劉宋求那跋陀羅譯《雜阿含經》(T99)〔註45〕、齊隋闍那崛多譯《蓮華面經》(T386)〔註46〕等經典中也都有佛缽東遷的記載。聯繫到上文已經提及的法顯在錫蘭的聽聞「(佛缽)若干百年當復來到漢地」,佛缽東遷到漢地在習鑿齒時期似乎也是一種獨立存在的信仰。加之,佛缽在當時已經成為佛法的象徵,得缽者國家昌盛,失缽則象徵著君暗臣奸,國家衰敗。所以習鑿齒也完全有可能是在使用這一意象來稱頌東晉的統治。隋那連提耶舍譯《德護長者經》中更明確了月光童子出世中國為聖王並持佛缽宣揚佛法的事情。〔註47〕但是由於史料的缺失,我們還是不能完全肯定《與釋道安書》中的這兩句話所用典是否出自同一部經典。因為我們把這兩句話視為分別來自《申日經》和一部描述佛缽東遷的佚經也是可以理解的。〔註48〕

〔註42〕 參梁僧祐撰,蘇晉仁、蕭鍊子點校《出三藏記集》卷五《新集疑偽經撰雜錄》,
　　　　 第225頁。
〔註43〕 參 CBETA, T53, no.2122, p.513, b16-20.
〔註44〕 參 CBETA, T12, no.392, p.1114, c2-16.
〔註45〕 參 CBETA, T02, no.99, p.177, c11.
〔註46〕 參 CBETA, T12, no.386, p.1075, c26-p.1077, b26.
〔註47〕 相關經文參 CBETA, T14, no.545, p.849, a11-p.850, b13.
〔註48〕 這種可能從《佛缽記》的記載也可以看出。通過對《出三藏記集》的相關概

上文中，我們通過各種不太合理、甚至有些牽強的理由似乎解決了「月光首寂將生真土，靈缽東遷忽驗於茲」兩句話所涉及到的問題，但是這些理由遠不能打消我們的疑慮，並且我們的疑慮隨著對《德護長者經》的分析變得越發強烈。

二、相隔二百年的契合

《德護長者經》是隋那連提耶舍翻譯的一個經本，被歷代經錄僧視之為《月光童子經》和《申日經》的異譯本。〔註 49〕

有些學者懷疑《德護長者經》中有關月光童子轉生大隋為王的授記是那連提耶舍為迎合隋文帝而偽造的。〔註 50〕他們的一個很自然的邏輯就是，那連提耶舍為迎合隋文帝，在譯經中摻入了在中土既已存在的今本《申日經》中所表達的「月光童子轉生中國」思想、諸如《佛缽記》或《蓮花面經》等記

括記載及逸文的考察，不難看出，《佛缽記》至少記載了三種事情：（1）佛缽東遷，興於漢境；（2）甲申年大水；（3）月光菩薩出世。這些描述和習鑿齒信件所謂「月光首寂將生真土，靈缽東遷忽驗於茲」似乎非常一致。考慮到《佛缽記》可能是一部東晉末年南朝初的作品，所以習鑿齒所引用的肯定不是這部經典。但這也提示我們，如果《佛缽記》不是將佛缽、甲申大水、月光童子三者結合的原創，那麼它是否也是糅合其他正典和偽經或當時社會思想而成呢？曹凌認為，這種表現可能是佛缽等思想傳入中土後被附於月光童子信仰之上的結果。參氏著《中國佛教疑偽經綜錄》，第 52 頁。關於佛缽信仰和佛缽遷移的相關研究，可參印順《佛缽考》，《佛教史地考論》，北京：中華書局，2011 年，第 22～24 頁；李靜傑《佛缽信仰與傳法思想及其圖像》，《敦煌研究》，2011 年第 2 期，第 41～52 頁。

〔註 49〕關於隋彥悰的觀點，參 CBETA, T55, no.2147, p.158, a24-28；關於隋釋靜泰的觀點，參 CBETA, T55, no.2148, p.191, b4-8；關於唐道宣的觀點，參 CBETA, T55, no.2149, p.289, c5-10；關於唐明佺的觀點，參 CBETA, T55, no.2153, p.394, b16-28；關於智昇的觀點，參 CBETA, T55, no.2154, p.596, b5-11.

〔註 50〕參古正美《從天王傳統到佛王傳統——中國中世佛教治國意識形態研究》，臺北：商周出版社，2003 年，第 178 頁；列維著，馮承鈞譯，《大藏方等部之西域佛教史料》，《史地叢考續編》，上海：商務印書館，1923 年初版；此據列維等著，馮承鈞等譯《西洋漢學家佛學論集》，臺北：華宇出版社，1985 年，第 313～314 頁；藤善真澄《末法家としての那連提黎耶舍——周隋革命と〈德護長者經〉》，《東洋史研究》第 46 卷第 1 號，1987 年，第 29～57；藍吉富《隋代佛教史述論》，第 10 頁等。陳明認為，《德護長者經》中記佛缽曾到沙勒國可能是後人根據鳩摩羅什傳說附入的，因為《高僧傳‧鳩摩羅什傳》曾記其 357 年左右在「沙勒國頂戴佛缽」。參陳明《俄藏敦煌文獻〈聖地遊記述〉研究》，《北京大學中國古文獻研究中心集刊》第五輯，北京大學出版社，2005 年，第 363 頁，注 1。

載的佛缽轉移信仰等內容。但這都只是推測。解決這一懸案的最為直接有效
的方法就是對翻譯底本進行一些考察，但事實上翻譯所據底本也已不可考知。
退而求次，筆者認為，對譯經內容及譯經過程進行一番考察，對我們瞭解那
連提耶舍譯經及所據底本也是有所裨益的。

　　相對於《月光童子經》和今本《申日經》來說，《德護長者經》可謂是
一足本。它不僅包含前兩個譯本的所有內容，並且還包含了關於月光童子轉
生大隋、奉持佛缽治理大隋國以及月光童子成佛涅槃時授記其父德護為佛的
內容。

　　經文載：

　　　　佛言：此童子者，能令未信眾生令生淨信，未調伏者能令調伏，
　　　未成熟者能令成熟。於其父所作善知識，何以故？能以導師法教化
　　　其父，安置無量千萬那由他阿僧祇眾生，於佛法中令生信心，必定
　　　阿耨多羅三藐三菩提。又此童子，我涅槃後，於未來世護持我法，
　　　供養如來受持佛法，安置佛法讚歎佛法，於當來世佛法末時，於閻
　　　浮提大隋國內，作大國王名曰大行，能令大隋國內一切眾生，信於
　　　佛法種諸善根。時大行王，以大信心大威德力供養我缽，於爾數年
　　　我缽當至沙勒國，從爾次第至大隋國。其大行王於佛缽所大設供養，
　　　復能受持一切佛法，亦大書寫大乘方廣經典，無量百千億數，處處
　　　安置諸佛法藏，名曰法塔，造作無量百千佛像，及造無量百千佛塔。
　　　令無量眾生於佛法中得不退轉得不退信。其王以是供養因緣，於不
　　　可稱不可量無邊際不可說諸佛所常得共生，於一切佛剎常作轉輪聖
　　　王，常值諸佛，於一切佛法僧供養恭敬尊重讚歎。造立塔寺，一切
　　　樂具悉以奉施。經半壽已，棄捨五欲，捨家出家淨修梵行行法供養。
　　　閻浮提內一切男女見王出家，亦隨出家淨修梵行。此大行王，無量
　　　菩薩勝願成就，大神通成就，於不可數劫行菩薩行，一一劫中所化
　　　眾生不可稱數，不可說不可量，悉皆安住於佛法中。如一劫中所化
　　　眾生，一切劫中亦復如是。此菩薩如是安住，無量無邊不可說眾生，
　　　住佛法已於最後身當得作佛，號離垢月不動無障礙大莊嚴如來應供
　　　正遍知明行足善逝世間解無上士調御丈夫天人師佛世尊，出現於
　　　世，世界名曰無障礙。其佛身廣大，無量光明，無量光炎，無量神
　　　通力，無量說法，無量徒眾，無量轉法輪，無量身相，教化無量眾

生。彼佛欲入涅槃時，授德護長者記當得作佛，號無等身如來應供

正遍知明行足善逝世間解無上士調御丈夫天人師佛世尊。〔註51〕

如果以這部經來理解習鑿齒的信件，那麼我們可以為本節開始處提出的兩個問題找到最合適的解答：(1)「彼佛欲入涅槃時，授德護長者記當得作佛，號無等身如來應供正遍知明行足善逝世間解無上士調御丈夫天人師佛世尊」之名表明首寂曾被授記成佛，並且為他授記的是先他成佛的月光童子，所以習鑿齒在信中認為月光和首寂都將會降生真土，降生的順序即是月光在前，首寂在後；(2)「時大行王，以大信心大威德力供養我鉢，於爾數年我鉢當至沙勒國，從爾次第至大隋國。其大行王於佛鉢所大設供養」的描述表明，佛鉢的東遷正和月光的降生有關，二者是同步的。如此看來，公元四世紀時習鑿齒所瞭解到的月光童子與二百年後公元六世紀時那連提耶舍瞭解到的月光童子在形象上非常接近。

如果我們認為這些內容都是那連提耶舍根據中國需求添加的內容，那麼他又是從何處取材呢？包含申日轉生為佛的佛典在中國已經佚失不存，〔註52〕即使中國仍然廣泛流傳著月光童子轉生中國的佛讖，但是這些讖語中也並未涉及申日之事。有案可稽的唯有習鑿齒信一條線索。但自四世紀後半葉至六世紀後半葉二百餘年的時間跨度中，這種記載完全不見諸任何記載。當然，我們並不能完全排除當時存在一些我們今已不可見之論疏也曾記載了一些片段，這些片段也可能成為那連提耶舍篡改經典的主要依據。但筆者認為這種可能性並不比那連提耶舍「翻譯有源」更具說服力。

此經的翻譯，是有中國僧人參與其中的。據《古今譯經圖紀》卷四載：

至五年歲次乙巳，又譯《大方等日藏經》（十五卷）、《力莊嚴三昧經》（三卷）、《大莊嚴法門經》（二卷）、《德護長者經》（二卷）、《蓮華面經》（二卷）、《大雲輪請雨經》（二卷）、《牢固女經》（一卷）和《百佛名經（一卷），總八部合二十八卷。沙門僧琛、明芬等度語，沙門智鉉及學士費長房等筆受。〔註53〕

這段記載在《大唐內典錄》、《續高僧傳》、《開元釋教錄》、《貞元新定釋教目

〔註51〕參 CBETA, T14, no.545, p.849, b15-c23.

〔註52〕來到中國後，那連提耶舍能見到的有關月光童子的佛典超不出同時期法經編撰經錄所收錄的範圍，而《法經錄》所載經典幾乎都保存至今。從中，我們並沒有發現一部包含月光和申日先後轉生為佛的經典。

〔註53〕參 CBETA, T55, no.2151, p.365, b6-11.

錄》等中也能找到，並且還給我們提供了更豐富的信息，鑒於三錄所載相近，茲列《大唐內典錄》文如下（〔〕內載其他經錄與《大唐內典錄》不同之信息）：

> ……《德護長者經》，二卷；……右八部二十八卷，北天竺烏場國三藏法師高齊昭玄統那連提耶舍，隋言尊稱譯。……開皇元年新經至止。勅使追召。二年七月傳送到京，見勞殷懃，即勅安處大興善寺，給以上供為法重人。其年季冬就於翻譯，沙門僧琛、明芬、給事李道寶、學士曇皮等，僧俗四人更遞度語。〔《開元釋教錄》、《貞元新定釋教目錄》載：沙門智鉉、道邃、慧獻、僧琨、奉朝請庾質、學士費長房等筆受。〕〔註54〕京城大德昭玄統沙門曇延、昭玄都大興善寺主沙門靈藏等二十餘德，監掌始末。至五年十月勘校訖了。舍九十餘矣。至九年而卒，有別傳。所譯之經，並沙門彥琮製序。〔註55〕

從這裡的記載，我們可以知道，曾有兩位僧人（僧琛和明芬〔註56〕）、兩位官員（給事李道寶和學士曇皮）〔註57〕在那連提耶舍翻譯《德護長者經》時擔任了度語，四位僧人（沙門智鉉、道邃、慧獻、僧琨）、兩位官員（奉朝請庾質、學士費長房）等充當筆受，二十餘位大德（京城大德昭玄統沙門曇延、昭玄都大興善寺主沙門靈藏等二十餘德）也參與了譯經的監管工作。彥琮曾為該經作序。在這些譯場參與人員中，直接接觸譯經梵文或西域文本的是那些

〔註54〕參 CBETA, T55, no.2154, p.548, a28-29; CBETA, T55, no.2157, p.846, b28-29.

〔註55〕參 CBETA, T55, no.2149, p.275, b3-19.《開元釋教錄》相關記載，參 CBETA, T55, no.2154, p.547, c15-p.548, b6;《貞元新定釋教目錄》相關記載，參 CBETA, T55, no.2157, p.846, b25-c2.

〔註56〕明芬在《續高僧傳》中有傳，據載，他師承那連提耶。參 CBETA, T50, no.2060, p.669, c15-29.據其《大唐內典錄》等文獻記載，明芬還曾在闍那崛多翻譯《大集賢護菩薩經》、《諸法最上王經》時擔任筆受，參 CBETA, T55, no.2149, p.276, a9; CBETA, T49, no.2034, p.104, a5.據唐釋靖邁在《古今譯經圖紀》中的記載，明芬似乎和僧曇、道邃、僧琨、道密，學士費長房、劉憑等共同擔任筆受，參與了闍那崛多三十三部、合一百五十卷經文的翻譯工作。參 CBETA, T55, no.2151, p.366, a19-20.

〔註57〕據其他文獻記載，給事李道寶般與曇皮二人還曾為毘尼多流支傳語，曇皮乃般若流支次子。參 CBETA, T55, no.2149, p.275, a16-17.元曇噩在《新修科分六學僧傳》認為李道寶等在譯經過程中充當的角色是筆受，曇噩的記載晚出，是整合各種史料而成，但我們現在已不知他是據何文獻記載了該事。綜合考慮，筆者認為這種觀點應當是不足為據的。關於曇噩的記載，參 CBETA, X77, no.1522, p.82, c12 // Z 2B: 6, p.228, b5// R133, p.455, b5.

充當「度語」的人，〔註58〕即僧琛、明芬、李道寶和曇皮。關於「度語」，贊寧曾總結說：「次則度語者，正云譯語也，傳度轉令生解。亦名『傳語』，如翻《顯識論》，沙門戰陀譯語是也。」〔註59〕「度語」也相當於早期譯經中的「傳譯」，他們至少通曉兩種語言，在譯主首先將經文以口頭的方式譯出（口授）後，對經文進行初步的翻譯。此外，還有諸如曇延等「僧傑」參與譯經，他們充當了「證梵義」或「證義」的角色，即對譯文進行審查。據此可見，那連提耶舍翻譯《德護長者經》時所依據的肯定是一梵文或西域文經本，也就是說《德護長者經》是「翻譯有源」的真經，並且譯經的每個環節都有高僧大德的參與，可以保證譯經的真實性。

《德護長者經》對應的藏文本「Dpal-sbas」（《聖吉祥護經》）的內容更接近今本竺法護譯《佛說月光童子經》。藏文本是不含有那段授記的。但考慮到法護譯本本身也含有類似授記，所以藏文本不含有授記也是合乎情理的。並且在面對一部經典有多個版本時，藏文本譯師只收錄一部他們認為較好的版本，所以這就不排除當時是存在一部含有授記內容之《德護長者經》的可能。當然，就那連提耶舍譯經所據經本而言，它雖然可能是從西域甚至天竺傳來，但也不排除，其本是文化匯流的結果。因為這種現象在當時並不鮮見。〔註60〕

〔註58〕其實，在譯經過程中有兩種不同性質的「筆受」，一是譯主用梵文或西域文將經典誦出，亦即所謂「手執胡本」等，這時由懂梵語或胡語之筆受將其寫下；另一種是譯主用漢語將經文口頭翻出，亦即所謂「口宣晉言」等，這時由通曉漢語之筆受將其記下。關於這兩種筆受的角色，陳金華有過細緻區分。參Chen. Jinhua. "Some Aspects of the Buddhist Translation Procedure in Early Medieval China." *Journal Asiatique* 293.2 (2005), p.609. and p.655～656.但就那連提耶舍譯經而言，記錄梵語經典的工作是由度語完成的，而由費長房等人所充當的筆受記錄的是明芬等人誦出的漢語經文。

〔註59〕參宋贊寧撰、范祥雍點校《宋高僧傳》卷三，北京：中華書局，1987 年，第57 頁。

〔註60〕關於印度佛教和中國佛教之間的交流，尤其是漢譯佛典和外域佛典之間的關係，季羨林、方廣錩等提出了「佛教的倒流」、「文化匯流」等觀點，認為中印佛教之間的關係不是單向的，一些佛典可能是先造作於中國，後又被譯為梵文並傳入印度等地。該經在印度再次改編，之後再次被譯為漢文傳入中國。相關研究，參季羨林《佛教的倒流》，收入《季羨林集》，北京：中國社會科學出版社，2000 年，第 321～360 頁；方廣錩《關於〈淨度三昧經〉的目錄學考察》（中文、日文），《七寺古逸經典研究叢書》第 2 卷，東京：日本大東出版社，1996 年；同氏《試論佛教發展中的文化匯流》，載《華東師大學報》，2007 年第 1 期，此據《試論佛教發展中的文化匯流——從〈劉師禮文〉談起》，《法音》，2007 年第 3 期，第 8～20 頁；同氏《再談佛教發展中的文化

　　總而言之，筆者認為，就那連提耶舍譯本來看，其本是「翻譯有源」的，並不是為迎合隋文帝統治而簡單地糅合眾經而成。

　　那連提耶舍譯本給我們回溯習鑿齒時期月光童子經典的座標，那麼，習鑿齒看到的又是什麼樣的經典呢？

三、「佚失」的《小申日經》

　　在討論習鑿齒當時看到的月光童子經典之前，讓我們首先對前文零散地涉及到的習鑿齒時期月光童子經典進行一番梳理。

　　首先，從經錄上看，習鑿齒能接觸到的月光童子系經典大致不會超出釋道安所列經目，即支謙《月明菩薩經》、竺法護《月光童子經》（又名《月明童子經》、失譯《申日經》及《失利越經》等。除失譯《申日經》外，其餘三部經典都可在現存藏經中找到對應版本。

　　其次，從內容上看，習鑿齒所見月光童子系經典，至少包含「月光首寂將生真土，靈缽束遷忽驗於茲」的內容。這兩句話所反映出的內容，可能在一部佛典中都能找到，也可能由兩部甚至多部經典組合而成。

　　將上述兩點聯繫起來考察，支謙《月明菩薩經》、竺法護《月光童子經》和《失利越經》從內容上看，顯然不是習鑿齒在信中提到的經典。那麼，排除掉這幾部經典之後，唯一不能確定的就是那部所謂失譯《申日經》了。易言之，習鑿齒所見月光童子經典很可能就是這部失譯《申日經》。

　　《出三藏記集》中記載了除道安所見四個經本外的兩個本子，即失譯《申日兜本經》和未見經本的《小申日經》。《申日兜本經》經文在《經律異相》中有收錄，和《月光童子經》、《失利越經》十分相近，並不包含月光童子轉生中國等內容。〔註61〕由此可知，在僧祐時期，至少存在著兩部以「申日經」為經題的經典，即失譯《申日經》和闕本《小申日經》，並且闕本《小申日經》是在道安之後一百餘年中出現的。但是這種兩種經本並存的現象從隋法經《眾經目錄》開始變的不再存在了——《小申日經》消失了，只存下了今本《申日經》。

　　問題探討到這裡，我們所處的境遇是：（1）習鑿齒所見經本很可能就是

　　　　匯流》，《敦煌研究》，2011 年第 3 期，第 92～105 頁；伍小劼《〈灌頂拔除過罪生死得度經〉與「文化匯流」》，《南亞研究》，2010 年第 2 期，第 112～122 頁等。
〔註61〕參 CBETA, T53, no.2121, p.190, a23-b23.

失譯《申日經》；（2）在道安和習鑿齒之後的一百餘年中，又出現了一部《小申日經》，不過僧祐並沒有看到這部經典；（3）失譯《申日經》和《小申日經》並存的記載，到隋法經時不存在了，換言之，這兩部經中有一部確定佚失了；（4）現在正藏中雖然存有一部《申日經》，但肯定不是習鑿齒所見那部失譯《申日經》。

從經錄的記載上看，今本《申日經》很可能就是自法經以降經錄和正藏中所收錄的《申日經》。僧祐所謂的《小申日經》也是這部經典，而那部失譯《申日經》到隋代時已經佚失了。〔註62〕

如果果真如此，那麼，今本《申日經》（即《小申日經》）和失譯《申日經》有什麼關係呢？筆者以為今本《小申日經》可能是由摘抄、改寫失譯《申日經》而成，理由如下：

首先，《小申日經》和失譯《申日經》在內容上應該是有重合的，即都含有「月光童子轉生中國」的授記。但它們具體的授記內容可能不一樣。從《小申日經》列舉的月光童子統治區域——「秦土及諸邊國，鄯善、烏長、歸茲、疏勒、大宛、於填，及諸羌虜夷狄」——來看，中國的邊國都是位於北方的少數民族政權，並沒有提及南方的邊國，換言之，在《小申日經》的作者眼中，其所處國家是一北方政權。並且月光童子降生的地方是中國的北方。所以《小申日經》帶有很濃厚的北方色彩。但是我們從習鑿齒的信中都看不出這些信息，習鑿齒似乎也不太可能用一個降生於敵國的菩薩來比擬自己的國君吧。基於此，筆者懷疑，習鑿齒所見經本之授記，可能只是籠統地記載了月光童子轉生晉土等信息，沒有那麼強的地域色彩。正如《德護長者經》所預言月光童子統治區域只是「大隋國」，絲毫不涉及邊地。當然不排除這是一種適應皇權統治的改寫的可能。

〔註62〕釋章慧通過對歷代經錄的考察也得出了相似的結論，她的主要依據是智昇在《開元釋教錄・別錄中有譯有本錄》認為竺法護譯《月光童子經》和《申日經》（二經都是九紙）是同經異名，故不雙出，但是依據《入藏錄》雕刻的《開寶藏》卻收有五紙的《申日經》（即今本《申日經》），她認為這五紙的《申日經》和智昇所見九紙《申日經》是不同的，並推測是今本《申日經》是《宋藏》拾獲前錄記載闕本的《小申日經》。但是《開元釋教錄・大乘入藏錄》中，智昇已經見到了一部五紙的《申日經》。為了解釋這一矛盾，她又認為，《開元釋教錄卷第十九・入藏錄》遭到竄改。但她的這一推測過於勉強，說服力並不是很強。參氏著《〈申日經〉研究》，臺北：法鼓文化事業股份有限公司，2006年，第52頁。智昇的記載，參 CBETA, T55, no.2154, p.684, b7.

　　其次，失譯《申日經》可能包含了一些《小申日經》沒有的內容。比如，申日授記，佛缽東遷的描述等。也就是說，無論是與失譯《申日經》，還是與《德護長者經》相比，《小申日經》的節略都是顯而易見的，這也許便是該經經題的由來吧。這種將原經節略後得到的經本仍以原經名為題，只是在題目前加一「小」字以示區別的現象在經藏中並不少見。比如，釋僧叡就曾將鳩摩羅什所譯二十八卷本的《大般若波羅蜜多經》撮其精華節略為十卷本的《小般若波羅蜜經》。

　　所以，通過對《小申日經》和失譯《申日經》內容上有重合但又有很大不同的分析，再聯繫到「月光童子轉生中國」等思想並不見諸其他月光童子系經典，筆者認為，《小申日經》應當參考、甚至摘錄過失譯《申日經》。〔註63〕

　　至於《小申日經》的出現年代，許理和、印順和釋章慧等學者都有自己的推測，關於他們的具體觀點，前文已敘述，茲不贅言。這裡僅從經錄的角度並結合經中具有時代性的詞語，對這一問題進行一簡單推測。《小申日經》在《綜理眾經目錄》中沒有收錄，在《出三藏記集》中時作為「新集」經目予以收錄的，故其出現時間可能是在釋道安（312～385年）之後、僧祐（445～518年）之前，亦即385～518年。如果我們可以將經文中的「秦土」作為一個具有時代性的詞語來解釋的話〔註64〕，那麼這個「秦」很可能就是姚秦（384～417年）。〔註65〕所以《小申日經》出現年代就可能是385～417年。

〔註63〕關於今本《申日經》造作者對支謙、竺法護等人譯經的參考，釋章慧曾在語詞、內容等方面進行過詳細分析，可供參考，參氏著《〈申日經〉研究》，第131～137頁。

〔註64〕據伯希和（Paul Pelliot）、何四維（A.F.P.H. Hulsewe）、魯惟一（M.Loewe）等學者的研究，在早期的佛典翻譯中，漢字「秦」經常是作為「中國」的代名詞出現的，並不一定就是對南北朝時期前秦或後秦的特指。參看 Paul Pelliot, "Notes on Marco Polo", Paris, 1959, p.268 sqq s.v. "Cin"，亦可參見 A.F.P.H. Hulsewe and M. Loewe, China in Central Asia—The early stage: 125B.C.~A.D.23; Leiden, 1979, p.169 n.546 and p.232 n.898. 筆者並沒有見到這兩部著作原文，此轉自 Erik Zürcher, "Prince Moonlight: Messianism and Eschatology in Early Medieval Chinese Buddhism" p.24, n.42. 但據筆者的不完全統計，在佛經中，「秦」字一般即指符秦或姚秦，時代指向性很強。

〔註65〕釋章慧認為，經中出現了「羌」，並且在經中被視為邊地，所以經中的「秦」不可能是羌人政權之「姚秦」。她這一推論是建立的基礎即是，今本《申日經》造作者是為迎合統治者而造作該經的。然而這一點我們又是無法完全予以證實的。政治對經典的翻譯及造作雖然有著重要影響，有時甚至會起到決定性作用，但我們卻不能將所有經典，尤其是疑偽經都視為政治性作品。就今本

本章小結

　　本章的主要目的是探討一下「月光童子轉生中國」思想的經典來源，認為這種思想至遲在 365 年在中土已經出現。並認為承載「月光童子轉生中國」信仰的是一部內容和《德護長者經》十分相似的、足本的《申日經》，亦即《安錄》和《出三藏記集》中所收錄的失譯《申日經》。在討論這種思想地域來源時，筆者試圖說明，它可能是有其梵文本或西域文本的根據，並不一定必然是中國本土的造作。但筆者在這裡只是想提供一種可能性的思考，並不是否認這種思想的本土來源的可能。

　　今本《申日經》可能是僧祐記錄的《小申日經》。它可能是《申日經》的簡本和改寫本。在後世的流通中，《申日經》可能散佚了，只有《小申日經》留存下來，所以自《法經錄》已降，歷代經錄所記載的《申日經》就是《小申日經》。《申日經》最遲在 365 年已經被譯介過來，而《小申日經》可能是在姚秦時代才在北方被改寫出來。

《申日經》而言，造作者在借用月光童子信仰表達自己對社會現實不滿的同時並沒有考慮到統治者的民族問題，這完全是有可能的。關於釋章慧的觀點，參氏著《〈申日經〉研究》，第 141～143 頁。

第三章 末劫的救世與治世

在上編的第二章中，筆者主要探討了「月光童子轉生中國」思想的經典來源，認為今本《申日經》中涉及到的月光出世在 365 年之前既已存在。這一章主要想梳理一下經典中月光童子作為轉輪王的救世或治世行為，以及這種思想在魏晉時期中國本土的演變情況。本章主要擇取了《法滅盡經》、《首羅比丘經》等經典進行分析，論述過程中也會涉及到一些散見於其他經典以及金石等中的資料。之所以選取這兩部經典，是因為《法滅盡經》是一部較早涉及到月光童子轉生為王的經典，並且該經中有一些描述甚至可能是後世涉及到月光童子轉輪王救世情形記載的源頭，對我們理解月光童子在中國本土的形象提供了重要參考；而《首羅比丘經》則是現存唯一一部以月光童子轉生救世為主要背景和主題的偽經，是我們瞭解中土民眾對月光童子認識的最重要的經典。

第一節 《法滅盡經》中的月光童子

一、末世中的轉輪聖王

據《法滅盡經》載：

> 佛告阿難：吾涅槃後，法欲滅時，五逆濁世，魔道興盛，魔作沙門，壞亂吾道，著俗衣裳，樂好袈裟，五色之服，飲酒啖肉，殺生貪味，無有慈心，更相憎嫉……男子壽短，女人壽長，七八九十，或至百歲。大水忽起，卒至無期，世人不信，故為有常，

眾生雜類，不問豪賤，沒溺浮漂，魚鱉食啖。時有菩薩、辟支羅
漢，眾魔驅逐，不預眾會。三乘入山，福德之地。恬怕自守，以
為欣快，壽命延長。諸天衛護，月光出世。得相遭值，共興吾道，
五十二歲。《首楞嚴》、《般舟三昧》，先化滅去。十二部經，尋後
覆滅，盡不復現。……於是便滅，吾法滅時，亦如燈滅。自此之
後，難可數說。如是之後，數千萬歲，彌勒當下，世間作佛。天
下泰平，毒氣消除。〔註1〕

《法滅盡經》描述了釋迦佛涅槃後五逆濁世魔道興盛，諸魔沙門壞亂佛道。
期間會有月光出世，治世五十二年後，佛法滅盡，直至彌勒出世，佛法才會
再次興盛。經中涉及到的月光童子只有一句，即「諸天衛護，月光出世，得相
遭值，共興吾道，五十二歲」。把這句話和經文整體聯繫起來，我們便會意識
到這裡蘊含著豐富的佛教故事結構信息。

這段經文背後隱含了一個造作者對末法時代的認識，即認為在釋迦涅槃
後，世間將會陷入一個多災多難的時代，這時佛法會漸漸消失，並將有一個
或多個比丘或者轉輪聖王出世，他們將會再次流佈正法，使世間再次進入一
個繁盛時代。但是這一繁盛期也是有限的，不久之後宣示佛法的比丘和轉輪
聖王會消失，佛法也會隨之滅盡，或被海龍王帶入海中。佛法的這次消失是
徹底的，直至彌勒降世，才會再次由海龍王送回。這種故事結構在很多部佛
經中都有描述。

東漢支婁迦讖譯《般舟三昧經·授決品》（T418）〔註2〕便描述了《般舟
三昧經》會在釋迦涅槃後存在四十年，之後便會消失的情形：

佛告颰陀和菩薩：我般泥洹後，是三昧者，當現在四十歲，其
後不復現。卻後亂世，佛經且欲斷時，諸比丘不復承用佛教。然後

〔註1〕 參 CBETA, T12, no.396, p.1118, c17-p.1119, b9.

〔註2〕 汪維輝從目錄和語言角度對該經進行過考辨，認為該經不太可能是支婁迦
讖的作品。方一新等人則從詞彙、語法等角度對該經譯者進行了辨析，對汪
文有所補正，認為該經和可靠的支婁迦讖譯經以及東漢佛經是有差異的。那
體慧（Nattier, Jan）則認為，支謙等人對這部經典可能進行過改寫。分參汪維
輝《從語言角度論一卷本〈般舟三昧經〉非支讖所譯》，《語言學論叢》第三
十五輯，北京：商務印書館，2007 年，第 303～322 頁；方一新等著《東漢疑
偽佛經的語言學考辨研究》，北京：人民出版社，第 191～200 頁；Nattier, Jan.
A Guide to the Earliest Chinese Buddhist Translations: Texts from the Eastern Han
and Three Kingdoms Periods. International Research Institute for Advanced
Buddhology, Soka University, 2006, p.81~83.

　　亂世時，國國相伐。於是時，是三昧當復現閻浮利內，用佛威神故，
　是三昧經復為出。〔註3〕

和後世的涅槃類經典不同，這裡認為《三昧經》在亂世時還將再次出現，並
且人們可以一直保存該經直至彌勒降世。

　　蕭齊釋曇景譯《摩訶摩耶經》（T383）也有相似描述，經中也提到釋迦涅
槃後，世間墮落，但每隔一段時間便會有一比丘在世間宣法，度脫信眾。但
是「千五百年後」，「一切經藏皆悉流移至鳩尸那竭國，阿耨達龍王悉持入海，
於是佛法而滅盡也」，〔註4〕這裡並沒有涉及到彌勒降世的情形。

　　唐玄奘譯《大阿羅漢難提蜜多羅所說法住記》（T2030）則認為是釋迦在
涅槃前，「以無上法付囑十六大阿羅漢並眷屬等，令其護持使不滅沒」。但是
釋迦涅槃後，雖有羅漢護法，世間仍陷入混亂，「至此南贍部洲人壽極短至於
十歲，刀兵劫起互相誅戮，佛法爾時當暫滅沒」，「時此十六大阿羅漢，與諸
眷屬復來人中，稱揚顯說無上正法，度無量眾令其出家……無上正法流行世
間熾然無息，後至人壽七萬歲時，無上正法方永滅沒」……「至人壽量八萬
歲時，獨覺聖眾復皆滅度。次後，彌勒如來應正等覺出現世間」。〔註5〕

　　《法滅盡經》描述的情形和上舉經典十分接近，也交代了轉輪聖王出世
的背景、目的以及治理天下的方法，即轉輪聖王是在一個百姓困苦的時代出
現的，他的主要任務就是治理好天下，再現一個太平盛世。

　　《法滅盡經》等經典所表現出的這種故事模式可以用公式表示為「釋迦
佛涅槃—末法—轉輪王出世、治世—正法滅盡—彌勒出世—正法」。

二、月光童子的轉輪聖王身份及治世

　　東晉以前已經譯介過來的《申日經》中可能已經含有了月光童子轉生中
國為王的內容，並且可能也有一些關於釋迦佛涅槃後世界之混亂情況的內容。
《法滅盡經》和《申日經》、《小申日經》和《德護長者經》等經典在內容上有
許多可以相互印證的地方。

　　首先，出世的背景相同。雖然原本《申日經》我們已經無從知曉，如果
從今本《申日經》來看，月光出世前「（釋迦佛）般涅槃千歲已後，經法且欲

〔註3〕 參 CBETA, T13, no.418, p.911, a5-10.
〔註4〕 參 CBETA, T12, no.383, p.1013, c14-p.1014, a3.
〔註5〕 參 CBETA, T49, no.2030, p.13, a3-p.14, c21.

斷絕」；月光童子在《法滅盡經》中出世時則是「當爾之時，諸天泣淚，水旱不調，五穀不熟，災疫流行，死亡者眾。人民勤苦，縣官侵克。不修道理，皆思樂亂。惡人轉多，善者甚少。日月轉促，人命轉短。四十頭白，裁壽六十。男子壽短，女人命長。七八九十，或至百歲。大水忽起，卒至無期。世人不信，故謂有常。眾生雜類，無有豪賤。沒溺浮漂，魚鱉噉食。菩薩比丘，眾魔驅逐。不豫眾會，菩薩入山。福德之處，恢怕自守。以為忻快，壽命延長」。〔註6〕可見，它們都認為釋迦佛涅槃千年後，世界將陷入一種混亂之中，百姓多災多難、生活困頓。

其實，就整體敘事框架來看，這種敘事是對《彌勒下生經》的模仿。在《彌勒下生經》中，彌勒下生之前，閻浮地也是先經歷了一個「轉輪王」蠰佉治世；只不過與《法滅盡經》等不同的是，蠰佉治下的閻浮地是一個極美好的世界：

> 爾時閻浮地，東西南北千萬由旬，諸山河石壁，皆自消滅；四大海水，各減一萬。時閻浮地極為平整，如鏡清明。舉閻浮地內，穀食豐賤。人民熾盛，多諸珍寶。諸村落相近，雞鳴相接。是時弊華果樹枯竭，穢惡亦自消滅。其餘甘美果樹香氣殊好者，皆生於地。爾時，時氣和適，四時順節。人身之中，無有百八之患。貪欲嗔恚愚癡，不大殷勤。人心均平，皆同一意。相見歡悅，善言相向。言辭一類，無有差別。如彼優單越人，而無有異。是時閻浮地內，人民大小，皆同一向，無若干之差別也。彼時男女之類，意欲大小便時，地自然開，事訖之後，地便還合。爾時，閻浮地內自然生粳米，亦無皮裹，極為香美，食無患苦。所謂金、銀、珍寶、車磲、馬瑙、真珠、虎珀，各散在地，無人省錄。是時，人民手執此寶，自相謂言：昔者之人，由此寶故更相傷害，繫閉在獄，受無數苦惱，如今此寶與瓦石同流，無人守護。〔註7〕

其次，出世的任務相同。今本《申日經》中講「月光童子當出於秦國作聖君，持我經法興隆道化」。〔註8〕《德護長者經》也說「此童子，我涅槃後，於未來世護持我法，供養如來受持佛法，安置佛法讚歎佛法。於當來世佛法末時，

〔註6〕 參 CBETA, T50, no.2040, p.84, a18-26.
〔註7〕 參 CBETA, T14, no.453, p.421a25-b14.
〔註8〕 參 CBETA, T14, no.535, p.819, b1-3.

於閻浮提大隋國內，作大國王名曰大行，能令大隋國內一切眾生，信於佛法種諸善根。」〔註9〕可見月光童子在末世出世就是為了要復興釋迦法。《法滅盡經》則言「諸天衛護，月光出世。得相遭值，共興吾道」〔註10〕，描述和前兩部經完全一致。

但是《法滅盡經》和《申日經》等經典還是有一些不同。

首先是月光出世的地點。《申日經》等經典言明了月光出世的地點就是中國，這一點在《法滅盡經》中沒有體現。

其次是月光護法的時間。《法滅盡經》描述了《申日經》系經典所沒有指明的月光護法時間，即「五十二年」。

再次是對月光出世前的具體背景的描述不同。可能因為主題在於宣揚月光童子諫父救佛的功績，而非宣揚月光末世護法，《申日經》等經典對末世階段的情形的描繪十分抽象。相對於《申日經》等經典的簡略，作為涅槃部的經典，《法滅盡經》對末世的情形描繪的較為詳細。在這些詳細而具體的末世情形中，有一點十分值得注意，即月光童子出世前，「菩薩比丘，眾魔驅逐。不豫眾會，菩薩入山。福德之處，恬怕自守。以為忻快，壽命延長」，這表明末世階段，菩薩們是住在福德之山中。「菩薩住山」思想，在一些翻譯經典中也有體現。如鳩摩羅什譯《佛說彌勒大成佛經》（T456）就記載在佛涅槃後，摩訶迦葉就持法衣至浪跡山（又名雞足山）入定，等待彌勒出世。〔註11〕又如唐玄奘譯《大阿羅漢難提蜜多羅所說法住記》中記載釋迦佛在涅槃時曾將佛法授予十六尊者保管，其中很多尊者都是住於山中，「第九尊者與自眷屬九百阿羅漢，多分住在香醉山中；……第十二尊者與自眷屬千二百阿羅漢，多分住在半度波山；第十三尊者與自眷屬千三百阿羅漢，多分住在廣脅山中；第十四尊者與自眷屬千四百阿羅漢，多分住在可住山中；第十五尊者與自眷屬千五百阿羅漢，多分住在鷲峰山中；第十六尊者與自眷屬千六百阿羅漢，多分住在持軸山中。」〔註12〕在末法階段，入山修行似乎就是一種護法的表現。《續高僧傳·釋靜藹傳》記載提到周武滅法時，釋靜藹率弟子入終南山，修建寺院，以收留逃難僧眾。〔註13〕這種滅法時期避難山中的

〔註9〕　參 CBETA, T14, no.545, p.849, b20-24.
〔註10〕　參 CBETA, T50, no.2040, p.84, a26.
〔註11〕　參 CBETA, T14, no.456, p.433, b11-p.434, a16.
〔註12〕　參 CBETA, T49, no.2030, p.13, a3-p.14, b21.
〔註13〕　參 CBETA, T50, no.2060, p.625, c14-p.627, b22.

行為，可能更多的出於現實生存的考慮，但他們在山中仍然繼續宣法的行為是否也在效彷佛經中的那些菩薩羅漢之所為呢？並且在北魏中後期，「菩薩住山」信仰也日漸本土化，出現了一些菩薩居於中國某名山的故事。最著名的則是北朝隋唐之際興起的「文殊菩薩駐於五臺山」的信仰。其後類似信仰越發豐富，以至於唐初道宣就曾言：「豈惟五臺，今終南、太白、太華，五嶽名山，皆有聖人，為住佛法，處處有之。」〔註14〕在中土造作的偽經《首羅比丘經》中月光童子出世前所住就是「蓬萊山中海陵山下閔子窟所」，似乎也是這種思想的表現。

第四是月光童子與未來佛彌勒的關係。《申日經》等經典中並沒有交代月光童子和彌勒佛的關係。從《德護長者經》中所表述的情形看，月光童子甚至就是一個未來佛，並且在其之後受記成佛的是其父申日。但是在《法滅盡經》中月光童子和彌勒的關係則相對的較為明顯，經中言「聖王去後吾法滅盡……如是久後，彌勒當下世間作佛」。不難看出，在佛法傳承的過程中，月光童子治世後就是等待彌勒的降世，二者的相續性很強。

其實，關於月光童子和彌勒的關係，在後世的多部經典中也是非常明確的。如高齊那連提耶舍譯《月燈三昧經》，通過經中描述的月光童子邀佛至其王舍城家中受其供養等情節可知，此月光童子當為申日子。佛陀詳解佛法，並囑託月光童子於其涅槃後，護持此法，解脫眾生。佛陀認為月光童子「常能具足無礙辯，恒常安住於梵行。彼人末代可怖時，惟是彌勒所證知」，〔註15〕似乎是說月光童子在末法階段的成就只有彌勒可以衡量。又如，唐菩提流支譯《寶雨經》也記有，月光童子為東方天子，被佛陀授記，「我涅槃後，最後時分，第四五百年中，法欲滅時，汝於此贍部洲東北方摩訶支那國，位居阿鞞跋致……汝於彼時住壽無量，後當往詣睹史多天宮，供養、承事慈氏菩薩，乃至慈氏成佛之時，復當與汝授阿耨多羅三藐三菩提記」。〔註16〕雖然這一段可能是菩提流支為迎合武則天以女身篡奪帝位的需求而造作的，但至少表明，當時的社會上還是認為月光童子會在釋迦佛涅槃後的末法階段作為轉輪王下生治世，直至彌勒下生。這種觀念和《法滅盡經》是完全一致的。

〔註14〕參 CBETA, T45, no.1898, p.876b23-25.

〔註15〕參 CBETA, T15, no.639, p.567, b6-23.

〔註16〕參 CBETA, T16, no.660, p.284, b13-c8.

第二節　《首羅比丘經》中的月光童子

　　《首羅比丘見五百仙人並見月光童子經》是保存於敦煌藏經洞的一部偽經，又名《首羅比丘經》等。這是一部本土造作的偽經。自隋法經《眾經目錄》著錄以來，一直被當做偽經而被禁止入藏。大約是在宋代以後亡軼。此經在敦煌遺書中存有全本，目前可查，存有 19 號：

　　①BD5926（北 8274，重 26，首尾全，首題「□□□□見月光童子經」，尾題「首羅比丘經」）

　　②敦煌秘籍羽 504（首尾全，首題「首羅比丘見五百仙人並見月光童子經」，尾題「首羅比丘經」）

　　以上為完整者，共二號，其中尤以羽 504 為全，全本僅缺一字殘一字。

　　①BD687（北 8275 號，日 87，首殘尾全，尾題「首羅比丘經」）

　　②BD5607（北 8460，李 7，首尾均殘）

　　③BD8341（北 8661，衣 41，首尾均殘）

　　④P.2464（首殘尾全，尾題「首羅比丘經」）

　　⑤P.3019（首尾均殘）

　　⑥S.1811（首尾均殘）

　　⑦S.2697（首殘尾全，尾題「首羅比丘經」）

　　⑧S.3322（首尾均殘）

　　⑨S.6881（首殘尾全，尾題「首羅比丘經」）

　　⑩北大 D99（首全尾殘，首題「首羅比丘見五百仙人並見月光童子經」）

　　⑪敦煌秘籍羽 137（首殘尾全，尾題「首羅比丘經」）

　　⑫敦煌秘籍羽 142（首殘尾全，尾題「首羅比丘經」）

　　⑬日本國會圖書館 WB32 (35)，56698（首殘尾全，尾題「首羅比丘經」）〔註17〕

　　⑭BD10619

　　⑮BD15396

〔註17〕該卷尚未公布，有關該卷的相關情況可參看施萍婷、劉屹等人介紹。施萍婷《日本公私收藏敦煌遺書敘錄（三）》，《敦煌研究》1995 年第 4 期，第 58 頁；劉屹《書評：〈北京大學藏敦煌文獻〉》，《敦煌吐魯番研究》第三輯，1998 年，第 373 頁。筆者非常有幸於北京大學榮新江教授處曾查閱此卷，在此向榮老師表達衷心的感謝！

⑯S.9158

⑰S.9808A

以上為有殘缺者，共十七號。

在這些經卷中，除羽504與日本國會圖書館WB32（35）來源尚未公布外，其他各卷之流傳均有案可稽。〔註18〕S.9808A+P.2464+S.1811，BD8341+WB32 (35)，羽137+P.3019都可以綴合。其中，羽137與P.3019原是黏合在一起的，後來脫落，在羽137上尚有清晰的黏合物質。其餘幾號都是被撕裂開來的。

除此之外，在敦煌一些經錄中也有該經的相關記載，〔註19〕可見該經在敦煌地區還是比較流行的。

《首羅比丘經》需要解決的問題很多，這一節主要是探討一下和月光童子出世相關的內容，涉及到月光童子轉生地點和月光童子身份兩個問題。

一、月光童子轉生地點

關於月光童子轉生的地點，多處文獻都有描述。據支遁的贊詩看，轉生地點是「神州」；據習鑿齒的描述則為「真土」，即「中國」，可能指「晉國」；據今本《申日經》則為「秦國」；參看後世譯出的《德護長者經》，轉生地點則被描述成了「大隋國」。他們的描述指向的都是他們當時生活的王朝，地理範圍較大，地點較模糊。但是在保存下來的一些本土材料如疑偽經等中關於月光童子出世的描述卻詳細了很多，比如在《首羅比丘經》中則將月光童子出世前居住的地點描述為「蓬萊山中海陵山下閉子窟」，出世後治理的地域則為「弱水之南，長河以北」的地區。

1. 弱水之南，長河以北

月光童子出世的地點在經中有很詳細的描述：「古月末後，時出境陽」，「吾當出世：黃河以北，弱水以南，於其中間，王於漢境」。從中不難瞭解，在造作者認識中，漢境之地即「弱水以南，莨河以北」。在中古時期很多河流都可以稱為「弱水」，這也是一個具有很強神話色彩的地理概念，《山海經》

〔註18〕落合俊典曾撰文介紹杏雨書屋卷子來源，但羽504等卷卻標記為「敦煌經□□氏藏」。日本國會圖書館藏敦煌等經卷則尚未公布來源。參落合俊典《敦煌秘笈目錄（第443號至第670號）略考》，《敦煌吐魯番研究》第7卷，上海古籍出版社，2004年。

〔註19〕如P.3202《龍錄內無名經論律錄》，作「《首羅比丘經》一卷，重」。

就有多處提及弱水，如《西山經》：「勞山，弱水出焉，而西流注於洛。」〔註20〕《大荒西經》：「西海之南，流沙之濱，赤水之後，黑水之前，有大山，名曰崑崙之丘，有神人面虎身，有文有尾，皆白處之。其下有弱水之淵環之，其外有炎火之山，投物輒然。有人，戴勝、虎齒、有豹尾、穴處，名曰西王母。」郭璞注弱水曰：「其水不勝鴻毛」。〔註21〕這裡的弱水和西王母聯繫在了一起。在可能也是郭璞撰寫的《玄中記》中也提到了弱水之「弱」：「天下之弱者，有崑崙之弱水焉，鴻毛不能起也。」〔註22〕可能成書於六朝時期的《海內十洲記》對弱水也有和郭璞一樣的描述：「鳳麟洲在西海之中央，地方一千五百里，洲四面有弱水繞之，鴻毛不浮，不可越也。」〔註23〕雖然古人所描述的弱水很可能不是同一條河流，但是至遲從魏晉已降「弱水」便成為了險惡難渡之河的代名詞，並且從郭璞等人的經典性描述來看，弱水似乎都是圍繞著某一洲或山，呈環形護城河狀。對弱水的這種認識，隋唐以後仍在延續。《雲笈七籤·司馬承禎傳》：「蜀女真謝自然泛海，將詣蓬萊求師，船為風飄到一山。見道士指言天台山司馬承貞，名在丹臺，身居赤城，此真良師也。蓬萊隔弱水三十萬里，非舟楫可行，非飛仙無以到。」〔註24〕這裡的弱水似乎是指蓬萊周圍的大海。這一大海不可渡，只有仙人飛行才能渡過並到達蓬萊。

　　弱水不可渡的描述在民間也有著很強的印記，以疑偽經為例，保存於敦煌藏經洞的可能作於隋初的《普賢菩薩說此證明經》之《本因經》〔註25〕部分中便有類似描述：「棖公白尊者：隨我分別之，隨我造弱水。……來至化城西，展轉娑婆中，往詣加黃山，水上七寸橋，有緣在橋東，無緣在橋西。召我諸法子，一時在化城。」這裡所描繪的是未來佛彌勒降世之前擇取有緣人（即可以得救和值遇未來佛之人）的過程，棖公可能是彌勒的一個使者，他會帶領世人來到化城前。化城由弱水所圍繞，人們進入化城必須通過架在弱水之上的法橋。這時法橋便起到了判斷世人是否為有緣人的功用。有緣之人便可以通過弱水進入化城。弱水必須通過法橋方可通過，其他任何途徑都不可以，

〔註20〕參袁珂校注《山海經校注》，上海古籍出版社，1990年，第59頁。

〔註21〕參袁珂校注《山海經校注》，第407頁。

〔註22〕參袁珂校注《山海經校注》，第408頁，注釋4。

〔註23〕參王根林點校《海內十洲記》，上海古籍出版社，1999年，第66頁。

〔註24〕參宋張君房編，李永晟點校《雲笈七籤》卷一百一十三下，第五冊，北京：中華書局，2003年，第2507頁。

〔註25〕關於《普賢菩薩說此證明經》之《本因經》部分的造作年代，可參本書下編第三章《敦煌本〈佛說證香火本因經〉造作年代考》。

言下之意似乎就是指弱水不可渡。

《僧伽和尚欲入涅槃說六度經》（T2920）也載：「吾後至閻浮，興流佛法，唯傳此經，教化善緣。六度弟子歸我化城，免在閻浮受其苦難，悉得安穩。衣食自然，長受極樂，天魔外道弱水隔之，不來為害。」……「如此善道六度之人，吾先使百童子領上寶船，載過弱水，免使沉溺，得入化城。」〔註26〕這部作於唐中期的偽經，〔註27〕對弱水的描述基本上沒有超越自郭璞已降形成的經典式概念的範圍。這裡的弱水和《普賢菩薩說此證明經》十分相似，也是認為化城為弱水所隔，城內為僧伽樂土，城外為天魔外道。只有有緣人才能進得化城。〔註28〕不同的是，這裡的弱水是可以渡的，不存在架於其上的法橋。但是渡河的工具是「寶船」，這不是一般的船，其實和法橋並沒有什麼本質區別。

《首羅比丘經》中的「弱水之南」之「弱水」似乎並不是環狀的護城河性質的屏障，而是一條位於黃河之北的一條東西向的河流。但通過該經造作者的描述「弱水之南，黃河之北」的地方為「漢境」，與「漢境」相對的就是「胡地」，是一個月光童子不能「度脫萬姓」的地方。換言之，「漢境」是由南北兩條大河將其與周圍的「胡地」分割開來的，兩河之間為漢境，之外便為胡地，如此看來，弱水連同黃河也是具有護城河性質的，和傳統的環形弱水不同的是這裡的弱水是條形的。

值得注意的一點是，「弱水之南，黃河以北」大致是北方地區，這是一個比較大的地理概念，和今本《申日經》授記部分所記「秦國」（或為姚秦）有著很強的重合性。

偽經系統的「弱水」大致如此。

2. 蓬萊山中海陵山下閡子窟所

《首羅比丘經》中將月光童子出世前居住的地點描述為「蓬萊山中海陵山下閡子窟所」，這是一個由真實地名虛構出的地點。選擇「蓬萊山中海陵山

〔註26〕 參 CBETA, T85, no.2920, p.1463, b26-p.1464, a8.

〔註27〕 關於《僧伽和尚欲入涅槃說六度集經》的研究，可參看牧田諦亮《中國に於ける民俗佛教成立の一過程——泗州大聖僧伽和尚について》，《東方學報》，第 25 冊，1954；羅世平《敦煌泗州僧伽經像與泗州和尚信仰》，《敦煌吐魯番研究論集》，1996 年；楊梅《4～8 世紀中國北方地區佛教讖記類偽經研究》，第 64～65 頁等。

〔註28〕 關於「化城」在漢地意象的演變，可參本書下編第四章《化城：終極的樂土》。

下閔子窟所」作為月光童子出世前所居地，說明「蓬萊山」、「海陵山」、「閔子窟」在造作者的認知中具有較為重要的地位。如果從經本的整體敘事上看，給月光童子設定一個出世前的住所，可能是有一定故事或敘事模式的。

這種模式有多重可能，一是彌勒降生模式，二是末世菩薩居住福山模式，三是仙人居住於仙境模式。前兩種都是源自佛教，第三種則是植根於中國本土傳統之中。

彌勒降生模式。彌勒出世有兩種模式，一是上生信仰，其經典主要有《觀彌勒菩薩上生兜率天經》（T452）等；二是下生信仰，主要經典有《彌勒下生經》（T455）等。竺法護譯《彌勒下生經》中有彌勒菩薩從兜率下生人間的描述：「爾時彌勒菩薩，於兜率天觀察父母不老不少，便降神下應從右脅生，如我今日右脅生無異，彌勒菩薩亦復如是。兜率諸天各各唱令，彌勒菩薩已降神生。」〔註29〕不難看出彌勒在下生之前便是居住在兜率天宮的。正典中的月光童子雖是一個轉輪王，但是在《首羅比丘經》中卻十分複雜，時刻都能看到彌勒的痕跡。關於《首羅比丘經》中月光童子的身份下文再論，這裡想說明的就是，《首羅比丘經》的造作者可能是一個彌勒信仰者，彌勒對其影響除了體現在月光童子身份上，還可能體現在彌勒下生信仰上，亦即在經中設置了月光童子居住在一個類似兜率天宮性質的地點等待出世。

末世菩薩居住福山模式。這一點在本章第一節中已有過論述，此不贅言。在此只想強調一點，即如果《首羅比丘經》曾受到了《法滅盡經》等經典影響，那麼，月光童子居於海山之中，可能是對《法滅盡經》中「菩薩比丘，眾魔驅逐。不豫眾會，菩薩入山。福德之處，恢怕自守。以為忻快，壽命延長。諸天護衛，月光出世」〔註30〕等內容的具化。

仙人居住於仙境模式。成仙長生是中國本土宗教思想的一個重要主題，仙人所居非凡境，而是仙境。在仙界研究學中，經常將仙境劃分為三大系統：天上仙境、海中仙山和地上洞天福地。〔註31〕仙境都是一些凡人不可及、甚至都不知其所在的地方。有些諸如蓬萊等仙境，人們雖知其所在，但卻又很少能到達其地。在《山海經》中既已記載「蓬萊山在海中」，〔註32〕《史記·

〔註29〕參 CBETA, T14, no.453, p.421, c5-9.

〔註30〕參 CBETA, T12, no.396, p.1119, a27-b2.

〔註31〕苟波《中國古代小說視野中的民眾「仙界」觀念》，《中國道教》，2005 年第 3 期，第 41 頁。

〔註32〕袁珂校注《山海經校注》，第 325 頁。

封禪書》中也載「自威、宣、燕昭使人入海求蓬萊、方丈、瀛洲，此三神山者，其傳在勃海中」〔註33〕，可知在先秦時期，人們既已確信知道蓬萊的位置，並多次入海尋求，但鮮有成功者。後世諸如秦始皇、漢武帝等也從未成功。最晚作於東晉的《列子·湯問》中則記載蓬萊距離人們居住地之遠，難以到達：「渤海之東不知幾億萬里……其中有五山焉：一曰岱輿，二曰員嶠，三曰方壺，四曰瀛洲，五曰蓬萊。其山高下周旋三萬里，其頂平處九千里，山之中間相去七萬里。」〔註34〕蓬萊之難至，在後世被描述為「蓬萊不可到，弱水三萬里」（蘇軾《金山妙高臺》）。

在中古時期的仙境信仰中存在著進入仙境的傳說，〔註35〕按照進入仙境者的主動性，這些傳說又可換分為三種故事模式，一是誤入仙境模式，二是仙人引路模式，三是修道者尋訪仙境模式。〔註36〕第二種模式和我們要探討的《首羅比丘經》中五百仙人引導君子國君民到達月光童子所居地的故事有較強的相似性。這裡首先看一下「仙人引路」模式下的故事。《神仙傳·壺公》記載：「（壺）公語房曰：「見我跳入壺中時，卿便可效我跳，自當得入。」長房依言，果不覺已入。入後不復是壺，唯見仙宮世界。樓觀重門閣道，公左右侍者數十人。」〔註37〕費長房之所以能進入仙宮世界便是壺公引導的結果。

〔註33〕參司馬遷《史記》卷二十八《封禪書》，北京：中華書局，1959年，第1369～1370頁。

〔註34〕楊伯峻撰《列子集釋》卷五《湯問篇》，北京：中華書局，1979年，第151～152頁。

〔註35〕有學者從仙境之球形宇宙觀念、「小中寓大」觀念和相對性時空觀念等角度，論說了中古時期進入仙境的傳說和故事在其描繪的意象和情節上已經突破了上古時期先民固有的想像模式，反映出中國傳統宇宙模式和時空觀念的重大發展。並認為，這類故事大量地出現在東漢以後，應該是外來文化——佛教文化衝擊之後的產物。參王青《西域文化影響下的中古小說》，北京：中國社會科學出版社，2006年，第142～160頁。筆者深為贊同這種觀點，但在這裡想強調的是，東漢以後這類故事中雖然可能受到了佛教等外域思想的影響，但是基本的故事模式在中國本土還是存在的，比如在關於秦漢時期方士尋找蓬萊等仙境的記載中，我們可以看到，那時已經出現了仙境，人類也已經開始了找尋和進入仙境的努力。

〔註36〕關於這三類進入仙境的故事模式，可參看黃勇《道教筆記小說宗教思想研究》，四川大學道教與宗教文化研究所博士論文，2005年，第99～123頁；李晟《仙境信仰研究》，成都：巴蜀書社，2010年，第100～123頁等。

〔註37〕參晉葛洪撰，胡守為校釋《神仙傳》卷九《壺公傳》，北京：中華書局，2010年，第307～309頁。

　　不難看出，「仙人引路」模式下的故事有兩個特點，即「仙境難至」和「仙人引路」。對《首羅比丘經》進行考察後，我們發現經中君子國君民到達蓬萊山中海陵山下関子窟所的故事完全符合這兩點。比如，經中言蓬萊山中海陵山下関子窟所「去君子國七千餘里」，可見在空間距離上就很難到達。此外，月光童子自己也認為從來沒有人到達過這裡，他問諸大仙並及大王：「今從何所來，欲何所至？此中險難，無人行步，汝今云何能來至此？」不難推知，造作者給月光童子設定的居所平常人是很難到達的，此中存在無數艱險，從來無人成功過。君子國君民之所以能到達，除其有欲親自「奉問」月光童子的誠心外，五百仙人的引導應是很重要的一個原因。無論是首羅比丘還是君子國君民都不知道月光童子所居，只有仙人知曉。這一點可以通過首羅比丘和君子國國王詢問大仙關於月光童子的居所就可得知，所以仙人在這裡起到的正是一種關鍵性的引導作用。

　　《首羅比丘經》是一部佛教疑偽經，我們以一種佛教的故事模式來看待這部經是一種很正常的思維方式。這樣一來，月光童子居於「蓬萊山中海陵山下関子窟所」似乎和正典中末世菩薩居住福山模式更為接近，造作者設置一個月光童子出世前所居地點這一環節的更似受到佛教傳統的影響的結果。但是如果聯繫到經文的其他描述，我對上述論斷又有些懷疑。比如，經文中具有相當明顯的道教福山信仰，當首羅比丘詢問仙人如果爆發大洪水，信眾應當如何方能逃離水災時，大仙們回答說：「恒山五嶽盡皆免水災，勃海雍盧庭亦得免水災、甘晨山亦得免水災、覆舟山亦得免水災、頗資山亦得免水災、乳羅山亦得免水災。」這種面對洪災避難名山的描述在道教經典中十分常見，如蕭梁陶弘景《真誥》即言：

> 金陵者，兵水不能加，災癘所不犯。《河圖》中《要元篇》第四十四卷云：句金之壇，其間有陵，兵病不往，洪波不登。正此之福地也。爾心悟焉，是汝之幸，復識此悟，從誰所感發耶。句曲山其間，有金陵之地，地方三十七八頃，是金陵之地肺也。土良而井水甜美，居其地必得度世見太平。《河圖內元經》曰：乃地肺土良水清，句曲之山，金壇之陵，可以度世，上升曲城。又《河書中篇》曰：句金之山，其間有陵，兵病不往，洪波不登，此之謂也。〔註38〕

〔註38〕參吉川忠夫、麥穀邦夫編，朱越利譯《真誥校注》卷十一《稽神樞第一》，北京：中國社會科學出版社，2006 年，第 346～347 頁。

不難看出，句金山和句曲山不僅是避難的神聖之所，而且「居其地必得度世見太平」，這種對聖山崇拜和《首羅比丘經》中所謂「往就」神山可避洪災並能得見月光童子的情形十分相近，所以斷言《首羅比丘經》是受到了道教影響而設置了避難高山的環節應當也是合理的。〔註39〕如果從該經受到道教影響的角度來看待月光童子出世前居於一個福山之所的問題，那麼「仙人居住於仙境模式」也是可以讓人接受的。

綜上，在探討造作者設置月光童子居於「蓬萊山中海陵山下閔子窟所」這一環節時尚不能直接斷言其源於佛教傳統而不顧及它可能受到的道教的影響。

3. 天台山：月光童子的本土化

《首羅比丘經》中月光童子住所這一環節的設置無論是受何種傳統的影響，不可否認的是月光童子已經進一步本土化或中國化了。相對於《申日經》等正典而言，偽經中的月光童子和中國的關係更加明確。其實《首羅比丘經》中月光童子和中國發生關係的地點遠不止上述兩處，比如，經中載有大仙回答首羅比丘關於月光童子出世的情況時說：「普告諸賢者：天台山引路遊觀，至介斧山，又到閔子窟列魯薄。一號太山，二號真君，三號縷練郡聖。」楊梅認為這表現的是月光童子遊行世間，〔註40〕天台山是月光童子出遊的引路，也許正如她指出的「天台山是月光童子遊行世間的一個出發點」〔註41〕。但該經中月光童子和天台山的關係似乎並不比其與蓬萊山的關係更為密切。

月光童子和天台山的關係在一些《嵩山記》和《大齊趙郡王高叡修寺碑》中的情況，第二章已有論述，在此不再贅論。考慮到一種觀念形成並穩定下來並非短時間內可以完成，所以推斷月光童子和天台山、嵩高山的聯繫之建立在五世紀末六世紀初當是可信。因此，《首羅比丘經》的造作最遲也在六世紀初吧。

〔註39〕溫玉成《〈首羅比丘經〉若干問題探索》一文對《首羅比丘經》所收道教影響也多有論述，參《佛學研究》，1999 年，第 205～209 頁。許理和也針對該經所受到的道經影響進行了分析，參 Erik Zürcher, "Prince Moonlight: Messianism and Eschatology in Early Medieval Chinese Buddhism", *T'oung Pao* LXVIII, 1~3 (1982), p.1~59.

〔註40〕楊梅《4～8 世紀中國北方地區佛教讖記類偽經研究》，第 67 頁。

〔註41〕楊梅《4～8 世紀中國北方地區佛教讖記類偽經研究》，第 67 頁。

二、轉輪王還是未來佛？

　　關於《首羅比丘經》中月光童子的身份，學界給予的關注並不是太多。許理和認為他是一個轉輪王〔註42〕；王惠民認為《首羅比丘經》反映的是一種彌勒信仰，在分析經中所描繪的月光出世後民眾所居城池時，他更是認為經文描述的是一種彌勒世界，亦即月光童子世界。〔註43〕他似乎認為月光童子具有彌勒即未來佛的性質。這兩位學者對月光童子身份問題都沒有進行深入探究，但是對於月光童子身份的認識可以幫助我們更好的理解經本造作者甚至當時民眾意識中月光童子的形象。

　　月光童子的身份不是單一的，其身份的複雜性從經典中對其稱謂即可窺得。

表四：《首羅比丘經》所見月光童子稱謂表

身　份	出現次數	出　處
平君	1次	首羅問大仙：「平君出時，可見以不？」
明君	2次	首羅問曰：「如此五眾有五逆重者，得見明君以不？」
		首羅比丘稽首問曰：「明君出世，法則云何？土境何以？疆場闊狹？」
法王	1次	各有千巷，巷巷相當，門門相望，出見法王。
明王	4次	大仙答曰首羅言：「好敕眾僧，及以白衣：……明王大聖今在漢境，未見之間，催嚴福德，莫如常意。
		大仙答曰：「……月光明王今三千大眾在蓬來山中海陵山下閔子窟所止，思惟時至現也。」
		大仙曰：「月光明王譬如大海，亦如大地，終不生疑作留難也。」
		大王白明王言：「此經從何所出？」
大寶	2次	首羅聞此歡喜踊躍無量：「大寶將至，我今云何如盲如聾，如瘂如喑，兀無所別，不知此事。」
		首羅告四眾言：「大寶將至，莫作常意。決定修善，莫作狐疑……」
聖君	1次	大王曰：「我聞聖君出世，不知法則云何，願說其意。我當加心修善。」
世尊	1次	王曰：「聞世尊今欲出世，故來奉問。」

〔註42〕Erik Zürcher, "Prince Moonlight: Messianism and Eschatology in Early Medieval Chinese Buddhism" p.1~59.
〔註43〕王惠民《北魏佛教傳帖原件〈大慈如來告疏〉研究》，《敦煌研究》，1998年第1期，第46頁。

經中能體現月光童子身份的語詞大致如表格所呈現。下文對這些稱謂及其背後含義進行一番探究。

1.「平君」、「明君」、「明王」、「聖君」和「法王」

在月光童子的眾多稱謂中,「平君」當是「太平之君」之意,「明君」應為「英明之君」、「聖明之君」之意,「明王」似指「聖明之王」、「英明之王」,「聖君」即「聖明之君」,這些稱謂更多的是具有了一種聖王治世的色彩,可能更具中國色彩,但放置在佛教語境下,將它們歸為轉輪王應當沒有太大偏差吧。《首羅比丘經》的造作者使用了這麼多修飾聖明之主的詞語來稱呼即將出世的月光童子,表達出自己對於一個能使天下安定、百姓富足的明君的渴望,同時也能向我們傳遞出造作者所處時代當是一個世無聖君、天下混亂的時期。

「法王」一般是對釋迦牟尼佛的尊稱。「王」有最勝、自在之義,佛為法門之主,能自在教化眾生,故稱「法王」。〔註44〕比如,《長阿含經》(T1)即佛陀在涅槃前告訴阿難如何禮葬他時言:「阿難!汝欲葬我⋯⋯收撿舍利,於四衢道起立塔廟,表剎懸繒,使諸行人皆見佛塔,思慕如來法王道化,生獲福利,死得上天,除得道者。」〔註45〕又如,西晉白法祖譯《佛般泥洹經》(T5)講述佛祖涅槃後眾人哭訴的情形:「天地大動,諸天散華香,悲哭呼冤:『法王滅度,吾等依誰?』」〔註46〕慧遠在《維摩義記》(T1776)時也認為:「佛於諸法得勝自在,故名法王。」〔註47〕當然,「法王」一詞也有他意。比如,後秦鳩摩羅什譯《十住經》(T286)便載:「諸佛子!菩薩摩訶薩亦如是,受職時,諸佛以智水灌是菩薩頂,名灌頂法王,具足佛十力故,墮在佛數。」〔註48〕這裡的「法王」便是菩薩之尊稱。又西晉竺法護所譯《大寶積經》(T310)描述的更為直接:「菩薩有四事,名曰法王。何謂為四?一曰不捨道心;二曰亦復勸化他人發意;三曰以諸德本勸助道心,所可聞者意廣無極;四曰一切釋梵及四天王,其諸聲聞並緣覺地。」〔註49〕除此之外,「法王」也可以代指轉輪王。比如竺法護譯《佛說觀彌勒菩薩下生經》(T453)便載:「爾時法王

〔註44〕慈怡法師主編《佛光大詞典》第四冊,高雄:佛光出版社,1988 年,第 3339頁中。

〔註45〕參 CBETA, T01, no.1, p.20, b4-11.

〔註46〕參 CBETA, T01, no.5, p.172, c17-18.

〔註47〕參 CBETA, T38, no.1776, p.432, b28-29.

〔註48〕參 CBETA, T10, no.286, p.529, a28-b2.

〔註49〕參 CBETA, T11, no.310, p.50, c1-4.

出現，名曰蠰佉，正法治化七寶成就。」〔註50〕又如蕭梁僧伽婆羅譯《阿育王經》（T2043）即曾言阿育王就是法王，「八萬四千塔一時俱成，王起塔已，守護佛法，時諸人民謂為阿育法王。」〔註51〕僧人也直接稱統治者為「法王」，如《續高僧傳·曇延傳》載：（曇延）臨終遺啟文帝曰：「延逢法王御世，偏荷深恩。往緣業淺，早相乖背。仰願至尊，護持三寶。」〔註52〕

　　「法王」在《首羅比丘經》中只出現一次。在首羅比丘詢問大仙關於月光出世後民眾所居城池時，大仙回答說：「城池巷陌縱廣七百餘里，高千尺，下基千尺。激城五百餘尺，開七十二門，城作紫磨金色。中有兜率城，高千尺，下基千尺。激城亦五百尺，亦作紫磨金色，明中五百餘里，亦開七十二門。中有八城，各三十餘里，亦作紫磨金色。各有千巷，巷巷相當，門門相望，出見法王。如此城塘等，男女皆悉充滿。」其後，描寫的是城池生活中的「琴樂」。關於這一段描寫，王惠民認為這描述的是彌勒世界，〔註53〕但這裡更可能是從佛經中對翅頭城的描寫而來。〔註54〕

　　翅頭城，梵 Ketuma，又稱翅頭末城，是閻浮履內的一座城，城中有轉輪王蠰佉，彌勒即在其國龍華樹下成佛。關於該城，竺法護譯《觀彌勒菩薩下生經》中有描述：「（翅頭城）東西十二由旬，南北七由旬，土地豐熟，人民熾盛，街巷成行。」〔註55〕後秦鳩摩羅什譯《佛說彌勒下生成佛經》（T456）對翅頭城的描寫更為詳細和美妙：「有一大城名翅頭末，縱廣一千二百由旬，高七由旬。七寶莊嚴，自然化生七寶樓閣，端嚴殊妙莊校清淨。……其岸兩邊純布金沙，街巷道陌廣十二里，悉皆清淨猶如天園掃灑清淨。……巷陌處處有明珠柱，光喻於日四方各照八十由旬，純黃金色。……其土安隱無有怨賊劫竊之患，城邑聚落無閉門者，亦無衰惱水火刀兵，及諸飢饉毒害之難。……曼殊沙花、摩訶曼殊沙華，彌布其地，或復風吹迴旋空中。……命命之鳥鵝鴨鴛鴦……羅耆婆闍婆快見鳥等，出妙音聲。復有異類妙音之鳥不可稱數。

〔註50〕參 CBETA, T14, no.453, p.421, b14-16.
〔註51〕參 CBETA, T50, no.2043, p.135, a28-29.
〔註52〕參〔唐〕道宣撰，郭紹林點校《續高僧傳》卷第八《隋京師延興寺釋曇延傳》，北京：中華書局，2014 年，第 278 頁。
〔註53〕王惠民《北魏佛教傳帖原件〈大慈如來告疏〉研究》，第 46 頁。
〔註54〕王惠民認為上述引文中的「激城」指的可能是翅頭。但經中所描述的城池本身就是仿照正典中對翅頭城而來，激城似乎只是造作者想像中的翅頭城的一部分。參王惠民《北魏佛教傳帖原件〈大慈如來告疏〉研究》，第 46 頁。
〔註55〕參 CBETA, T14, no.453, p.421, a18-20.

遊集林池，金色無垢淨光明華。」〔註56〕將《首羅比丘經》中的城池和兩部佛經中翅頭城對比一下，二者之間還是有很多相似乃至一致的地方。比如都講到了城池的東西南北之規模，也都涉及到了城中百姓充滿的繁盛，甚至也都城中百姓生活中諸如琴樂等娛樂生活也都相當有類似。這種相似並不一定就表明《首羅比丘經》是受到了《彌勒成佛經》等經典的直接影響，但似乎可以理解為受到了佛典中對淨土或轉輪王統治描述的影響。

經中「出見法王」一事似指法王在城中出遊，民眾出戶即可見到。這種「法王出遊」即民眾「出見法王」事在正典中也是多為轉輪王之行為的。比如，後秦佛陀耶舍共竺佛念譯《長阿含經·轉輪聖王品》:「時，轉輪聖王久乃命駕出遊後園，尋告御者:『汝當善御而行。所以然者？吾欲諦觀國土人民安樂無患。』時，國人民路次觀者，復語侍人:『汝且徐行，吾欲諦觀聖王威顏。』時，轉輪聖王慈育民物如父愛子，國民慕王如子仰父……」〔註57〕又如，劉宋釋寶雲譯《佛本行經》:執轉輪聖王，出遊之威儀。與諸神寶臣，前後俱導從；極世之嚴飾，殊妙無有比。象馬車人從，聲震於雲中；婦女臨路觀，服飾如電曜。諸城門各出，填塞四衢路；猶如山諸谷，秋雨暴水出。」〔註58〕

其他偽經中也有「法王」相關使用，比如《普賢菩薩說此證明經》之《本因經》中，便載佛陀對普賢菩薩說:「我本菩薩時，名為阿逸多。釋迦涅槃後，先做法王治，卻後三十年，彌勒正身下。」這裡所描述的仍是一種「釋迦佛涅槃—末法—轉輪王出世、治世—正法滅盡—彌勒出世—正法」的過程。只不過，該經中透漏出這樣一些信息，即法王、彌勒等都不過是釋迦佛的分身。但通過上述的那一模式看，這裡的「法王」當是轉輪王。

綜上，筆者認為《首羅比丘經》中「法王」一詞當取轉輪王之意。

2.「世尊」和「大寶」

「世尊」一詞在印度，一般用為對尊貴者之敬稱，並不限用於佛教。一般認為，在佛教中，「世尊」一詞特為佛陀之尊稱。〔註59〕但在佛典中也有例外，比如彌勒也曾被稱為「世尊」，羅什譯《彌勒下生成佛經》載:「彌勒佛既轉法輪度天人已，將諸弟子入城乞食。……世導入城時，大梵天王釋提桓因，

〔註56〕參 CBETA, T14, no.456, p.429, b1-c25.
〔註57〕參 CBETA, T01, no.1, p.120, c15-20.
〔註58〕參 CBETA, T04, no.193, p.80, c8-14.
〔註59〕慈怡法師主編《佛光大詞典》第二冊，第 1522 頁下。

合掌恭敬以偈贊……」。〔註60〕但無論如何，佛教中的「世尊」一詞指的是佛，這一點當是不錯的。

　　從「世尊」一詞的運用情況來看，造作者是刻意或本來就認為月光童子本身就是佛，而且是一尊將出世之佛。如此，月光童子故當為彌勒佛，而不可能是釋迦佛。這一點從《首羅比丘經》中對釋迦佛的態度也可以看得出。《首羅比丘經》中只有一處指示了月光童子和釋迦牟尼的關係，並顯示出了造作者對釋迦摩尼佛的態度，即「首羅問（大仙）曰：『當化之時，萬民有百調之名次，復輸之太平治化，當用幾載？』大仙答曰：『當五十二載，為欲顯釋迦朽故之法。』」這段對話描述了月光童子作為轉輪聖王出世的背景、目的以及治理天下的方法，即轉輪聖王是在一個百姓困苦的時代出現的，他的主要任務就是治理好天下，再現一個太平盛世。這個時間為五十二年，轉輪聖王的治世大法即「釋迦法」。但是我們注意到造作者在修飾「釋迦法」的時候使用了一個「朽故」。這是一個具有貶義的詞，東晉法顯譯《大般涅槃經》（T7）記「我欲棄捐此，朽故之老身」，〔註61〕又宋天竺三藏求那跋陀羅譯《雜阿含經》（T99）「於彼如來所說甚深，明照空相，要法隨順緣起者，於此則滅，猶如彼鼓，朽故壞裂，唯有聚木。」〔註62〕這裡所舉的「朽故」都明顯帶有貶義色彩。對釋迦佛持否定或貶斥態度的經典，在現存正典中是不常見的，〔註63〕即使是在疑偽經中也十分罕見，僅有《普賢菩薩說此證明經》中與之相似。〔註64〕其實，「朽故」一詞還

〔註60〕　參 CBETA, T14, no.454, p.425, b3-11.

〔註61〕　參 CBETA, T01, no.7, p.193, a9.

〔註62〕　參 CBETA, T02, no.99, p.345, b17-19.

〔註63〕　後世禪宗中存在著呵祖罵佛的現象，最著名者莫過於唐朗州德山院宣鑒禪師，但這種現象是禪宗發展到一定階段的產物，並且這時對佛的否定也並不是單單針對釋迦佛一佛而言，而是對所有的佛和法都橫加貶斥。這種對佛普遍性的否定和《首羅比丘經》中僅僅否定釋迦佛的現象是完全不同的。關於禪宗「呵佛罵祖」，可參看葛兆光《增訂本中國禪思想史》，上海古籍出版社，2011 年，第 410～413 頁。

〔註64〕　通過對《本因經》經文的考察，我們可以發現，《本因經》的造作者將諸佛時代人們生活進行了縱向和橫向上的對比。在縱向上，認為，與過去佛空王佛、迦葉佛等以及未來佛彌勒的時代相比，現在佛釋迦牟尼佛時代世間最亂，人們的壽命最短；而在四大部洲的橫向對比上，他則認為自己生活其中的南閻浮提洲則是最為短命的地區。這一段無疑是造作者借普賢菩薩之口對他生活的時代和地區表達的不滿！相關內容的探討，可參看拙文《敦煌本〈普賢菩薩說此證明經〉經本研究》，《敦煌學》第三十輯，2013 年，第 60～61 頁；該文已收入本書，即本書下編第二章。

可以給我們透露出，在造作者的認識中，月光童子出世時釋迦佛早已涅槃，亦即當時的背景是釋迦「末後」的末世。並且「當五十二載，為欲顯釋迦朽故之法」，也明確說明月光童子只治世五十二年，這表現的也是遠比佛法住世時間短得多的轉輪王治世。沿用的仍是《法滅盡經》中的敘事框架。

「大寶」一詞在《漢語大詞典》所收詞義有三：①指帝位，如北魏楊衒之《洛陽伽藍記・永寧寺》：「正以糠秕萬乘，錙銖大寶，非貪皇帝之尊，豈圖六合之富？」②指佛法，如《法華經・信解品》：「法王大寶，自然而至。」③重五十兩的銀元寶。但是以這三種詞義來解釋《首羅比丘經》中「大寶將至」之「大寶」一詞似乎都不太恰當。經中的「大寶」更接近代指月光童子。至於該詞更多具有轉輪王色彩還是未來佛色彩，則不太容易判斷。

綜上，不難看出，經中月光童子共有七種稱謂，但其身份只有兩種，即轉輪王和未來佛。「平君」、「明君」、「明王」、「聖君」和「法王」大抵應屬於轉輪王之類，而只有「世尊」一詞為未來佛的標識。從使用的次數上來看，「平君」一次、「明君」二次、「明王」四次、「聖君」一次和「法王」一次，「世尊」一次，即轉輪王性質的稱謂凡用九次，未來佛性質的稱謂一次。這種統計似乎可以說明在造作者的心目中更看重月光童子的轉輪王的身份，更看重其俗世中的治世行為。

其實，根據前文對《法滅盡經》中月光童子敘述模式的分析，也可以發現月光童子信仰是對《彌勒下生經》的模仿，月光童子就相當於《彌勒下生經》中的轉輪王蠰佉。從中也可以知道，在造作者的信仰中，月光童子就是轉輪王。

造作者對轉輪王治世功能的重視還可以通過經中具體展示的月光童子治世的一個重要內容看出，即是萬民「貲租不輸」。首羅比丘曾詢問大仙：「（月光童子）當化之時，萬民有百調之名次，復輸之太平治化，當用幾載？」這體現的可能是一種對世俗生活中的租稅負擔等壓力的一種擔憂。

在《首羅比丘經》中，我們雖然沒有看到有關正典中未來佛彌勒的明確描述，但是這並不代表造作者不信仰彌勒。經中月光童子轉輪王身份的出現，就透漏出他的出世是為彌勒的下生做準備的，而經文後半部分中月光童子亦王亦佛的身份則表明造作者對轉輪王和未來佛沒有做明確的區分，甚至可能是認為月光童子本身即是轉輪王和未來佛的合體。造作者將其推崇的月光童子冠以「世尊」的稱號，本身便表明他的意識中可能存在著一種彌勒崇拜思想。這一

點從其選擇首羅比丘作為經文除月光童子外的另一個主角也可以看出。「首羅比丘」首見於鳩摩羅什譯《大寶積經・富樓那會具善根品》（T310），經中首羅比丘又名「首羅不空行」，號「不空行多陀阿伽陀阿羅呵三藐三佛陀」，其前世為「陀摩尸利比丘」、「得念比丘」、「耶舍比丘」和「導師比丘」，他們都在佛滅之後傳法，通過自己的努力使佛法一度得到復興。他們修得的果位都是菩薩果位，但是到了首羅比丘時，他被佛授記，當在佛滅後為佛，亦即未來佛。〔註65〕首羅比丘在《首羅比丘經》中的身份也並不僅僅只是一個修道者和問話者，他還承擔了一種向大眾宣講佛法的任務，他會將從大仙處得到的有關信息告知大眾，這種行為本身便是一種宣法、護法的行為。

　　造作者對未來佛的信仰應該被當做一種彌勒信仰的變種來看待，即他沒有將彌勒單獨當做未來佛來描述，而是將其融入到了他更迫切希望見到的能帶來天下太平的轉輪王月光童子身上。

　　其實，如果我們再從月光童子信仰的角度來看這種變種的彌勒信仰產生之原因的話，我們便會意識到也許這正是造作者身處一個月光童子信仰盛行的環境中的結果。這個環境中的月光童子信仰非常強大，以至於淹沒了在中古時期相當盛行的彌勒信仰。從南北朝時期信仰形態上看，彌勒信仰曾是一種普遍的主流的信仰形式，〔註66〕而月光童子信仰雖然也曾多次被民眾中的一些領袖甚至王朝的統治者所採用，但更凸顯出一種地域性，換言之，這種信仰不具有穩定性。也許正是這種地域性為月光童子本土形象的轉變提供了這樣一種可能：月光童子這一正典中並不突出的菩薩兼有了彌勒這一正典中十分重要的佛的救世效力。這種現象在其他偽經中也有突出表現，比如《僧伽和尚欲入涅槃說六度集經》便將泗州僧伽和尚描述為「大慈父」，認為他將與彌勒佛，同時下生救度眾生。通過「同時下生」一語看，僧伽和尚這一可能存在於歷史中的人物和彌勒地位似乎是平等的，但僧伽和尚在經中無疑是唯一的主佛，其在造作者心目中的地位也更高於彌勒，更重要的是他具有了彌

〔註65〕參 CBETA, T11, no.310, p.445, c12-p.448, a23.

〔註66〕據侯旭東的統計，五世紀四十年代至六世紀三十年代，北方彌勒信仰處於鼎盛時期。參侯旭東《五六世紀北方民眾佛教信仰——以造像記為中心的考察》，北京：中國社會科學出版社，1998 年，第 108 頁。彌勒信仰下的民眾運動也日益高漲。關於彌勒信仰下的民眾運動，可參看塚本善隆《支那佛教史研究・北魏篇》，東京：弘文堂，1942 年，第 141〜185 頁；唐長孺《北朝的彌勒信仰及其衰弱》，《魏晉南北朝史論拾遺》，北京：中華書局，1983 年，第 196〜207 頁等。

勒所應有的一切救世功能。

　　《首羅比丘經》中所描述的月光童子出世治世的情節並沒有偏離在中古時期正典中所表現的末世救世的故事模式，即「釋迦佛涅槃—末法—轉輪王出世、治世—正法滅盡—彌勒出世—正法」，只不過「正法滅盡」和「彌勒出世」這兩個環節被省略了。

三、《首羅比丘見五百仙人並見月光童子經》造作年代

　　關於該經的造作年代，許多學者都已經有了自己的判斷。〔註67〕誠如曹凌在書中所談，溫玉成、砂山稔、蕭登福等學者的研究似乎過於希望將此經與具體的歷史事件相聯繫，但終究缺乏足夠證據。應該如許理和等學者那樣將此經放在更廣泛的歷史背景和思想史背景中進行理解。〔註68〕筆者也以為，將疑偽經中反映出的政治背景與具體的政治事件聯繫在一起是存在風險的，因為這種聯繫只是建立在偽經宣揚的信仰和政治事件表現出的信仰的一致性之上，而這種一致性也同樣可能存在於一些我們現今已無從知曉的其他運動中。

　　與其從具有偶然性的外部一致性來判斷偽經的造作年代，不如從更為穩定的思想演變脈絡上重新開展這項工作。並且將一部疑偽經放在一些思想發展演變的時間鏈條上，也有助於我們看清該經在整個思想史上的意義。正是出於這樣的考慮，筆者試圖通過選取這部疑偽經中幾個關鍵元素，將其放置在各個元素在中古時期的演變過程中進行考察。

　　在本書上編的第一、二章中，我曾探討了月光童子四世紀初傳入中國以後月光童子形象的轉變過程。在這一部分中，我想將《首羅比丘經》這部疑偽經中的月光童子也放置在中古時期月光童子演變的鏈條上，藉以探討一下他在整個演變過程中的具體位置，並推斷一下該經的造作年代。為便於理解期間，茲將月光童子形象在中土的演變過程再次簡要梳理如下：

　　（1）從支謙等人的譯經中，我們可以認識到，自三國以來，最初依託經典傳入中國的月光童子是一菩薩、童子的形象；

　　（2）習鑿齒和支遁等人的信件、詩文，則可能暗示著在至遲在四世紀中葉時，月光童子已經和中國發生了聯繫，甚至和佛缽的遷移也結合在了一起。

〔註67〕參本書緒論。
〔註68〕參曹凌《中國佛教疑偽經綜錄》，第170～171頁。

習鑿齒等人看到的月光童子很可能源自道安《綜理眾經目錄》中收錄的「失譯《申日經》」；

（3）被唐智昇判定為出於劉宋時期的《法滅盡經》記載了月光童子以轉輪王身份治世五十二年以待彌勒的相關內容。這可能是較早描述月光童子和彌勒關係的經典，也是一部較早提及月光童子治世時間的經典，這些記載可能成為中土造作偽經的依據。

（4）釋道安至梁僧祐之間的一百餘年間，中國出現了多部以月光童子出世為背景的偽經，諸如《觀月光菩薩記》、《佛缽記》等。這些偽經的存在及抄寫形態不僅說明，月光童子的救世色彩日益突出，而且可能透漏出月光童子和彌勒已經出現了融合的傾向。

（5）北魏末年，出現了以月光童子信仰為號召的「教匪運動」——劉景暉叛亂，時間為 515 年。

（6）北魏盧元明《嵩山記》曾有相關記載：「月光童子常在天台，亦來於此（即嵩山）。」北齊趙郡王高璿（536～570 年）所資助修的寺廟所刻寺碑碑文中也記載了：「次復月光童子戲天台之傍，仁祠浮圖繞嵩高之側。行藏比於幻化，出沒放於淨土。」

（7）在尚未能確定造作時間的《首羅比丘經》中，月光童子不僅是一位轉輪王，治世時間為五十二年，而且可能也具有了未來佛彌勒的色彩。

（1）到（6）的先後順序，我們基本上是可以確定的。（1）和（2）的時間最早，當無異議。最關鍵的是（7）和（3）（4）的關係。我們接下來需要的做的一個工作就是，考察這六項之間的關係，尤其是（7）和（3）（4）的關係。

1.《法滅盡經》與《首羅比丘經》

兩部經典之間存在著密切關聯，這一點可以從以下幾方面看出：

（1）出世背景的分析。《法滅盡經》中，佛涅槃後，佛法逐漸消亡，世人道德衰薄，魔眾橫行，水災、疫病蔓延，世人壽命短促，菩薩、羅漢遁入山林，正是在這種惡世背景下，「諸天護衛，月光出世」。這是一種「佛陀涅槃—佛法衰亡—世有大災—月光出世」的敘事模式。

《首羅比丘經》中載：「月光臨出，大災將至，無有疑也。當來大水災至，兼有疾病流行。百姓饑謹，英雄競起，百姓無有安寧。」從這裡不難看出，和《法滅盡經》的敘事模式不同，《首羅比丘經》並沒有提及佛陀涅槃和佛法衰亡，月光出世和惡世大災出現的因果關係似乎也不同於《法滅盡經》：前者言

月光出世，必定有大災，二者的因果關係並不明確；而後者則是因為世有大災，所以月光出世。儘管存在著這些不同，但是月光童子出世前，世有大災卻是兩部經典共有的主題。換言之，世有大災即是月光童子出世的一大背景。

（2）月光童子出世之任務的分析。《法滅盡經》載「諸天護衛，月光出世；得相遭值，共興吾道，五十二歲」。這幾句經文不僅道出了月光童子出世的任務，而且言明了他與佛陀的關係，以及治世時間，即他出世即是為了振興佛法，他是佛陀的護法，治世時長五十二年。

《首羅比丘經》中也有相關內容的表達，經載：首羅問曰：「當化之時，萬民有百調之名次，復輸之太平治化，當用幾載？」大仙答曰：「當五十二載，為欲顯釋迦朽故之法。」借大仙止口，我們可以得知，同《法滅盡經》的記載幾乎完全相同，月光童子出世的重要目的就是治理混亂的人世，並興盛釋迦佛法。這一工作的完成時間也是「五十二年」。

關於治世「五十二年」的說法，在本土典籍中是找不到依據的。但這一說法不獨見於上述兩部經典，也見諸《佛說般泥洹後比丘十變經》。該經在敦煌存有抄卷，S.2109《佛說般泥洹後比丘十變經》載「月光童子治世，五十一年便去，自是以後，法遂微」。該經在後世一些典籍中也有部分摘抄，如《佛說彌勒下生經述贊》中就曾保存下一些片段，「法王治世，五十二年便去，自是之後，法遂漸末。」據這裡的記載和《法滅盡經》幾乎完全一致，只不過「五十二年」在 S.2109 中被抄作「五十一年」。曹凌從經題的相似度出發，認為《佛說般泥洹後比丘十變經》可能就是歷代經錄中收錄的《般泥洹後諸比丘變經》。歷代經錄僧都將《般泥洹後諸比丘變經》視為偽經。〔註69〕如是，則該經的記錄可能就是源於《法滅盡經》而來。即使我們尚無法確認該經真偽，也無從判斷兩部經典哪部更早，但它們都提到了月光童子會治世五十二年，那麼我們可以認為這種觀點應當是當時社會中比較有影響力的一種說法。並且這種說法很可能便是源自《法滅盡經》。其實，根據劉屹師的研究，《般泥洹後諸比丘變經》論述主旨和邏輯也都和《法滅盡經》比較一致，可以將它歸入「《法滅盡經》類佛經」。〔註70〕

〔註69〕相關研究可參，牧田諦亮《中國佛教にはける疑經研究序說》，《東方學報》第三十五冊，1964 年，第 375 頁。

〔註70〕劉屹《經錄與文本：〈法滅盡經〉類佛經的文獻學考察》，《文獻》2018 年第 4 期，第 87～99 頁。

（3）月光童子和彌勒關係的分析。根據《法滅盡經》的記載，在治世五十二年後，月光童子隱去，十二部經不久之後也逐漸滅盡。如此之後數千萬歲，彌勒下世作佛。由之可知，由佛陀到月光童子是一個由佛法漸滅到振興的過程，再由月光童子到彌勒佛也是一個佛法漸滅到振興的過程。三者之間似乎是一個彼此接續的關係。其實，按照前文的分析，在佛典中存在著一種「釋迦佛涅槃—末法—轉輪王出世、治世—正法滅盡—彌勒出世—正法」的模式，而「佛陀—月光童子—彌勒」正是這一模式的體現。

關於《首羅比丘經》中月光童子和釋迦佛的關係，前文已有論述，即月光童子是釋迦佛的護法。至於該經中月光童子和彌勒的關係，似乎並不明確，因為經中並沒有提及「彌勒」。但二者之間的關係，也絕非毫無痕跡。首先，經中明確記載月光童子治世時間僅僅是「五十二年」，這應當是承接《法滅盡經》等經典記載而來，這不僅可以表明該經受到了《法滅盡經》等經典的影響，也透漏出在該經造作者觀念中，月光童子的存在只是暫時，終究還是會隱去。那麼月光童子之後又會是誰來接續佛法呢？造作者沒有明確指出，但這樣的繼任者肯定是存在的。其次，月光童子居住之城池「中有兜率城」。我們知道，「兜率天宮」是彌勒下生前所居住之地。造作者將月光童子居住之地與兜率聯繫在一起，不管是其有意地安排，抑或無意地書寫，都可以說明在其意識中，月光童子和彌勒是有關係的。再次，根據我們對《首羅比丘經》造作者對月光童子稱謂的分析來看，月光童子明顯具有兩種身份，即轉輪王和佛，雖然以前者為主，但未來佛的身份還是可以確認的。如果考慮到，在中古時期影響最大的未來佛即是彌勒這一事實，我們似乎有理由認為在《首羅比丘經》中一直隱藏著這位偉大的未來佛。這樣一來，我們雖然不能完全肯定，月光童子已經和彌勒融合了，〔註71〕但是認為月光童子和彌勒之間存在著密切關聯——很可能就是前後相續的關係應該是正確的。

通過以上三點的分析，可以確認《首羅比丘經》受到了《法滅盡經》的影響。《法滅盡經》給《首羅比丘經》提供了一些諸如月光童子出世背景、時間等細節信息，更提供了一種敘事的模式和框架。受到《法滅盡經》影響的中土造作經典，不獨有《首羅比丘經》，很可能還有《出三藏記集》最先著錄的三部疑

〔註71〕林欣儀也認為月光童子與彌勒似即同一人，但其依據僅根據《首羅比丘經》中「月光童子曰：……但看迦葉石像，是吾出世記耳」。參氏著《捨穢歸真：中古漢地佛教法滅觀與婦女信仰》，臺北：稻香出版社，2008 年，第 56 頁。

偽經《觀月光菩薩記》一卷、《佛缽經》一卷（或云《佛缽記》，甲申年大水及月光菩薩出事）、《彌勒下教》一卷（在《缽記》後）。〔註72〕這幾部經典也都是月光童子出世以及世間有大水災為主要內容的，其中應當也涉及到了月光童子的救世行為。這種描述，尤其是突出大水災的內容，在《法滅盡經》中都有明確的記載。所以筆者認為，《法滅盡經》便是這幾部疑偽經的母題。並且，從這幾部疑偽經的內容和主旨來看，它們都是在宣揚月光童子在大水災等惡世背景下出世救世行為，故筆者擬稱這幾部經典為「月光童子救世」疑偽經群。

　　《法滅盡經》的造作年代也是一個相當複雜的問題，從經錄收錄情況看，梁僧祐（445～518年）在其所撰《出三藏記集》中將該經收錄在《新集續撰失譯雜經錄》，表明釋道安（312～385年）的《綜理眾經目錄》並未載錄此經。由此可以推知，道安似乎並未看到此經。那麼，據之，我們可以暫時簡單認定《法滅盡經》譯介年代可能是在道安之後。劉屹師等認為《法滅盡經》可能受到了蕭齊（479～502）釋曇景譯出的《摩訶摩耶經》的影響，所以認為該經可能成立於5世紀末至6世紀初的幾十年間。〔註73〕《法滅盡經》和《摩訶摩耶經》相近的地方應該是關於佛滅後僧團墮落，其中一個表現即「沙門袈裟自然變白」。這一情節的確在兩部經中都有描述，但僅據此一個細節，似乎尚難遽作判斷。此外，如果我們承認《佛缽記》等偽經即是受《法滅盡經》影響而成，那麼《法滅盡經》的成立年代就必然在《佛缽記》等經典之前。又《佛缽記》等經典內容記載了「甲申大水」，而據菊地章太等學者研究，「甲申大水」很可能是晉末宋初流傳的一則謠言，其目的就在於為劉裕篡晉製造輿論。〔註74〕果真如此，則《佛缽記》等經典則是宋初以後的作品，而《法滅盡經》則可能是劉宋以前、亦即420年以前的作品。唐智昇認為《法滅盡經》可能是一部劉宋時期的作品，〔註75〕如果如此，則自該經譯介完成至其內容為偽經所吸收時間甚短。所以，綜合考慮，我更傾向於認為《法滅盡經》的成立時間在420年之前。

〔註72〕參梁僧祐撰，蘇晉仁、蕭鍊子點校《出三藏記集》卷五《新集疑偽經撰雜錄》，北京：中華書局，1995年，第225頁。

〔註73〕劉屹《法滅思想及法滅盡經類佛經在中國流行的時代》，《敦煌研究》2018年第1期，第43頁。

〔註74〕相關研究，參菊地章太《六朝道教における終末思想の形成》，《櫻花學園大學研究紀要》第2號，2000年，第151～152頁。

〔註75〕參 CBETA, T55, no.2154, p.605, b17.

2. 劉宋初的《佛缽記》等偽經與《首羅比丘經》

除了《法滅盡經》可以給我們提供了重要的座標，將《佛缽記》等偽經與《首羅比丘經》進行一番對比也會使我們得到一些重要信息。

據梁僧祐的記載，《佛缽經》「或云《佛缽記》，記甲申年大水及月光菩薩出事」，〔註76〕由此可知該經的基本內容是：①甲申年臨近，世有大洪水等災；〔註77〕②正是在這樣的背景下，月光菩薩出世救人；③月光菩薩出世和可能佛缽有密切關係。

「甲申年大水」之說起於東晉末，最先由道教徒使用，後來竄入佛教偽經，這說明這種觀念在時人的記憶中應當是相當深刻的。大水災在《首羅比丘經》中也有非常詳細的描述：

> 首羅問曰：「當來水災，何處得免？」「恒山五嶽盡皆免水災、勃海雍盧庭亦得免水災、甘晨山亦得免水災、覆舟山亦得免水災、顏資山亦得免水災、乳羅山亦得免水災。如此大災，皆得免之。受吾赦者，當將老小，令往就之。」首羅問曰：「更何方計，得免水難？」大仙答曰：「更得一方，亦得免之。」首羅歡喜，更問之曰：「願說其意。」大仙答曰：「敬信三寶，禮佛念法，敬比丘僧，持齋禮拜，敬信不懈，專念不然。如此之人，得免大水之難。」

這段描寫很像道經，尤其是經文中宣揚的「聖山避難」信仰。筆者以為這種對水災的描寫可能是出於對《法滅盡經》的擴展，但考慮到兩晉南北朝時期眾多經典中都在強調洪水等災難，所以這裡更可能是和那些經典一樣，都是時人的歷史記憶的反映。

其實，儘管兩部經典都提到了大水災，然而還有一些不同。雖然我們已

〔註76〕參梁僧祐撰，蘇晉仁、蕭鍊子點校《出三藏記集》卷五《新集疑偽經撰雜錄》，第 225 頁。

〔註77〕其實，「甲申大水」是道教說法，根據小林正美的研究，這種觀點最早出於《上清後聖道君列紀》，並且是該經的作者對《上清三天正法經》誤解的產物。他又認為《上清後聖道君列紀》的成書年代是在甲申年（384 年）之前，精確到 4 世紀 70 年代前半，所以按照這種觀點，「甲申大水」應當是 4 世紀 70 年代前半以前的說法。但是學界對於小林正美的觀點，尤其是他使用的方法多有批評，他的這一結論也只能視為一家之談。對於《上清後聖道君列紀》，學界的主流觀點是，該經成書於東晉末年。參小林正美著，李慶譯《六朝道教史研究》，成都：四川人民出版社，2001 年，第 424 頁。雖然小林正美關於時間的考察並不充分，但是「甲申大水」說源自《上清後聖道君列紀》應當是可信的。

不能見到《佛缽記》的原文，但是通過僧祐留下的記錄，我們可以推測，在該
經描繪末世中，水災是最大的災難。不過，《首羅比丘經》卻並非如此。在這
部經典中，被描繪的災難有：水災、疫病和妖邪及大魔，其中尤以妖邪和大
魔描寫的最為突出，篇幅比重也最大，由此可以看出，描寫水災並不是造作
者營造末世氣氛最主要的手段，而很可能是對當時其他同類經典描述方式的
延續以及當時歷史記憶的反映。通過這種分析，我們可以得到一種觀感，即
《首羅比丘經》的造作者並不像《佛缽記》造作者那般恐懼水災。如此，則兩
位造作者很可能並不是同一地區的人，或者並不是同一時代的人。

3. 天台山月光童子形象與《首羅比丘經》

通過盧遠明《嵩山記》和出土於河北靈壽縣幽居寺遺址內之《大齊趙郡
王高叡修寺碑》的記載，我們知道，至遲在北魏晚期至北齊末，在中國南北
都存在著一種本土化的月光童子形象，他常駐於天台山，亦時常前往嵩高山。
這種記載出現在兩個不同時期的文獻中，足以說明在盧遠明的時代以至高叡
的時代，月光童子這種形象，流行區域不僅包括天台山所在的東南地區，而
且影響到了今天的河南和河北地區。這種狀態也表明這種形象在當時已經十
分固定了。

《首羅比丘經》中也有天台山的記載：

> 首羅問大仙曰：「月光出世當用何時？」「古月末後，時出境陽，
> 普告諸賢者：天台山引路遊觀，至介斧山，又到閣子窟列魯薄。一
> 號太山，二號真君，三號縷練郡聖。」

這一段經文是在描述月光童子出世後巡遊世界的情形。楊梅在她的博士論文
中已經指出，並認為「天台山是月光童子遊行世間的一個出發點」，這無疑是
正確的。〔註78〕其實，造作者這樣的編排應當是受道經的影響。比如成書於
東晉末年的《上清後聖道君列紀》便載：

> 到壬辰之年三月六日，聖君來下，光臨於兆民矣。當是時也，
> 聖君發自青城西山，出隴南雲北，察龍燭之外，西旋九流之關，東
> 之扶林晨落，南視朱山雲中，乘三素飛輿，從虎輦萬龍，天光總照，
> 神鑒三辰。〔註79〕

〔註78〕參楊梅《4～8世紀中國北方地區佛教讖記類偽經研究》，第67頁。
〔註79〕參《道藏》第六冊，第745頁。

這部道經中，金闕帝君便是從青城西山出發巡遊世界的。

　　楊梅也注意到《嵩山記》和《大齊趙郡王高叡修寺碑》中的記載，並將其與《首羅比丘經》相比較，認為「從《首羅比丘經》開始，月光童子與天台山之間的關係似乎十分穩定，成為後世地方志經常引用的典故」，〔註80〕言下之意，即《首羅比丘經》影響了後世月光童子和天台山的關係，然而僅憑這三條史料似乎還不足以說明這一點。儘管如此，將月光童子和天台山的關係在《首羅比丘經》與北魏北齊時的文獻記載之間進行一番比較仍然是有意義的。

　　《首羅比丘經》中關於天台山的描述僅上述一條，它儘管可能是月光童子出世後巡遊世界的起點，但在月光童子信仰中的地位也十分一般。比如，經文中列舉了許多諸如「恒山五嶽、勃海雍盧庭、甘晨山、覆舟山、頗資山、乳羅山」等山，認為當世間發生大水災時，到達這些地方即可避難。這裡沒有列舉天台山，似乎表明在造作者觀念中，天台山的神聖性和所列舉的諸山不可等量齊觀。和《嵩山記》的時代相比，《首羅比丘經》中天台山和月光童子信仰結合的程度尚未緊密的另一個表現就是，前者描寫的月光童子是常住於天台山的，而後者所居為「蓬萊山中海陵山下閔子窟所」。「蓬萊山」、「閔子窟」等地名在經文中出現多次，很明顯，在造作者看來，這些地點比天台山更具神聖性。考慮到，這部義理水平比較低的偽經的受眾和其造作者之認知水平應當相近，換言之，這部經中反映的信仰觀念在當時應當為一般人所認可的。如此，我們可以得出以下認識：一方面天台山已經和月光童子信仰發生了聯繫，另一方面這種聯繫並不如《嵩山記》寫作時代那麼緊密。由此推論，《首羅比丘經》造作的年代應當早於《嵩山記》的時代，亦即應當在6世紀初之前。

　　綜上所述，筆者以為，從月光童子形象演變的角度看，《首羅比丘經》的造作年代最有可能是東晉末年至北魏末年，即5世紀中葉至6世紀初。

本章小結

　　其實，中古時期關於月光童子的經典，並不止本章所討論的《法滅盡經》和《首羅比丘經》兩部，比如唐菩提流支為迎合武則天以女身稱帝而在翻譯

〔註80〕參楊梅《4～8世紀中國北方地區佛教讖記類偽經研究》，第67頁。

的《寶雨經》也曾摻入了月光童子為轉輪王治理摩訶支那國的內容，又比如在《出三藏記集》保留下的有關《佛缽記》等可能與月光童子出世相關的經典的目錄也表明在當時還存在一些中國人造作的月光童子類的偽經。但是，《申日經》和《法滅盡經》兩部正典中有關月光童子轉世的經本內容應當是本土造作諸如《首羅比丘經》、《佛缽記》等月光童子出世類經典的最重要的經典依據和月光童子形象演變的起點之一。

月光童子轉生中國的傳說自《申日經》譯介起便在中國被廣泛宣傳，在傳播過程中也日益本土化，這種本土化更多的表現為具體化。首先是轉世地點，後秦時期出現的今本《申日經》只是說月光童子轉生秦國，而《首羅比丘經》則具體到了「弱水以南，黃河以北」，月光童子出世前的地點則被描述為「蓬萊山中海陵山下閡子窟」。隨著月光童子信仰的傳播，到了六世紀中前期，月光童子的住所已經被固定在了天台山和嵩高山。

其次是治世功能，《申日經》只是簡單地說月光童子轉生中國為王，但並沒有明確的治世行為，而《首羅比丘經》則使月光童子同時具有了轉輪王和未來佛的兩種身份，不僅描述了月光童子會領導眾佛、菩薩和天王等同眾魔大戰，而且詳細描繪了未來信眾同月光童子共同居住的城池，以及信眾們的幸福生活。這種本土化反映了當時的民眾對社會時局的不滿和對未來美好生活的期盼。

月光童子形象傳入中國時，具有童子、菩薩、轉輪王等形象，但在中土傳播的過程中其救世色彩日益突出，以至於到了南北朝中後期時似乎已經將彌勒信仰吸收進去了。這種情形的出現可能是因為：在月光童子信仰盛行地區，也同樣盛行著彌勒等信仰，信眾便將二者合併成一種信仰——以月光童子信仰為形態，以彌勒信仰為內核。筆者在這裡想強調的一點是，這種轉變是在中國出現的，是由中國人完成的。這一過程也反映了中國信眾對佛教尤其是佛教菩薩和經典的認識：他們更多的是一種感性認識，他們認可佛和菩薩的神通，但往往又不拘泥於正典中提供的資源，他們會根據自己的理解，將各種信仰都糅合在一起，造作出一個兼備各種佛和菩薩神力的神格。這種神格迥異於其剛剛傳入中國時的形象。

以《首羅比丘經》為中心對月光童子由童子到救世主的轉變過程進行考察，我們還可以發現這一過程中可能摻入了諸如海山信仰等中國本土思想。為便於將這一轉變過程描述的更為直觀，筆者在這裡暫稱月光童子初傳入中

國時所具有的童子、菩薩、轉輪王和授記佛形象為階段（A），將四五世紀以後疑偽經中出現的糅合了轉輪王、授記佛、彌勒信仰和諸如海山等本土信仰在的救世主形象稱為階段（B）。階段（B）中的月光童子是在其具備了救世主而早期的轉輪王形象基礎上，同本土的海山信仰結合起來的結果。

第四章　月光童子話語權的爭奪

　　前幾章主要梳理了月光童子信仰在中古時期的傳播及存在形態，著重以月光童子系偽經為載體探討了下層信眾信仰世界的月光童子形象。通過這些工作，基本上勾勒出了一個外域宗教菩薩傳入中土、日益本土化及消失的過程。但這些都只是羅列表象的工作，至於月光童子信仰的興盛、衰落與消失背後深層次的原因並沒有被揭示出來。從大的背景看，南北朝「崩潰」的社會給月光童子信仰的興起提供了土壤，月光童子成為了生逢亂世民眾的精神寄託；隋唐大一統王朝的重新出現則弱化了民眾對宗教信仰的需求，尤其是以之為旗號進行暴力運動的需求。但月光童子信仰興衰的原因是一個需要從整個中古佛教史甚至宗教史的高度進行統籌把握的問題，限於學識，筆者不能予以系統論述，本章節的工作也只是給出筆者一些淺薄的思考。

第一節　偽經對正經的改造

　　從佛教譯經史來看，早期佛典翻譯的隨意性是很強的。《月明菩薩經》雖以「月光童子」之名為經題，但支謙譯介此經的本意很可能不是宣揚月光童子，反而更有可能是在宣揚佛陀「太子本生故事」。竺法護翻譯《月光童子經》的意圖，我們已無從揣度，也許恰好他手頭有此經本。含有強烈中國元素的《申日經》之出現可能是一種有意選擇的結果。加之魏晉南北朝時期，法滅類經典的譯介和傳播，佛教的法滅思想逐漸衍生出一些具有中國特色的救世主思想。正式這些法滅類經典和《申日經》等為月光童子信仰的興盛也提供了正典依據。總而言之，三國至東晉宋初，月光童子系經典以譯經為主，正

典也是月光童子信仰最基本的資源。而對月光童子信仰進行宣傳和演繹的團體可能更集中於以譯師及支遁等本土大德為代表的僧團，當然也包括以習鑿齒等為代表的士大夫。

《申日經》的出現使得月光童子信仰在中國的流通面貌開始發生巨大轉變：月光童子開始從一個行為高潔的童子轉變為轉生中國的聖人，並逐漸與中國皇權、民眾運動結合起來。可以說是《申日經》改變了月光童子的印度或西域身份，使之獲得了中土信眾尤其是下層信眾的認同。需要注意的是，從經文的內容看，《申日經》宣揚的月光童子信仰具有開放性，習鑿齒可以將其比附為晉帝，法攄也可以以之稱呼劉景暉。儘管支遁的贊詩和習鑿齒的信件表明中國一些文化精英已經意識到月光童子和中國的關係，對月光童子信仰有所關注，但他們的認識還只是停留於外來經典之上，並沒有更為具體的材料可資說明他們已經付出了將這種佛教信仰和皇權統治結合在一起的努力。

相對於文化精英階層的恪守佛典，下層信眾更敢於打破經典的記載，將月光童子從經典中拉進自己的現實生活。他們的行動可能始於《觀月光菩薩記》等偽經的造作。在四世紀末至六世紀末的一個較長時段內，雖然也有諸如《申日兜本經》等經典被譯胡為漢，但從對社會歷史的影響看，同一時期產生的偽經無疑更具衝擊力。諸如《觀月光菩薩記》、《佛缽記》、《首羅比丘經》等，甚至包括四世紀末改寫的、流傳至今的《申日經》，將月光童子信仰推向了一個峰點。

這些偽經或者改寫經無論怎麼加入中國人自己的思想，終究還是借用了佛教的信仰元素，所以它們被稱為佛教疑偽經。在某種意義上，我們仍可以稱它們為佛經。如果說正典代表的是僧團的意志，那麼偽經則是對信眾思想的表達。在偽經更能發揮主導作用的南北朝時期，月光童子信仰的話語權已經從文化精英轉移到了下層信眾。這是公元四世紀末五世紀初的變化。需要指出的是，南北朝時期是月光童子系偽經造作的高發期。也正是在這一時期，下層信眾最先搶得了對月光童子信仰進行解釋的權力，繼而以月光童子為旗號發動了運動。

第二節　信仰與民眾運動的結合

在佛道二教出現以前，對信仰的利用已經見諸很多民眾運動之中，其中

表現之一就是讖緯的存在。諸如秦末陳勝吳廣就曾利用「魚腹中書」以獲取「陳勝王」的天命，後諸如此類的讖緯幾乎見諸所有政治運動。佛教中也存在著與中土讖緯相類之語，名為「讖記」、「圖讖」、「秘讖」。如《六度集經》（T152）卷八載：昔者菩薩，生缽摩國。時為梵志，名曰儒童。白師學問，仰觀天文，圖讖眾書，聞見即貫，守真崇孝，國儒嘉焉。〔註1〕俞正燮稱這些讖語為「佛讖」。〔註2〕這些佛讖很多就是大乘經典習見之授記，〔註3〕但據現代學者研究，佛讖和中國的讖緯有非常密切的關係，很多佛經就曾受到讖緯論述的影響。〔註4〕中古時期這類佛讖層出不窮，尤以「劉舉」、「彌勒」之讖為甚，又因為我們對讖語的知悉往往源於正史對相關民眾運動的記載，以至於讖語與政治運動之間被畫上了等號。

疑偽經中也有相當明顯的讖語，如《首羅比丘經》就明確認為月光童子在「古月末後」，降生在「弱水以南長河以北」的中國。也許是受到了有讖既有運動思維的影響，很多學者便將《首羅比丘經》與諸如劉景暉時間、大乘叛亂等聯繫在一起，或認為該經是這些運動的產物，或認為該經是這些運動的指導綱領。筆者以為，與其冒著風險根據表面一致性強行建立起經典與事件的聯繫，不如把二者平行起來看待而不進行邏輯關係上的判斷。《首羅比丘經》等偽經的存在和劉景暉事件等的發生分別在文獻和實踐上說明了月光童子信仰在當時影響之巨大。

就目前的研究來看，以月光童子為旗號的民眾運動很可能集中發生在六世紀中前期。在此之前，月光童子信仰的載體更多的是偽經。之所以如此，跟社會歷史條件有關，與月光童子信仰的影響程度也有關。比之於六世紀中前期，五世紀時的北朝和南朝，社會統治都相對穩定。儘管如此，不滿社會秩序

〔註1〕參 CBETA, T03, no.152, p.47, c21-23.

〔註2〕參俞正燮《俞正燮全集》第二卷《癸巳存稿》，合肥：黃山書社，2010 年，第477 頁。

〔註3〕參《佛光大辭典》，「懸記」條。

〔註4〕參蕭登福《讖緯與道教》，臺北：文津出版社，1989 年；呂宗力《讖緯與魏晉南北朝佛教》，《南京大學學報》（哲學‧人文科學‧社會科學版），2010 年第4 期，第 109～122 頁；江婷婷《中古時期「佛讖」的產生嬗變及對中土文化的影響》，《哈爾濱工業大學學報》（社會科學版），2012 年第 6 期，第 100～107 頁；趙豫雲《唐代佛教與讖緯》，《黃岡師範學院學報》，2013 第 5 期，第12～14 頁；孫英剛《神文時代：讖緯、術數與中古政治研究》，上海古籍出版社，2014 年等。

的人依然造作了具有反叛性的《觀月光菩薩記》等經典。這樣造作出來的經典是當時社會現狀的一種反映，更利於本土信眾的接受，月光童子信仰的影響得以不斷擴展，在傳播過程中，也不斷發生演變，出世地點日益具體化，甚至開始和中國的聖山結合在一起。北魏末年，社會矛盾急劇尖銳，民眾運動此起彼伏。這種現實使得月光童子信仰進一步融入民眾思想，成為他們的鬥爭武器。

第三節　民眾運動對皇權的衝擊

劉景暉事件等對當時的元魏政權造成了很大衝擊，這也許使皇權開始重新審視流行於這些民眾運動中的月光童子信仰。統治階層不僅需要採取軍事上的措施，盡快消除已經爆發的叛亂，而且還要採取進一步的措施安撫那些正準備揭竿而起的勢力，消除潛在的威脅。崔纂認為叛亂之起，皆因「奸吏無端，橫生粉墨」，〔註5〕希望赦免劉景暉等人。對叛亂採取寬宥態度，也正是統治階級試圖緩和矛盾的一種措施。

但這些措施對消除民眾對月光童子的信仰並沒有根本的作用。也許那連提耶舍的來華正給統治者提供了這種扭轉局勢的契機。

第四節　譯經與皇權的互動

南北朝時期是佛教發展的一個黃金時期，也是佛教和政權結合的關鍵時期。正如許理和的分析，至少從鳩摩羅什起，中國佛經的翻譯權日益為統治權力所壟斷。譯師受皇室邀請住在官方組織的譯場之中，得到了來自官方組織的譯場人員的協助，他們翻譯出的經典，越來越反映出經過教誨和皇家檢查後在語文、哲學和教義上的精到之處。〔註6〕儘管我們沒有太多資料可以證明那連提耶舍

〔註5〕參魏收《魏書》卷一一一《刑罰志》，第2885頁。

〔註6〕參 Erik Zürcher. "Perspectives in the study of Chinese Buddhism." *Journal of the Royal Asiatic Society (New Series)*, 1982, 114 (02): 163.並參索安著、呂鵬志譯《西方道教研究編年史》，北京：中華書局，2002年初版，此據2008年版，第97頁。類似的研究，亦可見諸陸揚對《鳩摩羅什傳》的分析中，他認為「中土知識界的風尚、政治和經濟方面的贊助以及其他物質方面的條件和他本土的宗教傳統、他個人的傾向一樣，都對他加入哪個僧侶集團、翻譯什麼經文產生影響」。參陸揚《解讀〈鳩摩羅什傳〉：兼談中國中古早期佛教文化與史學》，《中國學術》第23期，2005年，第30～90頁。

是在受到國內信仰氛圍或政治影響而選擇翻譯了諸如《月燈三昧經》、《德護長者經》等含有月光童子信仰的經典。〔註7〕但這幾部經典尤其是《德護長者經》具有非常強烈的皇權指向性，所以可以推斷它們應該是被有意識地選譯的。

其實，但就與中土政治最為密切的語句看，《申日經》和《德護長者經》兩部經的描述並無太大區別：

《申日經》云：我般涅槃千歲已後，經法且欲斷絕，月光童子當出於秦國作聖君，受持我經法興隆道化。〔註8〕

《德護長者經》云：又此童子，我涅槃後，於未來世護持我法，供養如來受持佛法，安置佛法讚歎佛法。於當來世佛法末時，於閻浮提大隋國內，作大國王名曰大行。〔註9〕

二者最大的區別不過是降生地點之名不同，一為「秦國」，一為「大隋國」，但二者本質上又同指一地。儘管如此，兩部經典對月光童子信仰的影響確有巨大差別。

《申日經》對月光童子信仰的影響，前文已述。《德護長者經》內容和《申日經》並無本質區別，但它確實是皇權主導下的對月光童子信仰進行的新解讀。它將影響幾近頂點的月光童子信仰下的勢力對比重新洗牌。表面上看，《德護長者經》並沒有改變經文，月光童子信仰同樣是平等地開放給皇權和民眾，但在官方主導下的競賽中，皇權毫無懸念地搶得了信仰的解釋權。話語權易位的一個重要表現就是，月光童子信仰中的轉生形象開始成為皇帝的專利。這樣，皇帝的獨佔權經過菩提流志的有意裝飾，在武則天時期得到進一步鞏固。隋以後，打著月光童子旗號的民眾運動已經消失匿跡了，即使是月光童子出世治世信仰似乎也從偽經造作的素材中被剔除出去了，諸如《首羅比丘經》性質的偽經再未出現過。我們所能見到的月光童子信仰除了流行於精英階層的水觀外，只剩下了隋唐時方才新出現或興盛的「行化東方三聖」之形象以及具有密教色彩的「月光童子陀羅尼咒」了。

月光童子信仰屬於「信仰性佛教」，〔註10〕這種信仰為上至皇帝下至黔首

〔註7〕古正美認為《大集經・月藏分》中「月藏菩薩」亦為「月光童子」，其說含有臆斷成分。參古正美《從天王傳統到佛王傳統──中國中世紀佛教治國意識形態研究》，臺北：商周出版社，2003年，第207～210頁。

〔註8〕參 CBETA, T14, no.535, p.819, b1-3.

〔註9〕參 CBETA, T14, no.545, p.849, b20-23.

〔註10〕「信仰性佛教」是方廣錩提出的一個與「義理性佛教」相對的概念，相關論

的各階層所接受，但通過對其興衰全過程的考察，我們也不難發現，其興也在民，其衰也在民。比如考究南北朝時期月光童子信仰的興盛原因，首當考慮偽經及其受眾信仰的推動。這種信仰的話語權歸以偽經造作者為代表的下層信眾，而非重義理重修行的僧團精英，更非皇權。但是一旦這種經典闡釋權發生轉移，不再為下層信眾所享有時，與之相應而興盛的月光童子信仰便開始衰落，取而代之的是由皇權支配的另一種信仰。

此外，月光童子信仰的興衰也給我們提供了一個考察正典、信仰、偽經、民眾運動、皇權五者之間的關係的案例：正典是信仰之源頭，也是偽經之摹本；信仰的傳播，推動了更符合本土需求之偽經的造作；偽經之造作又推動了信仰的轉變與興盛，信仰之興盛為民眾運動提供了有力的理論武器；民眾運動的興起，衝擊了皇權的統治；僧團繼而在皇權支持下對正典進行符合皇權利益的新解釋，使偽經失去了理論依據，也使民眾運動丟失了旗幟，信仰隨之衰落。

關於月光童子信仰的衰微，楊梅、蕭登福等學者給我們也曾提供過一些思考的線索。楊梅認為：「唐中期以後，李弘信仰與月光童子信仰一樣漸趨衰微，叛亂者已不再需要借助李弘或月光童子的聖君身份，而直接以彌勒佛化身自稱。在新的彌勒信仰中，彌勒直接取代了月光童子，成為在一定時期將出現於人間，可以直接稱王的人物。」〔註11〕蕭登福等則認為經過《大雲經疏》之混淆明王與彌勒、菩提流志譯《寶雨經》之彌勒為月光童子授記等轉化，彌勒和月光童子的關係，愈加撲朔迷離。〔註12〕筆者以為，諸位前輩學者可能更多的著眼於二者在民眾運動上的相似性，由此隋唐時期月光童子運動偃旗息鼓的同時彌勒運動仍在繼續之表象很自然便使人聯想到一者吸收另一者的情形。這樣的思考確有其可信之處，但並不能解釋，南北朝時期彌勒信仰同樣存在，甚至其興盛之程度要盛於隋唐之時，為何此時彌勒信仰並沒有吸收月光童子信仰呢？

述，可參方廣錩《佛教志》，上海人民出版社，1998 年；同氏《楊文會的編藏思想》，《中華佛學學報》，第 13 期，2000 年，第 179～205 頁；同氏《改革開放以來我國佛教研究的回顧與展望》，《中國社會科學院院報》，2003 年 8 月 4 日等。

〔註11〕楊梅《4～8 世紀中國北方地區佛教讖記類偽經研究》，首都師範大學歷史學院博士論文，2006 年，第 87 頁。

〔註12〕參蕭登福《月光明王出世信仰及敦煌寫卷〈首羅比丘經〉借明王以聚眾抗胡的思想研究》，《敦煌學》第二十七輯，2008 年，第 366 頁等。

　　筆者關於月光童子信仰興衰原因的探討只是想提供一種不同於前者的可行性思考，並不認為上述思考比前輩學者的同類論述更為接近歷史本身。歷史給我們留下的片段太少，我們據以復原的歷史只是倒推的一種可能，而這種可能也許和歷史沒有絲毫的重合。

下　編

第一章　習鑿齒《與釋道安書》考釋〔註1〕

　　因具有補遺、校勘等方面的重大價值，日本古抄本一切經一直是學界關注的焦點。2015 年，國際佛教學大學院大學「日本古寫經研究所」公布了日本金剛寺、七寺藏古抄本《高僧傳》卷五，其中《釋道安傳》與刊本多有不多，尤為明顯者即傳中所錄習鑿齒《與釋道安書》。《與釋道安書》是東晉名士習鑿齒為邀請釋道安來東晉宣揚佛法而寫。就傳世文獻而言，此信有兩個版本即梁僧祐《弘明集》收錄本和梁慧皎《高僧傳》收錄本。

　　該信件一直是我們理解東晉時期士大夫與佛教、皇室與佛教關係的重要文獻，但是學界在該信傳世版本的完整性、寫作時間以及信件歌頌人物等問題上，存在很大分歧。日本古抄本的刊布，重新引起了筆者對上述問題的思考。茲不揣固陋，試論上述問題於下。

第一節　《與釋道安書》的版本

　　從內容上看，除個別字詞外，金剛寺、七寺古抄本基本相同，古抄本的《與釋道安書》與《弘明集》版幾乎完全一致。因王招國先生已經以《金剛寺》本為底本，以七寺本、興聖寺本和四天王寺藏法隆寺本為校本，對《高僧傳》卷五進行了校勘，公布了異文。〔註2〕故下文僅以《大正藏》所收《弘明

〔註1〕 本文初刊於《域外漢籍研究集刊》第 16 輯，北京：中華書局，2018 年，第 213～228 頁。
〔註2〕 參國際佛教學大學院大學、日本古寫經研究所《日本古寫經善本叢刊第九輯·高僧傳卷五、續高僧傳卷二八、二九、三○》，東京：三美印刷株式會社，2015 年，第 40～60 頁。

集》本《與釋道安書》〔註3〕為底本，以有圖版但無錄文之七寺本（為甲本）為校本，〔註4〕將《與釋道安書》校錄於下：

　　興寧三年四月五日，鑿齒稽首和南：

　　承應真履正，明白內融，慈訓兼照，道俗齊蔭。宗虛者，悟無常之旨；存有者，達外身之權。清風藻於中夏，鸞響屬乎八冥。玄味遠猷，何勞如之？弟子聞，〔註5〕不〔註6〕終朝而雨六合者，彌天之雲也；弘淵源以潤八極者，四〔註7〕大〔註8〕之流也。彼真〔註9〕無為，降而萬物賴其澤〔註10〕；此本無心，行而高下蒙其潤〔註11〕。況衰世〔註12〕降步，愍時而生？資始繫於度物，明道存乎練俗。〔註13〕乘不疾之輿，以涉無遠之道〔註14〕；命外身之駕，以應十方之求，而〔註15〕可得〔註16〕玉潤於一山，冰結於一谷。望閬風而不〔註17〕回儀〔註18〕，損此〔註19〕世而不誨〔註20〕度者哉〔註21〕。

　　且夫〔註22〕自大教東流四百餘年矣〔註23〕，雖藩王居士時有奉者，而真丹宿訓先行上世。道運時〔註24〕遷，俗未僉悟；藻悅濤波，

〔註3〕參〔梁〕僧祐《弘明集》，《大正藏》第52冊，第76頁下～77頁上。
〔註4〕參國際佛教學大學院大學、日本古寫經研究所《日本古寫經善本叢刊第九輯‧高僧傳卷五‧續高僧傳卷二八、二九、三〇》，第67～68頁。
〔註5〕甲本自此始。
〔註6〕「不」，甲本作「夫不」。
〔註7〕「四」，甲本作「四四」，其一為衍字。
〔註8〕「大」，甲本作「海」。
〔註9〕「真」，甲本作「直」。
〔註10〕「澤」，甲本作「潤」。
〔註11〕「潤」，甲本作「澤」。
〔註12〕「世」，甲本無。
〔註13〕「資始……練俗」，甲本無。
〔註14〕「道」，甲本作「路」。
〔註15〕「而」，甲本作「豈」。
〔註16〕「得」，甲本無。
〔註17〕「不」，甲本作「弗」。
〔註18〕「儀」，甲本無。
〔註19〕「此」，甲本作「世」。
〔註20〕「誨」，甲本無。
〔註21〕「者哉」，甲本無。
〔註22〕「且夫」，甲本無。
〔註23〕「年矣」，甲本作「祀」。
〔註24〕「時」，甲本無。

下士而已。〔註25〕唯〔註26〕肅祖明皇帝，實天降德，始欽斯道〔註27〕。手畫〔註28〕如來之容，口味三昧之旨。戒行峻於巖隱，玄祖〔註29〕暢乎無生〔註30〕。大塊既唱，萬竅怒〔註31〕呺〔註32〕，賢哲〔註33〕君子，靡不歸宗；日月雖遠，光景〔註34〕彌暉〔註35〕。道業之隆，莫盛於今〔註36〕。豈所謂「月光首寂將生真土〔註37〕，靈鉢東遷忽驗於茲〔註38〕」乎？

又聞三千得道，俱見南陽；明學開士，陶演真言。上考聖達之誨，下測道行之驗。深經並往，非斯而誰？懷道邁訓，捨茲孰降？是以〔註39〕此方諸僧，咸有傾想〔註40〕。目欣金色之瑞，耳遲無上之藏〔註41〕。老幼等願，道俗同懷，〔註42〕係詠之情，非常言也。

若慶雲東徂，摩尼回曜，一躐七寶之座〔註43〕，暫視明誓之燈。雨甘露於豐草，植栴檀於江湄，則如來之教，復崇於今日；玄波逸響〔註44〕，重蕩濯〔註45〕於一代矣。

不勝延豫，裁書致心。意之蘊積，曷云能暢？〔註46〕

〔註25〕「藻悅濤波，下士而已」，甲本無。
〔註26〕「唯」，甲本無。
〔註27〕「道」，甲本作「義」。
〔註28〕「畫」，甲本作「書」。
〔註29〕「如來之容……玄祖」，甲本無。
〔註30〕「生」，甲本作「外」。
〔註31〕「怒」，甲本作「俱怒」。
〔註32〕「呺」，甲本作「豪」。
〔註33〕「哲」，甲本無。
〔註34〕「景」，甲本作「影」。
〔註35〕「暉」，甲本作「著」。
〔註36〕「今」，甲本作「此」。
〔註37〕「土」，甲本作「地」。
〔註38〕「茲」，甲本作「是」。
〔註39〕「又聞……是以」，甲本無。
〔註40〕「傾想」，甲本作「思慕」。
〔註41〕「藏」，甲本作「葳」。
〔註42〕「老幼等願，道俗同懷」，甲本無。
〔註43〕「座」，甲本作「坐」。
〔註44〕「響」，甲本作「漾」。
〔註45〕「濯」，甲本無。
〔註46〕甲本止於此。

弟子襄陽習鑿齒稽首和南。

通過校勘，不難發現，相比於《弘明集》本，日本古抄本多有舛誤；但亦有可校改前者之處，如原本「玄波逸響，重蕩濯於一代矣」句，「響」改為抄本之「漾」，刪除「濯」字，更符合文義。

其實，不獨上述四寺藏本，早已刊布的石山寺藏《高僧傳》本的形態亦是如此。〔註 47〕位於大阪的金剛寺、名古屋的七寺、奈良的西方寺、京都的興聖寺和位於滋賀縣的石山寺等，它們的藏本，抄寫年代基本相同，都是日本平安末期（十二世紀）。內容上的相近，顯示出這批寫經屬於同一系統。而各個藏本抄寫地區的不同，則說明我們現在看到的這批抄本也只是抄錄比其更早的抄本後的形態，而非抄寫僧傳的沙門自己堪異和校補的結果。其實，非但是習鑿齒《與釋道安書》，《高僧傳》卷五中《法和傳》、《僧朗傳》等也都存在用諸如《晉書》、《十六國春秋》等史料校補的現象。〔註 48〕

與慧皎《高僧傳・釋道安傳》中收錄版本比，《弘明集》本可能是全本。這是以往學者多持有的觀點。〔註 49〕但事實可能並非如此。茲將慧皎《高僧傳・釋道安傳》中收錄版本引於此處，以便比對：

> 承應真履正，明白內融。慈訓兼照，道俗齊蔭。自大教東流，四百餘年，雖蕃王居士時有奉者，而真丹宿訓先行上世。道運時遷，俗未僉悟。自頃道業之隆，咸無以匹，所謂月光將出，靈缽應降。法師任當洪範，化洽幽深。此方諸僧咸有思慕。若慶雲東徂，摩尼回曜。一躍七寶之座，暫現明哲之燈。雨甘露於豐草，植栴檀於江湄。則如來之教，復崇於今日；玄波溢漾，重蕩於一代矣。〔註 50〕

通過對比不難看出，這兩個版本內容雖然大體一致，但也有一些不同《高僧傳》本明顯簡略，省去了不少信息；《弘明集》本雖然詳細，但也並沒有包含

〔註 47〕具體考察，參〔日本〕牧田諦亮《高僧傳の成立》，《東方學報》48 卷，第 245～259 頁。

〔註 48〕具體情況，參定源（王招國）《〈高僧傳篇〉論考》，收入《日本古寫經善本叢刊第九輯・高僧傳卷五、續高僧傳卷二八二九三〇》，第 148～149 頁等。

〔註 49〕參〔荷蘭〕許理和著，李四龍、裴勇等譯《佛教征服中國》，南京：江蘇人民出版社，2003 年，第 289 頁，注 57；黃慧賢《對習鑿齒卒年及其著作的檢討和蠡測》，《魏晉南北朝隋唐資料》第 26 輯，第 41 頁等。

〔註 50〕參〔梁〕釋慧皎撰、湯用彤校注《高僧傳》，北京：中華書局，1992 年，第 180 頁。

了《高僧傳》本的所有信息，主要是遺漏了「自頃」、「法師任當洪範，化洽幽深」等。在信件原件的表達邏輯中，這些詞句起到的是承上啟下的連結作用。這一點下文會有詳述。二者的不同，似乎也表明《高僧傳》本雖簡略，但卻不是簡單地抄略《弘明集》本。尤為突出者，只保存在《高僧傳》本中之「法師任當洪範，化洽幽深」一語則屬於針對道安法師的評價語，似當理解為《與釋道安書》原文。又考慮到齊梁時期，《與釋道安書》一直在社會上流傳，故而僧祐和慧皎很可能都看到了信件的原稿，〔註51〕根據各自的需要對原件進行了不同程度的摘抄。

關於日本古抄本《高僧傳》與刻本系統的關係，船山徹等認為古抄本可能是後人根據《晉書》改竄刻本系統的結果，將石山寺本視為《高僧傳》的原本有較大困難，但也認為現在尚難以得出最終的結論；〔註52〕王招國曾有一系列深入的研究，他懷疑這批古抄本《高僧傳》可能是慧皎當時撰寫的另一個版本。〔註53〕如果從僧祐和慧皎都可能見到了信件的全文這一點出發，則古抄本《高僧傳》不太可能是慧皎的另一個版本，因為慧皎應該不會棄原文不顧轉而摘抄《弘明集》。不過，必須承認這裡的討論僅限於《與釋道安書》。古抄本的定性，是一個需要對古抄本全部異文進行通盤考察之後才可能得出最後結論的問題。限於學識，筆者無力也無意於解決這一重要卻異常複雜的問題。

《高僧傳》本與《弘明集》本不契合處，竟與上述幾件日本古抄本多有一致：如「此方諸僧咸有思慕」之「思慕」一詞，《高僧傳》本與古抄本同，而《弘明集》本作「傾想」；又如上文已舉之「漾」與《弘明集》本當刪之「濯」

〔註51〕關於此點，根據歷代經錄的記載，可以知悉。《出三藏記集》卷十二中就收錄了僧祐所見到的習鑿齒《與釋道安書》，參《出三藏記集》，《大正藏》第 55 冊，第 85 頁上。唐初道宣編撰《大唐內典錄》時亦曾著錄此信，並標明收錄於「續法論第十四帙」，可見道宣時可能仍可見到此信。參〔唐〕道宣《大唐內典錄》，《大正藏》第 55 冊，第 329 頁下。

〔註52〕參〔日〕吉川忠夫、船山徹《高僧傳譯注》之「解說」部分，京都：岩波書店，2009 年。

〔註53〕參定源（王招國），" Newly Discovered Japanese Manuscript Copies of the *Liang Biographies of Eminent Monks*: An Examination of the Problem of theTxet's Development Based on a Comparison with Printed Editions"，《國際佛教學大學院大學研究紀要》第 16 號，2012 年，第 129～142 頁；同氏《日本古寫經〈高僧傳〉所見「法和傳」異文考辯》，《漢語史學報》第 14 輯，2014 年，第 72～84 頁等。

字，《高僧傳》本與古抄本俱同。這也許是慧皎或後世抄者以《弘明集》和《高僧傳》兩個版本互校的表現。〔註54〕

　　慮及至遲到唐初道宣時期，《與釋道安書》可能一直在社會上流傳，〔註55〕在日本多次按照經錄來華搜集經典的情況下，〔註56〕該信件完全有可能傳入日本。那麼，日本古抄本有無可能使用《與釋道安書》的單行本原件而非《弘明集》本校補僧傳？這是一個之前往往被簡單跳躍過去的問題。其實，通過上文對《高僧傳》本和《弘明集》本異同的對比，也可以看出《弘明集》本缺少的幾處比較關鍵信息的現象，也同樣見諸日本古抄本。如此，上述提到的以信件單行本校補僧傳的可能是不存在的。

　　目前尚不能確定古抄本的異文是何時出現，但其他文獻給我們提供了一個年代的下限。《一切經音義》的釋詞表明，九世紀初，慧琳（820 年卒）所看到的《高僧傳》的此部分已經有所變化：在相關部分，慧琳擇取了「閬風」與「江湄」二詞。〔註57〕其中「閬風」一詞並不見諸刊本《高僧傳》，卻出現在了《弘明集》本中。〔註58〕但這僅有的幾個詞彙尚不足以支撐我們分辨清慧琳等人所見到的版本和日本古抄本之間的關係。

第二節　《與釋道安書》的寫作時間

　　關於信件的寫作年代，只在《弘明集》中有一條記載，即「興寧三年四月五日」。興寧是晉哀帝年號，興寧三年即公元 365 年。《與釋道安書》本是習鑿齒為請南下的道安到東晉傳法而作，而史料中所記載的釋道安師徒南投襄陽的時間也正是興寧三年，所以《弘明集》所錄時間與道安南下時間十分契合，應該無誤。但也有一些學者提出過質疑，朱雷先生基於他對釋道安南

〔註54〕古抄本其他僧傳中也有使用《出三藏記集》、《名僧傳》、《晉書》等史料校勘、補充者，相關研究，可參王招國（定源）《日本古寫經〈高僧傳〉所見「法和傳」異文考辯》，第 72～84 頁等。

〔註55〕參註 51。

〔註56〕日本每次遣使來華前，幾乎都會根據按照中國傳入的經錄統計國內闕經情況，這也成為來華搜集經典的依據，相關研究，參王勇《奈良時代唐寫本的傳播——以〈闕經目錄〉為線索》，《佛教與東亞宗教寫本研究國際研討會》會議論文集，2014 年，第 71～77 頁。

〔註57〕參〔唐〕慧琳《一切經音義》卷八九，《大正藏》第 54 冊，第 876 頁下。

〔註58〕更為詳細的討論，可以參看定源《〈慧琳音義〉所據〈高僧傳〉版本略考》，第 254～267 頁。

投襄陽時間的新解，認為該信件應作於晉孝武帝年間；〔註59〕古正美則認為
「僧祐可能用不同的資料重新組織了習鑿齒的信，因此出現信中所記的事有
時間及人物時代不一致的現象」，信件「應該不會是習鑿齒早期在襄陽給道安
寫的，而是道安離開襄陽到了長安為苻堅發展佛教的時代」。〔註60〕《與釋道
安書》的寫作和釋道安師徒南投襄陽有著直接聯繫，所以在討論這份信件之
前，必須明確道安師徒南投襄陽的時間。

（一）釋道安南投襄陽時間釋疑

　　關於釋道安南投襄陽的時間，早在 1989 年，朱雷先生就曾懷疑《高僧傳・
釋道安傳》中關於道安在襄陽居住十五年的記載是錯誤的。〔註61〕1991 年，
他進一步認為釋道安南下的時間應在 354 年，並懷疑僧傳中的記載在「十五
載」前遺脫了一個「二」字，即釋道安在襄陽居住的時間不是「十五年」，而
是「二十五年」。〔註62〕朱雷先生之所以對這一記載表示懷疑，主要基於對《高
僧傳・釋道安》中時間用詞的分析以及對竺法汰、曇翼一些行事記載。

　　首先是關於《高僧傳》的用詞問題。《高僧傳・釋道安傳》記：

　　　〔道安〕遂復率眾入王屋女休山。頃之復渡河依陸渾，山木食

　　修學。俄而慕容俊逼陸渾，遂南投襄陽。〔註63〕

朱先生認為《高僧傳》中用「頃之」、「俄而」等詞來表示道安師徒遷居王屋之
後，不久便復又渡黃河，南下陸渾；不久之後，又南下襄陽。〔註64〕其實，
分析慧皎的用例，就會發現，釋慧皎對「頃之、有頃、俄、俄而、俄爾、俄
頃」等時間副詞的使用並不全是單指時間短暫，兩個動作行為之間的時間間
隔有時候也會很長。如《僧伽提婆傳》載：

　　　俄而安公棄世未及改正，後山東清平提婆，乃與冀州沙門法和

　　俱適洛陽。四五年間研講前經，居華稍積博明漢語，方知先所出經

〔註59〕朱雷《釋道安南投襄陽疑年考》，原刊《魏晉南北朝隋唐史資料》第 11 輯，
　　　　此據《武漢大學歷史學集刊》第 1 輯，武漢：湖北人民出版社，2005 年，第
　　　　13～15 頁。
〔註60〕〔新加坡〕古正美《從天王傳統到佛王傳統──中國中世紀佛教治國意識形
　　　　態研究》，臺北：商周出版社，2003 年，第 158～161 頁。
〔註61〕朱雷《釋道安南投襄陽疑年考》，第 8 頁。
〔註62〕朱雷《釋道安南投襄陽疑年考》，第 7～13 頁。
〔註63〕〔梁〕釋慧皎《高僧傳》，中華書局，1992 年，第 178 頁。
〔註64〕朱雷《釋道安南投襄陽疑年考》，第 9 頁。

多有乖失。……頃之，姚興王秦。〔註65〕

道安於 385 年逝世後，提婆和法和在洛陽共同居住了四五年後，其時亦不過390 年。姚興稱帝的時間則是 394 年，二者之間相差四年。但是慧皎在敘述這兩件事時，只用了「頃之」一詞。又，《釋曇始傳》載：

崔（浩）、寇（謙之）二人次發惡病。（拓跋）燾以過由於彼，

於是誅翦二家，門族都盡，宣下國中興復正教。俄而燾卒。〔註66〕

寇謙之亡於 448 年，崔浩卒於 450 年，魏太武帝拓跋燾則崩於 452 年。慧皎在這裡將「拓跋燾誅殺崔浩」事和拓跋燾病死兩件事之間用「俄而」一詞連接，雖有時間間隔不長之意，但更多的是表示這兩件事之間的先後關係。所以，不能通過今天對這幾個副詞的使用，來考察慧皎時期的用法。

其次，在《世說新語・賞譽第八》所載竺法汰南下受王洽供養之事上，朱雷先生指出此事發生在晉穆帝時期，但王洽卒於穆帝升平二年（358），所以興寧三年（365）供養竺法汰之事絕無可能。〔註67〕其實，竺法汰曾兩次南下弘法，穆帝時期的南下正是第一次，與釋道安南投襄陽時的分張是兩件事情。〔註68〕也正是因為早在穆帝之際，法汰既已在江南、尤其是京師建康有了良好的關係，所以在新野分張徒眾時，道安特意安排竺法汰前往江東。

至於滕含事，朱雷先生據滕含於晉穆帝升平五年（361）卒於廣州刺史任內，所以認為「若如昔所論興寧三年道安法師方南投襄陽，此時滕含早已魂歸蒿里多年，何能求道安法師薦一『綱領』？此亦可證道安南投襄陽避災東晉穆帝世」。〔註69〕其實，《高僧傳・曇翼傳》所載史事混亂，很難確認這件事情的人物關係。《高僧傳・曇翼傳》載：

翼嘗隨安在檀溪寺。晉長沙太守滕含，於江陵捨宅為寺，告安求一僧為綱領。安謂翼曰：「荊楚士庶始欲師宗，成其化者非爾而誰？」翼遂杖錫南征締構寺宇，即長沙寺是也。〔註70〕

滕含捨宅為寺之事在《法苑珠林》卷十三有載：「長沙太守江陵滕畯（一云滕

〔註65〕〔梁〕釋慧皎《高僧傳》，第 37 頁。
〔註66〕〔梁〕釋慧皎《高僧傳》，第 386 頁。
〔註67〕朱雷《釋道安南投襄陽疑年考》，第 11〜12 頁。
〔註68〕袁仕萍《法汰晉土弘法時間稽疑》，《蘭臺世界》，2011 年 6 月下旬，第 78〜79 頁。
〔註69〕朱雷《釋道安南投襄陽疑年考》，第 13 頁。
〔註70〕〔梁〕釋慧皎《高僧傳》，第 198 頁。

含）永和二年（346）捨宅為寺」。滕含，《晉書》有傳。含為滕修之孫，滕並之子，「初為庾冰輕車長史，討蘇峻有功，封夏陽縣開國侯，邑千六百戶，授平南將軍、廣州刺史」。〔註71〕這裡並沒有說明他曾任長沙太守。所以，向道安求「綱領」之「長沙太守」是否為滕含是有疑問的。又，關於檀溪寺，《高僧傳・釋道安傳》中有載：

> 安以白馬寺狹，乃更立寺名曰檀溪，即清河張殷宅也。……涼
> 州刺史楊弘忠送銅萬斤，……於是眾共抽捨助成佛像。〔註72〕

《法苑珠林》卷十三《感應緣》載：

> 東晉孝武寧康三年四月八日，襄陽檀溪寺沙門釋道安，盛德昭
> 彰播聲宇內，於郭西精舍，鑄造丈八金銅無量壽佛。〔註73〕

據上兩條材料看，檀溪寺肯定是建於道安襄陽弘法的年代。涼州刺史楊弘忠似為慶祝檀溪寺的修建而送來銅，所以據此可以推知楊弘忠送銅事件和檀溪寺修建的時間相距不遠。檀溪寺的佛像鑄成於「東晉孝武帝寧康三年（375年）四月八日」，故檀溪寺的修建也當距375年不遠。這個時間和《法苑珠林》關於滕含捨宅為寺的記載也是矛盾的。為解決這個矛盾，許理和先生曾認為《法苑珠林》所載「永和二年」當是「太和十二年（367年）」之誤。〔註74〕但是這仍不能解釋早在361年既已去世的滕含何以出現在這個故事中。

　　通過上面的梳理，雖然尚不能完全否定朱雷先生的質疑，但在文獻不足徵的情況下，還是不能斷然否認《弘明集》所標示的時間。

（二）《與釋道安書》非苻堅時期所書

　　古正美之所以認為該信件「是道安離開襄陽到了長安為苻堅發展佛教的時代」，主要是出於對該信件的完整性和真實性的判斷。她認為，習鑿齒在信件中主要稱讚的對象是晉明帝司馬紹（323～326年在位），但是興寧卻是晉哀帝司馬丕（361～365年在位）的年號，距明帝去世已有四十年，所以斷言「《弘明集》所載的習鑿齒的信，不僅有時間錯亂的問題，同時也有人物錯亂的問題」。〔註75〕單就該信件保存下來的部分來看，古正美的懷疑是有道理的，但

〔註71〕《晉書》卷五七《滕含傳》，中華書局，1974年，第1554頁。
〔註72〕〔梁〕釋慧皎《高僧傳》，第179頁。
〔註73〕〔唐〕釋道世《法苑珠林》，《大正藏》第53冊，第384頁中。
〔註74〕〔荷蘭〕許理和《佛教征服中國》，第289頁，注61。
〔註75〕〔新加坡〕古正美《從天王傳統到佛王傳統——中國中世紀佛教治國意識形
　　　態研究》，第159～161頁。

她忽略了一點，即該信件是一個節本，中間遺漏了許多信息。如果將這些遺漏的信息補全，便可發現這封信並不是僧祐用不同的資料重新組織起來的。關於這一工作，下文將進行處理，在此只是先通過對習鑿齒的史學思想和政治歷程的簡單分析，確認這封信不可能是習鑿齒在道安被苻堅遷至長安之後才寫的，更不可能是為勸說道安為苻堅發展佛教的而作。

習鑿齒有著強烈的正統觀念，據《晉書》本傳載：「是時溫覬覦非望，鑿齒在郡，著《漢晉春秋》以裁正之。」〔註76〕晚年又臨終上疏曰：「臣每謂皇晉宜越魏繼漢，不應以魏後為三恪。」他的這種正統觀念被後世贊為「晉越魏繼漢統論」。當桓溫覬覦之心昭然若揭時，習鑿齒作《漢晉春秋》進行規勸，勸阻無果後，便「以腳疾」罷歸襄陽了。對同是漢人的桓溫篡權之行為，習鑿齒尚且如此，對於一個企圖以武力征服天下的外族統治者，他又怎能彎腰屈膝為之歌功頌德呢？379 年，攻克襄陽俘獲道安和習鑿齒後，苻堅曾興奮地說：「今破漢南，獲士裁一人有半耳。」一人乃道安，半人即習鑿齒。苻堅對二人賞賜甚厚。在這種情形下，道安選擇了留在苻秦長安進行弘法，但習鑿齒卻「俄以疾歸襄陽」。可見，習鑿齒並沒有因苻堅的知遇而與之合作，仍在堅持自己的政治理想。所以，從這個角度看，古正美的觀點也是不成立的。

綜上，道安師徒南投襄陽的時間為興寧三年，應當是正確的。《與釋道安書》一信的寫作時間也應當是興寧三年，即 365 年。

第三節　被遺漏的聖人：《與釋道安書》的中心人物

除了上文已經探討了的信件的寫作時間問題，圍繞這封信件的分歧還有兩個：一是信中稱讚的主要對象，二是信中習鑿齒要求道安輔佐的「月光」的指代。許理和認為信中稱讚的人物即是道安法師：月光降生中土，即是因為道安的功德。〔註77〕方廣錩先生的觀點和許理和大致相同。〔註78〕但是上述二位先生都沒有指出信件中出世的「月光」指代何者。多數學者認為該信稱讚的人物是晉明帝。〔註79〕古正美則認為，習鑿齒在信中要求道安服務的

〔註76〕《晉書》卷八二《習鑿齒傳》，第 2154 頁。
〔註77〕Erik Zürcher, "Prince Moonlight: Messianism and Eschatology in Early Medieval Chinese Buddhism", *T'oung Pao* LXVIII, 1~3 (1982), p.25.
〔註78〕方廣錩《道安評傳》，北京：崑崙出版社，2004 年，第 149 頁。
〔註79〕可參湯用彤《漢魏兩晉南北朝佛教史》，第 104 頁；〔日本〕塚本善隆《中國

人物是前秦苻堅。〔註80〕

　　要弄清上述兩個問題，有必要將這份信件的敘述邏輯搞清楚。但在討論這封信之前，必須明確以下兩點：

　　（1）無論是《弘明集》，還是《高僧傳》，所收錄的信件都不是原件的全文，即使是節錄各段也未必是對原稿的完整抄錄。《高僧傳》的遺漏自不用說，有些學者認為《弘明集》本收錄的信件是全本，其實不然，《弘明集》的版本亦是節錄。最明顯的一點即是《高僧傳》版本中記有「法師任當洪範，化洽幽深」，而《弘明集》中缺失；並且該句並不能獨立成段，明顯是被僧祐在摘錄原文時遺漏或故意省略了。此外，從信件開頭「鑿齒稽首和南」看，似是從原件從頭收錄，但是下文緊接著便是宣揚護法行為以及佛法治世，一點寒暄語句都沒有，全文 561 字更未提及「道安」或「法師」等字，若非後人知曉該信件收件人，怕很難知道該信是寫與何人的。這很不符合古人信件的寫作格式。

　　（2）僧祐節錄這一部分之目的在於護法弘道。他在《弘明集》卷一序文講：「其有刻意剪邪建言衛法，制無大小，莫不畢採。……夫道以人弘，教以文明，弘道明教，故謂之『弘明集』。」又，在收有《與釋道安書》的卷十二的序文中講：「余所撰《弘明》，並集護法之論。」可見僧祐收文的標準即是，文章必須是和弘揚佛道有關。知曉了這一點，對僧祐所收習鑿齒《與釋道安書》的中心思想也有了一個簡單把握。

　　明白了以上兩點之後，便可以開始討論信件本身了。這裡主要是以《弘明集》版本為底本，結合《高僧傳》本進行分析。

　　首節引文之首段講述一個佛教弟子應當承擔的責任。保存下來的信件開頭便使用了「應真」一詞，「應真」即「羅漢」的另一稱呼。在大乘佛教中，羅漢有護法之責任。習鑿齒使用該詞即是在闡明僧眾護法和宣法的責任。其後則以「彌天之雲」和「四大之流」來烘托佛教大德，認為前二者無心尚且能夠滋養萬物，更何況生於末世以濟世為己任的得道大德？接著又講述了佛徒應當如何在末世濟世，即「度物練俗」。不難看出，在這一部分中，習鑿齒

　　　　佛教通史（第一卷）》，鐮倉：春秋社，1979 年，第 320 頁；〔荷蘭〕許理和《佛教征服中國》，第 129 頁等。

〔註80〕〔新加坡〕古正美《從天王傳統到佛王傳統——中國中世紀佛教治國意識形態研究》，第 158～161 頁。

是在強調佛法的功能，宣揚大乘佛教的「普度眾生」。他認為佛教的重心應當放在世俗方面，得道大德應該像入世儒士一樣積極承擔起「治國平天下」的責任。

次段是在描述佛教東傳以至自己生活時代的流傳情況。習鑿齒認為佛法自傳入中國以來，已四百年多年。期間，中國傳統文化（即所謂的「真丹宿訓」）還是居於主導地位，廣大民眾都未能皈依釋教。雖時有地方諸侯王、居士信奉，但他們都只能被稱為「下士」，社會地位也不是最為顯赫。換言之，之前的中國仍然是一片佛教的荒漠，信奉者因身份的限制都不能承擔起弘揚佛法、以佛法拯濟萬民的職責。但是這種情況因東晉肅祖明帝的出現而發生了改變。在習鑿齒的認識中，晉明帝是中國第一位信佛的皇帝，他不僅具有手畫佛像的技藝，而且還有口誦佛經、恪守戒行的虔誠。

下文接著言「大塊既唱，萬竅怒號，賢哲君子，靡不歸宗。日月雖遠，光景彌暉；道業之隆，莫盛於今」，很多學者認為這幾句也是在稱頌晉明帝。[註81]但筆者十分懷疑，在這幾句之前，信件也省略了數句。很明顯，在這幾句之前的信件一直是在稱頌晉明帝的護法行為，並且所提功績也文獻可徵。但這幾句所述功績卻很難說可以歸於明帝：「賢哲君子，靡不歸宗」，在明帝時期活動於其周圍的大德並不多；「道業之隆，莫盛於今」一句則可以看出，在習鑿齒眼中，明帝時代雖已漸崇佛法，但道業最為興盛的卻是自己所在的時代。此句在《高僧傳》本作「自頃道業之隆，咸無以匹」，比《弘明集》本多出「自頃」一詞，該詞即「近來」之意，也透漏出了同樣的時代信息。習鑿齒（318？～383 年）和明帝（323～326 年在位）並不生活在同一時代，所以便不能將「今」字理解為明帝的時代，而只能理解為寫信的時代，即興寧三年。此時屬於晉哀帝的統治時期。從這個邏輯看，在「大塊既唱」前，若不敘述明帝之後歷代皇帝的佛教政策，也應該述及哀帝的護法行為。若非如此，便很難理解習鑿齒為何在追念四十年前明帝的護法功德時，突然把思緒轉到了他自己的年代。古正美等也許正是沒有認識到這一點，才認為信中所記的事有時間及人物時代不一致的現象，並斷言是僧祐用不同的資料重新組織了習鑿齒的信。

那麼，習鑿齒為什麼要單單提出明帝和哀帝作為護持佛法聖者的代表呢？筆者以為這反映的恰恰正是習鑿齒對於東晉皇室佛教政策演變的認識。

〔註81〕〔日本〕塚本善隆《中國佛教通史（第一卷）》，第 320 頁等。

檢視一下東晉歷代皇帝的佛教政策，即可發現在晉哀帝之前晉明帝是唯一一位真正虔誠信佛的皇帝。〔註 82〕他曾在建康修建皇興寺和道場寺，並十分崇拜尼僧道容，而根據張彥遠的記載和引文，也可以瞭解到「（晉明帝）善書畫，有識鑒，最善畫佛像」，「帝畫佛於樂賢堂，經歷寇亂，而堂獨存」。〔註 83〕但是晉明帝之後、晉哀帝之前的晉成帝、康帝和穆帝都沒有實權，或受制於後宮，或聽命於權臣。直到「好重佛法」的哀帝統治時期，「王室佛教獲得了長足的發展」；〔註 84〕期間，哀帝不僅興建了許多著名的寺院，如安樂寺等，而且還請回了之前因政治原因逃出建康的許多名僧，如支遁、竺道潛、于法開等，佛法盛極一時。這正符合信件中所說「大塊既唱，萬竅怒呺，賢哲君子，靡不歸宗，日月雖遠，光景彌暉，道業之隆，莫盛於今」。

瞭解了晉朝南渡後歷代皇帝的佛教態度與政策，便可以理解為何習鑿齒在讚頌晉哀帝之前先追憶起晉明帝的護法行為了——正是在明帝之後，佛法沒有得到皇帝護持，所以才顯得哀帝的崇佛格外的讓人激動，以至於習鑿齒在信中興奮地說到：「道業之隆，莫盛於今。豈所謂『月光首跡將生真土；靈缽東遷忽驗於茲』乎？」很多學者認為習鑿齒這幾句話是以「月光」稱頌道安或其他人。其實不然，「月光」即月光童子，是佛經中最早的一位轉生中土為聖王的佛教菩薩；「首寂」，又可音譯為「申日」〔註 85〕、「德護」等，在佛經中是月光童子之父，也是一位如來。佛教經典中，月光童子有眾多形象，比如少年形象、菩薩形象、轉輪聖王形象等。在這裡，習鑿齒言「月光首寂將生真土」，則是在用其轉生中土為聖王的形象。所以「月光」所指是一位帝王而非僧伽。承接上文分析，這位帝王即是佞佛的晉哀帝，而非晉明帝，更非苻堅。

興寧三年的二月，哀帝已崩，但他在位時的佛教政策在短短四個月內並沒有大的改變。實際上，繼哀帝之後的廢帝司馬奕和簡文帝司馬昱都相當的崇佛。也正是在這樣的崇佛氛圍下，習鑿齒很自然的便想到了要為東晉皇室

〔註 82〕〔荷蘭〕許理和《佛教征服中國》，第 121 頁。

〔註 83〕〔唐〕張彥遠撰、周曉薇點校《歷代名畫記》，瀋陽：遼寧教育出版社，2001年，第 48 頁。

〔註 84〕〔荷蘭〕許理和《佛教征服中國》，第 167 頁。

〔註 85〕關於「申日」一詞，歷代經藏都記為「申日」，據臺灣學者釋章慧考證，應為「申日」之誤。詳參釋章慧《〈申日經〉研究》，臺北：法鼓出版社，2006年，第 23～96 頁。

籠絡各方大德。正在南下的大德道安，則成為了習鑿齒心目中的理想人選。
信中所講「又聞三千得道，俱見南陽，明學開士，陶演真言」，便是指道安師
徒由陸渾（今河南嵩縣）避難到達南陽之事。接著，習鑿齒便講述了他理解
的大德幫助聖王治理萬民所應盡的職責，即所謂「上考聖達之誨，下測道行
之驗」。承擔這種責任的大德即是「深經普往，非斯而誰？懷道邁訓，捨茲孰
降？」。《高僧傳》本中提到的那句《弘明集》本並未節錄的話──「法師任當
洪範，化洽幽深」，正可說明這點。這樣看來，只有將《高僧傳》本中多出的
這句話應當放在「陶演真言」和「上考聖達之誨」之間，才更符合信件全文的
敘述邏輯。

在敘述了自己和東晉僧眾信徒對道安法師的期許之後，習鑿齒又講到「目
欣金色之瑞，耳遲無上之藏。老幼等願，道俗同懷。繫詠之情，非常言也」，
再次強調了東晉所具有的弘法的環境和不具備的因子，即東晉已經擁有了轉
輪聖王（即「金色之瑞」），但是弘揚佛法仍然缺少一個精通佛法的高僧。僧
眾信徒都在期待著道安這樣的大德的到來。

在下面的行文中，習鑿齒繼續展望了擁有了護持佛法帝王和弘法大德之
後東晉的盛世狀況。他認為，只要道安來東晉幫助晉帝治理國家，便會「如
來之教復崇於今日，玄波逸漾重蕩於一代」，「道業之隆」確可達到前不見古
人的高度！

通過上面的解讀，信件（僅就保存的部分而言）的總體結構如下：

習鑿齒首先敘述了佛教信徒們應當承擔起拯濟萬民的世俗責任；其次回
顧了佛教東傳以來的流行狀況，尤其是對永嘉南渡後東晉皇室的歷代佛教政
策進行了詳細追述，突出強調了晉哀帝護持佛法為弘揚佛法創造了良好的環
境；接著，便對道安提出了協助晉帝弘法的請求，並展望了皇帝和大德合作
所可能帶來的盛況。

小結

習鑿齒的這封信並不是僧祐和慧皎用不同的資料重新組織的，信中的時
間、事件和人物也並不錯亂。將習鑿齒寫這封信的時間定為 365 年應該是符
合歷史事實的；在信中，習鑿齒著重宣揚的人物除了道安和晉明帝外，其實
還有一位被遺漏的聖者，即晉哀帝。信中提到晉明帝也只是所述東晉皇室佛

教政策的一部分，更重要的是為烘托出哀帝護法的可貴。從這封信，也不難看出，在習鑿齒心中，弘揚佛法拯濟萬民離開道安這樣的大德是不可以的，但東晉王朝真正的救世主卻還是那個擁有至尊權力的皇帝。

考慮到這封信的寫作時機——晉哀帝二月崩、司馬奕新立，習鑿齒邀請道安前來弘法，不僅是出於對釋道安的仰慕，更重要的是為新帝尋找支持力量。他的這種努力亦可見於他給當時的朝廷重臣謝安的信，信中引薦道安：「恨不使足下見之，其亦每言思得一見足下」〔註86〕，迫切之情躍於紙上。

出於「弘法明道」的目的，僧祐收錄了習鑿齒的《與釋道安書》，雖最為接近原件，但終是節選，有所刪節，使原件的敘述邏輯隱晦不明，給後世的理解造成了困難；《高僧傳》則可能囿於傳記體例，不能全文引述，故其所載更是節略，但仍保留了一些僧祐刪節的文字，給我們復原信件提供了可能。無論是慧皎本人，抑或後世的僧傳閱讀者曾以《弘明集》本改寫或校補了刻本系統《高僧傳》的此部分，但因文獻不足，尚不能明斷這種校補工作是在何時進行；也不宜對何以出現此種舉措進行過多解讀，筆者在此僅提供一點思考如下：一是刻本系統《高僧傳》原本中的信件明顯簡略於《弘明集》，而且在信件結尾處有「文多不悉載」之語，給讀者以強烈的此處收錄信件不完整之感；二是中古時期道安在僧界中的影響力也許是讀傳僧眾力圖補全僧傳的推動力。

〔註86〕〔梁〕僧祐《出三藏記集》卷一五，頁108。

第二章　敦煌本《普賢菩薩說此證明經》經本研究

前言

　　《普賢菩薩說此證明經》是保存在敦煌的一部疑偽經，據曹凌統計，該經在敦煌遺書中存有三十二號，其中有三號為完整卷子。其抄寫形態多是「《黃仕強傳》+《普賢菩薩說此證明經》+《佛說證香火本因經第二》」，但也有一些有爭議的寫卷將《黃仕強傳》放在全經末尾。〔註1〕《黃仕強傳》是一部靈驗記性質的作品，宣揚抄寫《普賢菩薩說此證明經》的功德，〔註2〕嚴格說來並不是該經的正文，所以在本文的處理過程中，所謂的經本部分只是後面兩部分，即《普賢菩薩說此證明經》和《佛說證香火本因經第二》，而不包括《黃仕強傳》。關於該經經本部分，學界通行的觀點認為，以該經中題「佛說證香

〔註1〕 參曹凌《中國佛教疑偽經綜錄》，上海古籍出版社，2011 年，第 142～145 頁。

〔註2〕 關於《黃仕強傳》的著錄和研究，可參看戴密微《唐代的入冥故事——黃仕強傳》，原刊於 1977 年荷蘭出版的《中國歷史文學論文集》，此據耿昇譯文，《敦煌譯叢》（第一輯），蘭州：甘肅人民出版社，1985 年，第 133～147 頁。柴劍虹《讀敦煌寫卷〈黃仕強傳〉箚記》，《敦煌語言文學研究》，北京大學出版社，1988 年，第 248～266 頁；此據氏著《敦煌吐魯番學論稿》，杭州：浙江教育出版社，2000 年，第 84～101 頁；王三慶《日本所見敦煌寫卷目錄提要（一）》，《敦煌學》第 15 輯，第 111～113 頁。白化文、楊寶玉《上海圖書館藏敦煌卷子 812531 號〈黃仕強傳〉錄文校注》，《敦煌學》第 20 輯，1995 年，第 23～30 頁。楊寶玉《敦煌本佛教靈驗記校注並研究》，蘭州：甘肅人民出版社，2009 年，第 155～158 頁、第 331～346 頁等。

火本因經第二」為界限，之前為經本的第一部分《普賢菩薩說此證明經》（後文簡稱《證明經》〔註3〕），之後為經本的第二部分《佛說證香火本因經第二》（後文簡稱《本因經》），筆者雖有不同看法，為便於表述起見，仍從前說。由於該經（尤其是《本因經》）和宣揚武則天稱帝的《大雲經疏》有著密切關係，所以自其被發現起，便得到了學者們的廣泛關注。前輩學者的研究多聚焦於《黃仕強傳》和《本因經》，對《本因經》和《證明經》的關係則沒有進行系統的考察，對歷代佛經目錄中為何不見《本因經》的記載這一問題也沒有進行很好的解答。

關於《證明經》和《本因經》的關係，學界的觀點基本上可以分為兩種。第一種觀點認為兩經是不同的兩部經典。矢吹慶輝在收錄該經時，是將這兩部分作為兩部經分別予以解說的。〔註4〕戴密微認為《證明經》是本經，而《本因經》是被增添進去的文字。〔註5〕富安敦則認為今本《普賢菩薩說此證明經》是被人將兩部不同經典合抄在一起的結果，這種合寫的形態最遲在 690年前既已形成。〔註6〕方廣錩將敦煌本《普賢菩薩說此證明經》的抄寫形態分為三部分進行介紹，即《黃仕強傳》、《證明經》和《本因經》，表明他也是認同兩經在內容上是可以各自獨立的。〔註7〕張子開則從經錄有無記載、《本因經》名稱等角度，認為《本因經》和《證明經》是兩部經典。〔註8〕也有一些學者認為它們確是兩部有著顯著差異的經典，但《本因經》參考過《證明經》。菊地章太正是持有這種觀點。〔註9〕曹凌在菊地章太的基礎上進一步指出《本

〔註3〕 本文用「《證明經》」專指經本的第一部分，用「《普賢菩薩說此證明經》」指「《證明經》＋《佛說證香火本因經第二》」的整個經本。後文不再出注。

〔註4〕 參〔日〕矢吹慶輝《鳴沙餘韻・解說篇》，東京：岩波書店，1933 年初版，此據京都：臨川書店，1980 年，第 207～217 頁。

〔註5〕 參戴密微《唐代的入冥故事——黃仕強傳》，第 141 頁。

〔註6〕 參 Antonino Forte, *Political Propaganda and Ideology in China at the End of the Seventh Century: Inquiry into the Nature, Authors and Function of the Tunhuang Document S.6502 Followed by an Annotated Translation.* Napoli, 1976, second edition. Tyoto, 2005, p.355。

〔註7〕 參季羨林主編《敦煌學大辭典》「《普賢菩薩說此證明經》」條（方廣錩撰），上海辭書出版社，1998 年，第 736～737 頁。

〔註8〕 參張子開《敦煌普賢信仰考論》，《山東大學學報（社會科學版）》，2006 年第 4 期，第 74 頁。

〔註9〕 參〔日〕菊地章太《六世紀中國の救世主信仰——〈證香火本因經〉を手がかりに》，道教文化研究會編《道教文化への展望》，東京：平河出版社，1994 年，第 323～325 頁。

因經》的最後一段內容即是抄錄《證明經》而成。〔註10〕第二種觀點認為兩經是一部完整的經典。古正美雖未直接指明兩經是同一部經典，但在論證《證明經》完成時間時明顯將兩經作為一整體進行說明的。〔註11〕鄭阿財從語言學角度認為，並未發現《證明經》和《本因經》使用的語言，在語法與詞彙有所差異，當疑係出自同一人之作。〔註12〕

　　關於《本因經》不見於歷代經錄的原因，富安敦曾嘗試在造作動機上對這一問題進行回答，認為，這種現象的出現可能是因為《本因經》本身宣揚彌勒出世，過於激進，容易受到禁燬，而《證明經》則相對溫和，所以《本因經》的信徒們為避免政治迫害和禁燬，便將兩經混抄在一起。〔註13〕這種回答不能說沒有道理，但筆者以為，現有材料給我們提供探討對造作者的造作動機的空間是很有限的，富安敦先生的推測只是眾多可能性中的一種。本文不擬對造作者動機進行討論，而是計劃通過經本的分析，嘗試復原《本因經》的造作過程。這項工作或可深化我們對《本因經》不見於歷代經錄這一問題的認識。

　　關於《證明經》和《本因經》的異同，前輩學者亦有一些論說，但還可繼續深化。在對兩部經的文本進行具體考察後，我們發現，確實存在著《本因經》借用《證明經》語詞的現象。但這種借用又不能用簡單的「抄錄」、「參考」來概括。對經錄中缺載《本因經》這一問題的回答，也必須建立在對《證明經》和《本因經》的關係、尤其是對《本因經》文本造作過程有了一個較為清晰合理認識的基礎上。所以，筆者擬從經本語詞以及背後體現的民眾信仰等角度對上兩經的經本關係進行一些分析。

第一節　《證明經》和《本因經》的不同

　　前輩學者已經或多或少地論及了《證明經》和《本因經》的差異，但他

〔註10〕參曹凌《中國佛教疑偽經綜錄》，第146頁。

〔註11〕參古正美《從天王傳統到佛王傳統——中國中世佛教治國意識形態研究》，臺北：商周出版社，2003年，第181～185頁。

〔註12〕參鄭阿財《敦煌疑偽經的語言問題——以〈普賢菩薩說此證明經〉為例》，《敦煌吐魯番研究》第8卷，北京：中華書局，2005年，第277～278頁，第285頁注26。

〔註13〕參 Antonino Forte, *Political Propaganda and Ideology in China at the End of the Seventh Century: Inquiry into the Nature, Authors and Function of the Tunhuang Document S.6502 Followed by an Annotated Translation*, p.355.

們的論述多是著力於兩經的文字。其實，對兩經中體現的不同信仰和風格等再分析，也可以深化我們對兩經差異的認識。茲擬從以下幾個方面對這一問題再進行一些探討。

第一、《證明經》和《本因經》信仰和推崇的主佛不同。

兩經都是採用了普賢菩薩和佛的對話形式，從字面上看，與普賢菩薩對話的佛似乎都是「世尊」。一般認為，在佛教中，「世尊」一詞特為佛陀之尊稱。〔註14〕但在佛典中也有例外，比如彌勒也曾被稱為「世尊」，羅什譯《彌勒下生成佛經》載：「彌勒佛既轉法輪度天人已，將諸弟子入城乞食。……世尊入城時，大梵天王釋提桓因，合掌恭敬以偈贊……」〔註15〕。但無論如何，佛教中的「世尊」一詞指的是佛，這一點當是不錯的，只是具體指何佛，還需要在具體的語境下進行具體的分析。《證明經》中的「世尊」只是指佛，未直接稱為釋迦佛或佛陀。如：

> 一時佛在靈鷲山祇水邊，說此法時，八萬四千人俱皆是阿羅漢，諸漏已盡，無復煩惱，盡諸有結，所作已辦。爾時，會中比丘、比丘尼、優婆塞、優婆夷四部眾等，皆來集會。一時聽法歡喜合掌，一心奉行作禮而去。爾時普賢菩薩即從座起整衣服，長跪叉手，前白佛言：「世尊，釋迦涅槃後、彌勒未興世，眾生有所疑，云何為說之？願佛分別說。」佛言：「汝當至心聽，為汝分別說……」〔註16〕

但從一般的佛經來看，經中所用語言、敘事內容沿用的就是釋迦佛說法，故此處的「佛」當是佛陀。

《本因經》中，普賢菩薩口中的「世尊」卻不是釋迦牟尼佛，而是彌勒佛。經中普賢菩薩直接稱彌勒為「世尊」的例子很多，如「尊者白彌勒：世尊出世時，撩除諸穢惡……」，又如「爾時，普賢菩薩前白佛言：世尊，世尊出世時，我遣力士羅叉，平除罪惡人……」。這裡要出世的「世尊」只能是未來佛彌勒，而不可能是現在佛釋迦牟尼。

〔註14〕慈怡法師主編《佛光大詞典》第 2 冊，高雄：佛光出版社，1988 年，第 1522 頁下。

〔註15〕鳩摩羅什譯《彌勒下生成佛經》，《大正藏》第 14 冊，第 425 頁中。

〔註16〕參林世田《敦煌所出〈普賢菩薩說證明經〉及〈大雲經疏〉考略——附〈普賢菩薩說證明經〉校錄》，《文津學誌》第 1 輯，2003 年，第 169 頁。研究《普賢菩薩說此證明經》的學者較多，研究文章中對該經也多有錄文，這些錄文對筆者的研究提供了文本支持。目前來看，林世田的錄文是目前最為完備的，除個別斷句筆者有不同看法外，本文所引經文均來自林文，後文不再出注。

　　兩經對釋迦牟尼佛的尊奉態度迥異。《證明經》大的敘事背景為釋迦佛涅槃前，為普賢菩薩和眾生開示三昧，解說如何避難、值遇彌勒。該經的造作者在經中宣揚要堅持釋迦牟尼佛提出的苦行、守戒等要求，尊奉釋迦牟尼佛所說咒語，其對釋迦牟尼佛信仰之虔誠可見一斑。但是《本因經》的造作者對釋迦牟尼的尊奉則遠不如《證明經》那麼虔誠。如經中在描述歷代佛在世時的世間場景和眾生壽命時，認為：

> 七佛在世時，人受四萬歲。定光佛在世時，人受七萬歲。比婆施佛在世時，人受三萬歲。空王佛在世時，人受九萬歲。迦葉佛在世時，人受五萬歲。句樓秦佛在世時，人受六萬歲。釋迦門佛在世時，人民恒苦厄，三人共受百歲。人民顛倒惡，三牙斷鼻，鼻縱眼豎，不敬師長，不孝父母。北方欝單越人受七百歲，東弗于逮人受四百歲，南閻浮提人三人共受百歲，西俱耶尼人受二百歲。彌勒治化時，人受八萬七千歲，自欲受終時，不勉自然生，復欲受終時，託生無量壽，自然蓮華生。

不難看出，在諸佛時代的縱向對比上，《本因經》的造作者認為，與過去佛空王佛、迦葉佛等以及未來佛彌勒的時代相比，現在佛釋迦牟尼佛時代世間最亂，人們的壽命最短；而在四大部洲的橫向對比上，他則認為自己生活其中的南閻浮提洲是最為短命的地區。這一段無疑是造作者借普賢菩薩之口對他生活的時代和地區表達的不滿！

　　需要注意的是，《本因經》中最為推崇的佛有兩位，一位是過去佛空王佛，一位是未來佛彌勒佛。關於彌勒信仰，前輩學者已經有過詳盡論說。[註17]這裡只簡要述說該經造作者對空王佛的推崇。[註18]在現存的正藏中，「空王

〔註17〕關於學界對彌勒信仰的研究成果，可參看王雪梅的整理，《彌勒信仰研究綜述》，《世界宗教文化》，2010 年第 3 期，第 87～92 頁。

〔註18〕關於中國中古時期的空王佛崇拜，日本學者手島一真先生曾收集了不少資料和文獻，參看《六──七世紀の山西・綿山における空王仏信仰》，《印度學佛教學研究》第 55 卷第 2 號，2007 年，第 36～39 頁；《空王仏と空王──石刻・伝世史料中における用例の考察》，《立正大學東洋史論集》，2008 年，第 11～24 頁，《唐代文献における「空王仏」と「空王」》（第四部會，〈特集〉第六十六迴學術大會紀要），《宗教研究》，2008 年，第 258～260 頁等。此外，手島一真先生還有幾篇關於空王佛的文章，可惜筆者還尚未見到，茲亦將其文章列於此，以供讀者索驥。《志超の史實と伝承──〈空王佛〉と稱えられた僧》，《立正史學》，2008 年；《空王仏と空王──漢文仏典における用例の考察》，《仏教文化の諸相：坂輪宣敬博士古稀記念論文集》，2008 年等。

佛」一名〔註19〕首先見於後秦鳩摩羅什譯《妙法蓮華經・授學無學人記品》。據該經載，釋迦佛和阿難曾同是空王佛的弟子，在空王佛所共同發願，但最後釋迦牟尼成為佛陀，而阿難成為佛陀的護法。〔註20〕但在正典中，空王佛的地位並不高，漢譯佛經中甚至沒有一部專門宣揚空王佛的經典。在《本因經》中，空王佛乃「佛之頭領」，可以「發柔軟制令，召諸方菩薩」〔註21〕，可以宣示三昧，為眾生指點津途，講述釋迦牟尼本起，講解化城之境，傳授離難之法。《本因經》的造作者甚至還認為，空王佛在世時，「人受九萬歲」，這在諸佛時代中是最長的。由此可見，造作者對空王佛是極為推崇的。

所以，從推崇的主佛和對釋迦佛的態度上看，兩經的差異是顯著的。

第二、《證明經》和《本因經》宣揚的解脫之道不同。

兩部經典的造作者都宣揚了值佛遇法、避難離災、療病續命之法，但他們宣揚的解脫和離難之法卻迥然不同。

在講述如何得遇彌勒時，《證明經》針對僧俗提出了不同的要求：

> 剃除鬚髮，出家學道，而披法服，隱居山林，坐禪學道，頭陀苦行……一心苦行，為人善說，善行教化，為說十善，勸人受戒，廣為演說，慈悲憐愍，度脫生死。長發無上菩提之心，挽拔危厄……若有造浮圖塔廟、講堂精舍、經書形象……嶮半治道、廣作義井，河次造浮橋，拯濟窮者……修持五戒，奉行十善，一月六齋，年三長齋，為人演說，度他自度，人我兼度……如是之人，得道不久，

〔註19〕據手島一真介紹，空王佛梵名當為「Dharmagaganābhyudgatarājasya tathāgatasyârhataḥ」。參手島一真《空王・空王佛・大空王佛——在北朝末・隋・唐時期尊格的展開》，此據手島一真在2012年召開的第四屆國際漢學會議的演講摘要，http://proj3.sinica.edu.tw/~icosas/04A_ch.php？sID=12。其實，空王佛在中古時期似乎並沒有固定的漢譯名，如在《正法華經》中翻為「超空如來」、在《佛說不思議功德諸佛所護念經》中翻為「過去超空如來」，在《六十華嚴》中翻為「法虛空妙德王佛」，在《八十華嚴》中則翻為「法空王如來」等。但南北朝已降，中國士人使用的最多的譯名還是「空王佛」和「空王如來」，如《北史・陸法和傳》中便曾引用過《法華經》中釋迦佛和阿難在空王佛前共同發心的典故。南北朝已降，也多見刻有「空王佛」的石刻，關於這些石刻的情況，可參看手島一真《空王仏と空王——石刻・伝世史料中における用例の考察》的整理和研究。

〔註20〕《妙法蓮華經・授學無學人記品》，《大正藏》第9冊，第29頁下～30頁上。

〔註21〕佛經中並沒有「柔軟制令」之說，卻有「所言柔軟」（見三國吳・支謙譯《佛說梵網六十二見經》）、「所說柔軟令人樂聞」（見唐・義淨譯《入定不定印經》）的說法，此處應當作是解。

　　皆見彌勒。

可見《證明經》強調的是出家苦行、恪守佛戒，重視布施，多行善事，更多的是一種信徒自度的行為。

　　《本因經》則更多的強調了佛魔聖戰之後彌勒的救世作用和信徒自身的因緣，經中載：

　　　　世尊出世時，撩除諸穢惡，分別五種人。有緣在水東，無緣在水西，水東值聖，得見明法王。

　　　　卻後數日，天出明王，地出聖主，二聖並治，並在神州。善哉治化，廣興佛法。慈愍一切，救度生死，得出火宅，得見大乘，引導生死，來詣化城。明王聖主，俱在化城，樓上打金鼓，遠告諸法子：「此法有因緣，尋解萬里通；此法無因緣，鼓隔壁聾。」

又如：

　　　　（彌勒）出世時，一放光明，三招有緣。

和《證明經》相比，《本因經》突出了彌勒下生救世的作用，信眾的自度色彩也並不那麼突出。

　　至於具體的避難離災、療病延壽的方法，《證明經》詳細列舉了諸如橫官、遠行、難產等七種日常困苦，強調要擺脫這些困苦，就必須「心中憶念普賢菩薩，讀誦此經典」。該經還特別要求「三稱南無佛，復稱九佛名」、「稱七佛名字」、「復稱四天下王名字」，認為稱佛和天王名字，可使一切困厄「悉皆消滅」。此外，該經還列出了 50 個鬼的名字，認為有病痛、有驚怕即可「誦此諸鬼神名字」，這樣就可不為鬼神所害。雖然這有中國傳統的影響在其中，但這種稱念鬼名即可脫難的信仰和念佛脫難信仰並沒有本質區別。所以《證明經》是在宣揚一種念誦即可解脫的思想。

　　和《證明經》念佛即可解脫的信仰不同，《本因經》更強調了讀誦經典的效力，認為「若在空野田、若在五濁惡世、若在病困中若在困厄中、若在邪行惡道毒中，長當讀誦此經典者，不見八難墮、不橫死、不遭橫官」，要求信徒善護香火、善持佛典，不可毀壞、輕慢佛法。

　　此外，《證明經》的主要內容是在描述釋迦涅槃前，普賢問法。由此看，其造作者很可能受到了涉及佛陀涅槃經典的影響。雖然在佛陀和普賢的對話中，通過宣說何種人可見彌勒等，強調了對未來佛的信仰，但這部經典推崇的主佛仍是釋迦佛。該經所展示的情景，仍然是佛陀在向世人強調守戒布施

的重要性。《本因經》更側重宣揚末法來臨。在《本因經》的造作者來看，釋迦佛在世時，世間充滿穢惡，彌勒出世即要「撩除穢惡」、「平除罪人」，建立一個新的世界。這個過程也就是許理和所歸納的「末劫──救世主──聖戰──新世界」的模式。〔註22〕相對於具有更多說教色彩的《證明經》，這部經則充滿了暴力。當有人不護持或迪慢佛法時，普賢菩薩便會遣諸天童子「手把金杖，刑害此人」。佛和菩薩的重要使命不是宣說教法，而是「撩除穢惡」，所使用的手段是暴力式的。這種暴力在彌勒出世時達到了頂點，出現了諸方菩薩和競起魔王的佛魔大戰。這部經似乎更加推崇用一種暴力手段來消除世間罪惡，其氣氛十分緊張和激烈。

所以，兩經在解脫之道上有顯著不同。

通過上面的論證，不難看出《證明經》中的主佛是釋迦牟尼，而《本因經》中的主佛是彌勒和空王佛。在解脫之道上，《證明經》更加強調稱念佛名的解脫方法；《本因經》則是宣揚護持佛法，強調經典的作用。《證明經》強調守戒布施，注重佛陀說教；《本因經》則強調彌勒下生救世，充滿了暴力氣息，氣氛十分緊張。所以兩經的差別是顯著的，不僅不可能是一部經典的兩部分，也不可能是由同一人同一時間完成。

第二節 《證明經》和《本因經》的相同

菊地章太、曹凌等學者在考察了《證明經》和《本因經》的語詞後，認為《本因經》曾在文字上參考過《證明經》，並是在《證明經》之後由後人續寫上去的。這個觀點無疑是正確的，但兩經的共同點似乎又不僅僅侷限於個別詞語的共同使用上。

第一、《證明經》和《本因經》採用的都是普賢菩薩和佛的對話形式。

普賢菩薩和佛在兩經中的角色是一致的。普賢菩薩是作為眾多菩薩、信眾的代表向佛詢問見彌勒、值善法、離災難、保平安等的途徑，他也是一位宣傳佛旨的信使，將佛的有關佛法、佛咒向信眾宣示；佛則是講法的主角。

第二、《證明經》和《本因經》都在宣揚彌勒信仰，「見彌勒」是它們共同

〔註22〕 參 Erik Zürcher, "Eschatology and Messianism in Early Chinese Buddhism", in W. L. Idema ed. *Leyden Study in Sinology*, Vol.15, Leiden: E.J. Brill, 1981, p.34~56。並參同氏 Erik Zürcher, "Prince Moonlight: Messianism and Eschatology in Early Medieval Chinese Buddhism", *T'oung Pao*, Vol.68, 1982, p.38~45。

的終極信仰。

《本因經》的彌勒信仰是十分突出的；《證明經》的彌勒信仰雖不如《本因經》那般明顯，但從佛和普賢問答中，我們也可以看出「見彌勒」是其最終的目的。如，《證明經》中普賢第一句話便揭示了他的關切，「釋迦涅槃後，彌勒未興世，眾生有所疑」，言下之意即是，釋迦涅槃後的一段時間內眾生會失去佛的護持，這種狀況會一直持續到彌勒興世。普賢的第二個問題則是明言「眾生云何作功德可見彌勒？」。其實這就是佛陀在該經中所要解說的問題。

兩經中的彌勒信仰還有另一個共同點，即都堅持彌勒下生信仰，並且都認為在彌勒下生前，要經過一個法王治世的時代。如，《證明經》言：「釋迦涅槃後，先做法王治，卻後三十年，彌勒正身下」。相對的，《本因經》則載：「世尊出世」前，「天出明王，地出聖主，二聖並治，並在神州，善哉治化，廣興佛法，慈愍一切，就讀生死，得出火宅，得見大乘，引導生死，來詣化城」，彌勒出世的過程則是「吾下之時，或兜率天上雀離浮圖，或從空而下」。〔註23〕

第三、《證明經》和《本因經》都強調了導師、良師的重要性。

在中國傳統文化中本身就蘊含著一種尊師重教的傳統，儒家自不需贅言，道教中則自張角自稱「大賢良師」、張道陵自稱「天師」已降，尤其是葛氏道、上清派等都比較重視師道和譜系的傳承。〔註24〕儒道二教對師道的推

〔註23〕曹凌認為《證明經》中關於彌勒正身下前三十年的段落文意非常混亂，恐是為了與《本因經》對彌勒下生的論述呼應而改過。參曹凌《中國佛教疑偽經綜錄》，第146～147頁，並見第147頁注1。筆者以為曹凌所舉的那幾句經文應當是《證明經》的原貌。茲摘略經文如下：（普賢菩薩）前白佛言：「世尊，釋迦涅槃後、彌勒未興世，眾生有所疑，云何為說之，願佛分別說。」佛言：「汝當至心聽，為汝分別說。我本根元或是定光身，或是句樓秦佛身，或是無光王佛身，或是寶勝佛身，或是登明王佛身，或是須彌尊王佛身，或是釋迦身。我本菩薩時，名為阿逸多。釋迦涅槃後，先做法王治。卻後三十年，彌勒正身下。若有所疑而是略說。」爾時普賢菩薩白佛言：「世尊，夫一切眾生云何作功德可見彌勒佛？」從中不難看出普賢和佛對話的邏輯，即普賢首先說出自己的擔憂，「釋迦涅槃後、彌勒未興世，眾生有所疑」，其後佛陀說自己一佛多身，甚至彌勒也是其化身，並預言了自己作為彌勒如何再次下生。這時，普賢便承接佛陀之語，進一步詢問了如何可見彌勒的問題。之後的經文則詳細講述了見彌勒的條件。所以，「彌勒正身下」這幾句經文放在《證明經》中並不顯得生硬，甚至起到了承前啟後的過渡作用。

〔註24〕關於葛氏道對道統和譜系的梳理的研究，可參〔日〕吉川忠夫《師受考——〈抱朴子〉內篇によせて》，《東方學報》，1980年，第52期，第285～315頁；此據王啟發漢譯本《六朝精神史研究》，南京：江蘇人民出版社，2012年，第327～353頁。

崇和重視，似乎更多的是源自對道統的重視，因為只有師道是正統，自己才能成為道統，才具有權威性。佛教也是非常重視導師的，佛陀十號之一便是「天人師」。淨土思想更是強調了在人進入淨土之前彌陀等佛和菩薩起到的引導作用。

對導師的推崇在《證明經》和《本因經》中顯示得特別突出和強烈。比如，在《證明經》中講到：

> 處處村落，為人演說。朝唱暮誦，拯濟群生。教於愚癡，令出污泥。引導眾生，得出煩惱。愚癡眾生，火宅自燒，不能自知。我遣良師，引導化之，方便說法，得出火宅。遠離生死，遭遇明師，譬如病人，值好良藥。病人得愈，無有苦患。

強調了「良師」的「導化」作用，能引導信眾逃出火宅。「導師」在《本因經》中更具神力，該經記：

> 卻後數日，天出明王，地出聖主，二聖並治，並在神州。善哉治化，廣興佛法。慈愍一切，救度生死。得出火宅，得見大乘。引導生死，來詣化城。

這裡的「二聖」似乎就是指彌勒等，不僅可以撩除穢惡，而且具有引導有緣到達化城的功能。又，「棖公白尊者，隨我分別之，隨我造弱水，我遣力士羅剎王，頭戴崑崙山，從地出踴泉，來至化城西，輾轉娑婆中，往詣加黃山，水上七寸橋，有緣在橋東，無緣在橋西。」這裡引導信眾到達化城的人物似乎又變為了棖公。

此外，除「棖公」〔註 25〕外，《本因經》還顯現出對其他中土神異僧的推崇，似乎也是一種對導師、良師崇拜的表達。經中講到「爾時如童菩薩月光童子是，爾時摩訶迦葉尊者是，爾時優波利（是）。堂公是初果羅漢，離諸生死；泰山僧朗是清淨羅漢；杯度是解空羅漢，號為隱公。」神異一直是佛教吸

〔註 25〕關於棖公，富安敦等學者認為應當是「橖公」、「澄公」，即佛圖澄。參 Antonino Forte, *Political Propaganda and Ideology in China at the End of the Seventh Century: Inquiry into the Nature, Authors and Function of the Tunhuang Document S.6502 Followed by an Annotated Translation*, p.306~307.但是《兩京新記》收有北周初神異僧「棖公」之事，「隋文帝長安朝堂即舊楊興村村門大樹，今見在。初周代有異僧，號為『棖公』，言詞恍惚，後多有驗。時村人於此樹下集言議，棖公忽來逐之，曰：『此天子坐處，汝等何故居此？』及隋文帝即位，便有遷都意，果移都於此。」參韋述撰、辛德勇輯校《兩京新記輯校》，西安：三秦出版社，2006 年，第 2 頁。所以此處「棖公」不必是「佛圖澄」。

收信徒的一種方法，神異僧在民間、甚至在社會上層都受到了尊奉。《高僧傳》等僧傳、比丘尼傳中都專設「神異」一目。南北朝以來，神異僧在民眾中的影響極大，許多都被尊奉為佛、神，甚至有許多偽經便是專門宣揚這些神異僧的救世功效，如《佛圖澄所化經》、《僧伽和尚欲入涅槃說六度經》等。《本因經》中列舉這些神異僧的意圖，恐怕也是借神異僧的威信來提高其在民眾中的影響力。

第四、《證明經》和《本因經》有一些共同用語和詞彙。

兩經在描繪某一事物和現象時都曾使用過相同或相近的語詞。比如：在描繪佛和菩薩到來時，都曾使用了「乘六牙白象，雨寶蓮華而來」；在描述佛和菩薩護祐信眾時，都曾使用了「我爾時遣諸天善神（或諸天童子）來營護」；在形容佛和菩薩神力時，都使用了「威神之力」等詞。當然，這些詞語在其他經典中也是很常見的。但還有一些語詞，卻是在其他經典中並不常見，甚至未被使用，而僅是出現在這兩部經典中。

如，「閻浮履地」一詞。據許理和考證，該詞最早為闍那崛多（活動於 560 ～600 年）使用。其他經文一般使用「閻浮利」、「閻浮提」、「閻浮里」或「閻浮梨」等詞。〔註 26〕在 CBETA 數據庫所收的所有經典中，我們查閱到該詞也只有在闍那崛多譯《佛說十二佛名神呪校量功德除障滅罪經》〔註 27〕、道世編《法苑珠林》〔註 28〕和《證明經》、《本因經》中曾使用過該詞。其實，道世書中所引仍是闍那崛多譯《佛說十二佛名神呪校量功德除障滅罪經》，所以佛典中也只有闍那崛多和《證明經》、《本因經》的造作者曾使用過該詞。故對該詞的考察，也成為許理和等學者斷定該經造作時間的一個重要依據。〔註 29〕

又如，「橫官」一詞。據鄭阿財考證，該詞僅見於此兩經，各詞書從未收錄，也未見於其他典籍。〔註 30〕

〔註 26〕 參 Erik Zürcher, Eschatology and Messianism in Early Chinese Buddhism, p.35, n.64。

〔註 27〕《佛說十二佛名神呪校量功德除障滅罪經》，《大正藏》第 21 冊，第 861 頁上。

〔註 28〕 釋道世撰、周叔迦、蘇晉仁校注《法苑珠林》，北京：中華書局，2003 年，第 645 頁。

〔註 29〕 Erik Zürcher, Prince Moonlight, p.35. 並參 Antonino Forte, *Political Propaganda and Ideology in China at the End of the Seventh Century: Inquiry into the Nature, Authors and Function of the Tunhuang Document S.6502 Followed by an Annotated Translation*, p.360, note 49.

〔註 30〕 參鄭阿財《敦煌疑偽經的語言問題》，第 279 頁。

　　把上述四個方面分開來看，似乎它們都是很平常的內容，可在其他經典中找到相似經文，但這幾個方面在抄寫在同一卷子的兩部經中同時出現，並且很多詞語和語句也為二者所獨有的現象卻是不平常的。《證明經》和《本因經》的共性又非僅僅體現在一些語詞上，也表現在一些信仰等思想方面。並且更為重要的是，這些共性之處也不是集中地出現在某一段或某一句經文中，而是零星地散佈於整個經本。

　　綜上討論，我們認為《證明經》和《本因經》在主題思想上存在著顯著差異，具有很強的獨立性，兩經都可以成為一部獨立的經典，不可能是同一人同一時間完成的；同時在語詞、信仰等方面，兩經在整個經本中都存在著相同之處。那麼，我們應該如何對這種不同又相同的現象進行解釋呢？在解釋這一現象之前，我們還必須解決一個問題，即兩經完成的先後問題。

第三節　《證明經》早於《本因經》

　　《證明經》和《本因經》的不同，向我們表明這是兩部不同的經典。但兩經之間的相同之處，似乎又向我們暗示二者之間存在著一方曾參考過另一方的可能。菊地章太和曹凌等都已注意到這一點，並認為是《本因經》參考了《證明經》。曹凌進一步指出《本因經》還曾抄錄和改寫過《證明經》的部分內容，以作為對《證明經》相應部分的呼應。〔註31〕但他們都沒有解釋何以必是《本因經》參考了《證明經》，而不是恰恰相反。

　　如果我們認為二者存在著一方參考另一方的可能性，首先就是要確認何者早出，何者後出。筆者以為有兩點可以支持《證明經》的造作在前，而《本因經》的參考在後。

　　第一，從經題角度看。《證明經》的完整經題是「普賢菩薩說此證明經」，而《本因經》的完整經題是「佛說證香火本因經第二」。我們注意到《本因經》的經題中有一個標識其經本順序的詞，即「第二」。「第二」一詞揭示出該經是一部經典的第二部分，於是我們很自然便認為《證明經》即是《本因經》經題所暗示的經本的第一部分，只是《證明經》的經題沒有「第一」等標識其經本順序的詞而已。這也許便是菊地章太等學者認為《證明經》早於《本因經》、

〔註31〕參〔日〕菊地章太《六世紀中國の救世主信仰——〈證香火本因經〉を手がかりに》，第321～325頁。曹凌《中國佛教疑偽經綜錄》，第146～147頁。

《本因經》參考《證明經》的一個不言自明的理由吧。這一點的確是我們判斷兩經先後順序的有力證據，但這還不能充分證明《證明經》必然在前。因為我們不能忽略了另一種可能性，即兩經原本就是兩部分離的經典，雖然存在著一方參考另一方的情形，但最初之時兩經本沒有被合抄在一起，只是在流通過程中，被人們以《證明經》在前、將《本因經》標識為「第二」而在後的形態合抄在一起了。換句話說，就是《本因經》經題中的「第二」兩字是在後人將二經合寫時添加上去的。如果這種合抄是隨意性的而未甄別二者真實的造作年代的話，那麼《本因經》經題中的「第二」一詞怕也是帶有隨意性的。這樣一來，「第二」一詞便不能再作為我們分辨兩經先後順序的依據了。所以，我們尚不能僅僅只依據經題的標識便斷定二者的先後。

第二，從佛經結構的完整性看。一般而言，一部完整的佛經在結構上可分為序分、正宗分和流通分，共三部分。以完整性來看，《證明經》只有序分和正宗分，缺少流通分，而《本因經》則三分具足。從表面看，似乎《本因經》更為全備，但事實果真如此嗎？

所謂的《本因經》流通分是從「爾時，佛告阿難」至經末，但是我們仔細分析這一部分便會發現，其內容完全是對《證明經》的總結。曹凌認為：

《本因經》最後一段文字，實為抄錄正文 A 部（即《證明經》——筆者注）之部分文字，且有缺略，使得語義含混不明，而諸敦煌本凡保留此一段文字者，均大同小異，可推想這種語義不完備的形式正是《佛說證香火本因經》的正確文字，由此可見，這個部分可能是為了呼應《普賢菩薩說此證明經》宣說普賢菩薩之力，而抄錄作為結尾的。〔註32〕

曹凌的這種認識無疑十分具有啟發性。但是筆者以為這一部分並不是《本因經》抄錄《證明經》而成，其本身就是《證明經》原文中的最後一部分。理由如下：

首先，這一部分絲毫沒有摻雜《本因經》的內容，無論是語言用詞，還是崇拜的主佛、解脫的方法等思想，都和《證明經》相當一致。但這裡出現了阿難尊者的形象。受釋迦佛遺命流佈經典的阿難尊者應該不是尊崇彌勒的《本因經》中的角色。其實，我們在《證明經》中也並未發現阿難的存在，所以如果流通分原屬於《證明經》，那麼《證明經》的最後一部分出現「阿難」角色，也是十分突兀的。但這一現象是可以得到解釋的。阿難是傳承釋迦佛法的重

〔註32〕參曹凌《中國佛教疑偽經綜錄》，第 146 頁，注 3。

要人物，在許多經典的中雖然不是中心角色，但在流通分中卻經常被佛委以流佈佛法的重任。比如在《佛說申日經》、《清淨毘尼方廣經》、《佛說地藏菩薩陀羅尼經》等經典中，阿難都是作為受持、流佈經典的使者在經的末尾才出現的。這種現象在疑偽經中也是頗為常見的，如《佛說示所犯者瑜伽法鏡經》、《佛說安宅神呪經》、《佛說安宅神咒陀羅尼經》、《像法決疑經》等。之所以出現這種現象，可能是因為疑偽經的造作者要借助聖者阿難的形象來增加自己經典的可信度。

其次，該部分是對《證明經》部分內容的總結，如該部分言：

> 我遣汝行此法，若女人少渴男子，受持此經，讀誦百遍，心中所願，無不獲得。若有縣官口舌共相牽挽，亦當讀誦此經典，即使其官化令慈心，無有諸惡。

在《證明經》中可以找到相對應的經文：

> 若有橫官，共相牽桄，枷鎖繫閉，心中憶念普賢菩薩，讀此經一百九遍，便令其官即發慈心，廣復大赦，解脫枷鎖，得離橫官，無有諸苦。……若有女人渴乏男女，少患兒息，亦當讀誦此經典者，所願便得。

這種造經手法在《證明經》經本中也有使用。如《證明經》前半部分中，普賢菩薩曾問佛何者可見彌勒，佛便列舉出六種人，即「剃除鬚髮，出家學道，而披法服，隱居山林，坐禪學道頭陀苦」之人、「一心苦行，為人善說，善行教化，為說十善，勸人受戒，廣為演說，慈悲憐愍，度脫生死，長發無上菩提之心，挽拔危厄」之人、「造浮圖塔廟、講堂精舍、經書形象」之人、「峪半治道，廣作義井，河次造浮橋，拯濟窮者」之人、「修持五戒，奉行十善，一月六齋，年三長齋，為人演說，度他自度，人我兼度」之人和「莫生染心，遠離恩戀，修持十善，一心苦行」之人。在其經本的最後部分，普賢菩薩也曾問佛何者不可見彌勒，佛亦列舉了十種人，即「出家沙門，剃除鬚髮，假染法服，不持具相，不離恩愛，背法墮俗」之人、「出家沙門，剃除鬚髮，避官役使，假披法服，飲酒食肉，青黃赤白，喜好莊嚴，乘騎驢馬，袈裟絞腰，治生販賣，巧升抖斗，撚秤前後」之人、「出家沙門，剃除鬚髮，假披法服，飲酒食肉，破齋夜食，偷盜三寶，破滅三寶，不持具相，作諸不軌」之人、「善根眾生，受持五戒，不肯習誦，損毀正法，信邪倒見，作諸不軌，毀損五戒，六根顛倒」之人、「受持五戒，假佛威神諸方教化，毀破形象」之人、「受持淨戒，

毀損十善，破此諸戒，飲酒食肉，作諸不善，破此三惡」之人、「愚癡眾生，不信三寶者，謗毀正法，謗毀比丘僧，謗毀優婆塞，謗毀優婆夷，謗毀三寶四聖，障如來正道，斷絕三寶」之人、「若有眾生斷官王路，破家劫奪，熒燒山澤，殺害眾生，無慈愍心」之人、「高遷富貴，輔國大臣，假官力勢，斷事不平，以直則曲，破小作大，枉殺良善，便取萬民」之人和「白衣道俗，作是諸惡，無慚無愧，猶如禽獸，牛馬畜生」之人。對比之下不難看出，《證明經》前半部分佛說可見彌勒之人和後半部分佛說不可見彌勒之人多是相對應的，不可見彌勒之人的行為，反過來就是可見彌勒之人的行為。

　　這種對前文呼應和總結的技法同時出現在《證明經》經本和《本因經》的流通分中，也使得我們可以斷定這兩部分是由同一人完成的。如此，《普賢菩薩說此證明經》中的唯一一個流通分便是屬於《證明經》而非《本因經》了。所以從這個角度看，《證明經》是三分具足，而《本因經》則缺少了流通分。將《證明經》的流通分移植為《本因經》的流通分，恐怕並不是後人將兩經隨意地合抄在一起的結果，而更可能是造作兩經的當事人刻意為之的產物。如果我們意識到這種移花接木技法的一個結果就是《本因經》被「埋藏」在《證明經》裏了，那麼便可以得出一個這樣的結論，即是《本因經》的造作者將《本因經》「埋藏」在了《證明經》中，而非《證明經》的造作者有意將《本因經》「包納」進其本經中。這種現象的存在也說明《證明經》的完成在前，《本因經》的移植在後。

　　現在，我們回過頭來看，《本因經》經題中的「第二」一詞確實是我們判斷兩經先後的重要證據。該經經題應當便是《本因經》造作者自己所加，其本意可能是以「第二」使本經和《證明經》區別開來，但也無意中透露出了標識兩經先後的關係。

　　所以，通過對經題和經卷結構的完整性兩個方面的探討，《證明經》早於《本因經》當是最合理的解釋。

第四節　《普賢菩薩說此證明經》經本的形成

　　通過上文的論述，我們可以認識到，《證明經》不僅包括敦煌本《普賢菩薩說此證明經》的第一部分，也包括第二部分《本因經》中的流通分部分。《證明經》的流通分被移植為《本因經》的流通分，給我們提供了一個可以

還原《證明經》原貌線索的同時，也為我們提供了一些認識《本因經》的造作者將《本因經》綴合到《證明經》的技法的提示，即《本因經》的造作者在造作該經時，首先是將《證明經》分割成了兩部分，之後在中間續寫了《本因經》。

通過對兩經相似部分的考察，我們可以對《本因經》的造作過程再進行一些復原。兩經的相似處散佈於經本的各個部分，似乎表明《本因經》造作之前，其作者便已經看到了《證明經》，並且是將《證明經》中的許多思想和語詞都運用到了《本因經》之中。

當兩經被綴合到一起時，綴合者也並不是十分突兀地將一段《證明經》的文字照搬過來，而是考慮到了經文在內容上的過渡。在流通分之前的幾句經文讓人十分費解，這幾句經文是：

> 爾時四天王如來滅度後，鬼神暴虐。世尊出世時，我等眷屬胡跪合掌，諦聽諦受，執取正法，奉行受持，不敢違犯，受持守護。
> 爾時我等眷屬在須彌頂上王四天下，若有善男子善女人，一心修行，慎莫染著，見苦莫避，見樂莫貪，為法喪身。爾時普賢菩薩從東方來，將諸天伎樂雨華動地。此人臨欲受終時，迎其精神，不見八難，得生東方阿閦佛國。

《本因經》中宣傳的一直是彌勒佛，也就是在宣揚彌勒淨土信仰，這裡突然出現了「東方阿閦佛」，亦即推崇東方阿閦佛國淨土。這種淨土信仰的出現顯得和之前的經文格格不入，相當生硬，不應是《本因經》本身的元素。如果以「為法喪身」一句為界，將這幾句經文分為兩節，我們可以發現，前半部分提到的「四天王」、「世尊出世」等都只能在《本因經》找到依據，所以前半部分使用的仍然《本因經》中的語言，仍然是在描述彌勒出世時對信徒們提出的要求。如果根據經本所宣揚的終極目的即是「見彌勒」來看，信徒們按照經文提出的要求行事的結果應是「見彌勒，入化城」，到達彌勒淨土。但根據後半部分的經文的來看，信眾們最後到達的卻不是彌勒淨土，而是「東方阿閦佛國」。這種信仰在《證明經》中也曾出現過一次，並且和《本因經》中的語句十分相近，其經文為「自欲命終之時，普賢菩薩迎其精神，不墮八難，得生東方阿閦佛國」。雖然「東方阿閦佛國淨土」信仰在《證明經》中的出現也十分突兀，但在沒有證據證明該句是在《證明經》完成之後才摻入進去之前，將其作為《證明經》的原貌，應是一種穩妥的處理方式吧。同樣，將《本因

經》中出現的「東方阿閦佛國」信仰視為摘抄《證明經》而來，也應是一種相對合理的解釋。從這裡不難看出《本因經》的造作者使用的一種處理方式，即一方面是表達著《本因經》的彌勒信仰，另一方面又抄略《證明經》的語句。他之所以如此大費周章，似乎是有意使這種綴合更顯自然和符合邏輯。這種刻意的做法也可以表明，兩經的綴合者並不是簡單地將《證明經》的流通分單獨地置於《本因經》之後，再將《本因經》插入中間，而是使用了將兩經語言雜糅混用的技法以使得這種綴合過渡的自然和順暢。從這個角度看，兩經的綴合工作和《本因經》的造作是同時完成的。

　　《本因經》造作者使用這些技法，使得《本因經》和《證明經》本可以完全分離、單獨流通的兩部經典，雖談不上已經融為一體，但無論是在語詞、還是在思想上都已經具有了一定的相似度，這也便是兩經不同又相同的原因之所在。其實，這也提示我們，在歷史上，曾經存在過兩個版本的《普賢菩薩說此證明經》，即只有《證明經》的單行本《普賢菩薩說此證明經》和「《證明經》＋《本因經》」的合抄本《普賢菩薩說此證明經》。

　　現在還有一個問題需要考慮，即《本因經》的造作時間。其實，該經的完成時間就是它和《證明經》合成一部經典的時間，亦即今本《普賢菩薩說此證明經》形成的時間。〔註33〕探討《本因經》造作時間問題，需要建立在對其思想、語詞等進行全盤和充分考察基礎之上，這不是本文所要解決的問題，這裡僅從目錄學角度對兩經合寫形態出現的時間進行一點推測。

　　通過歷代經錄記載，我們發現，自隋法經《眾經目錄》（後文簡稱《法經錄》）著錄「《普賢菩薩說此證明經》」以來，歷代經錄都將其標為「一卷」，可知自法經以至圓照等經錄僧所見《普賢菩薩說此證明經》都是一卷本的，其規模從來沒有改變過。〔註34〕那麼我們是否可以認為法經、智升、圓照等

〔註33〕《本因經》造作時間是一個十分複雜的問題，學界一般有（1）六朝梁之前成書說，參菊地章太《六世紀中國の救世主信仰──〈證香火本因經〉を手がかりに》，第325頁；曹凌《中國佛教疑偽經綜錄》，第147頁。（2）六世紀後半葉成書說，手島一真《空王仏と空王──石刻・伝世史料中における用例の考察》，第11頁；同氏《空王仏と空王──漢文仏典中における用例の考察》，等；（3）隋初成書說，古正美《從天王傳統到佛王傳統──中國中世佛教治國意識形態研究》，第183～184頁；（4）武后時代成書說，參戴密微《唐代的入冥故事──黃仕強傳》，第141～143頁；柴劍虹《讀敦煌寫卷〈黃仕強傳〉箚記》，第94頁。筆者也有文章研究此問題，參本書下編第三章。

〔註34〕除《大唐內典錄》、《大週刊定眾經目錄》將該經經題記作「普賢菩薩說證明

人所見《普賢菩薩說此證明經》是同一個本子，亦即敦煌本《普賢菩薩說此證明經》呢？如果這個推測成立的話，那麼敦煌本《普賢菩薩說此證明經》，即「《證明經》＋《本因經》」的形態早在《法經錄》撰成的 594 年之前便已存在了。也就是說，《本因經》早在 594 年之前便已被造作出來。如果根據許理和提出的依據「閻浮履地」一詞來判斷《普賢菩薩說此證明經》造作上線為 560 年的結論話〔註35〕，我們還可以進一步將《本因經》的完成年代也初步定在 560～594 年之間。這樣，《證明經》造作完成之後，很可能並沒有單獨流通很長時間，《本因經》的造作也完成了，合抄本《普賢菩薩說此證明經》就出現了。

結語

敦煌本《普賢菩薩說此證明經》確實是由兩部內容相差甚大的經典組成，《證明經》的完成在前，《本因經》的續寫和綴合在後。《本因經》的造作者在造作該經時明顯地吸收和借鑒了《證明經》的語詞及思想。這種吸收和借鑒可能是造作者為使兩經的結合更趨自然而刻意使用的技法，也可能是受到《證明經》影響不自覺的體現。《本因經》的造作者最初便將《證明經》分割成兩部分，在中間造作了該經。將兩經綴合在一起的完成者就是《本因經》的造作者本人，《本因經》的造作工作和兩經的綴合工作其實就是同一時間完成的。在綴合過程中，造作者刻意使用了將兩經語言雜糅混用和移花接木的技法以使得這項工作顯得自然和順暢，這種工作更多的體現在了對兩經結合部——尤其是對《證明經》的流通分和《本因經》原文最後部分——的處理上，以及借用《證明經》的語詞並將其散佈在整個經本的工作上。這一項工作很可能完成於 560～594 年之間。

《本因經》造作者所做的工作，使該經和《證明經》不僅在抄寫形態上成為了一體，而且在內容上也有了很強的關聯性。這樣一來，《本因經》便被刻意「隱藏」在了《證明經》之中，不僅在造作初始沒有獨立出來成為單行

經」外，歷代經錄均記為「普賢菩薩說此證明經」。這種經名不一致的現象，在敦煌卷中也存在。敦煌卷子間的不一致也恰恰說明歷代經錄記載《普賢菩薩說此證明經》和《普賢菩薩說證明經》就是一部經。

〔註35〕參 Erik Zürcher, "Prince Moonlight: Messianism and Eschatology in Early Medieval Chinese Buddhism" p.35。

本，而且在流通中也未能再被分離出來單獨流行。這也許便是後世的經錄家雖然看到了《本因經》，卻沒有在經錄中將其列出，而只是收錄了將該經「包納」其中的《證明經》經名的原因吧。後世的信眾也不能辨別何者才是《證明經》、何者才是《本因經》，甚至不知道二者本是兩部可以分離的經典，在抄寫時，仍保持了兩經合抄的形態。

　　不可否認，單行本的《證明經》確實曾經存在過，但其造作不久，合抄本《普賢菩薩說此證明經》便就出現了。從現存經卷的留存情況看，只有相當數量的敦煌本《普賢菩薩說此證明經》存世。這種留存情況給我們推測《普賢菩薩說此證明經》的傳播提供了一定的空間。唐初尤其是武則天掌權之後，隨著《黃仕強傳》的流佈、尤其是《大雲經疏》的引用，合抄本的《普賢菩薩說此證明經》可能也流佈於天下，盛極一時，以至在敦煌遺書中亦存有數量可觀的卷子。但目前只有敦煌本存世，則表明可能隨著武氏的衰落，曾被藉以鼓吹武氏統治的《普賢菩薩說此證明經》也受到了政治事件的衝擊，以至於只能在遠離政治中心的敦煌被保存下來。單行本的《證明經》沒有傳世，表明該經在流通中並沒有像合抄本《普賢菩薩說此證明經》那樣曾廣泛傳抄，而是日漸默默地消亡了，甚至沒有留下任何痕跡。

　　其實，在疑偽經中將不同兩部經典綴合成一部經典或在一部經典之後續寫經文的現象並不獨見於《普賢菩薩說此證明經》中，諸如《首羅比丘見五百仙人並見月光童子經》等經典中也存在著這種現象。〔註36〕對《證明經》和《本因經》兩經內容的分析，不僅使我們更加清晰地瞭解到了《證明經》和《本因經》的相互關係，更為我們提供了一個瞭解偽經造作者造作偽經過程和技法的線索。

〔註36〕關於《首羅比丘見五百仙人並見月光童子經》的經本結構及不同結構之間的關係和造作時間，可參考楊梅《4〜8 世紀中國北方地區佛教讖記類偽經研究》，首都師範大學歷史學院博士論文，2006 年；並參同氏《〈首羅比丘經〉文本內容及創作時代考》，《敦煌吐魯番研究》第十一卷，上海古籍出版社，2008 年，第 183〜198 頁。

第三章 《佛說證香火本因經第二》
造作年代考

　　《佛說證香火本因經》是發現於敦煌的一部佛教疑偽經，由於該經和宣揚武則天稱帝的《大雲經疏》有著密切關係，所以自其被發現起，便得到了學者們的廣泛關注。〔註1〕但敦煌本的《佛說證香火本因經》（後文簡稱《本

〔註 1〕 分參矢吹慶輝《鳴沙餘韻・解說篇》，京都：岩波書店，1933 年初版，此據京都：臨川書店，1980 年，第 207〜214 頁。同氏《三階教之研究》，東京：岩波書店，1926 年初版，1974 年再版，第 720〜736 頁。Antonino Forte, *Political Propaganda and Ideology in China at the End of the Seventh Century: Inquiry into the Nature, Authors and Function of the Tunhuang Document S.6502 Followed by an Annotated Translation.* Napoli, 2005, p.225~239, 263~270, 351~364. Erik Zürcher, "Prince Moonlight: Messianism and Eschatology in Early Medieval Chinese Buddhism", *T'oung Pao* LXVIII, 1~3 (1982), p.33~42. 同氏 "Eschatology and Messianism in Early Chinese Buddhism". Leyden Study in Sinology, Leiden, 1981, p.34~56.菊地章太《六世紀中國の救世主信仰──〈證香火本因經〉を手がかりに》，道教文化研究會編《道教文化への展望》，東京：平河出版社，1994 年，第 320〜341 頁。古正美《從天王傳統到佛王傳統──中國中世佛教治國意識形態研究》，臺北：商周出版社，2003 年，第 181〜185 頁。參柴劍虹《讀敦煌寫卷〈黃仕強傳〉箚記》，《敦煌語言文學研究》，北京大學出版社，1988 年，頁 248〜266；此據氏著《敦煌吐魯番學論稿》，杭州浙江教育出版社，2000 年，第 84〜101 頁。季羨林主編《敦煌學大辭典》，上海辭書出版社，1998 年，第 736〜737 頁，方廣錩撰《普賢菩薩說此證明經》條。林世田《〈大雲經疏〉初步研究》，《文獻》，2002 年第 4 期，第 47〜59 頁；同氏《敦煌所出〈普賢菩薩說證明經〉及〈大雲經疏〉考略──附〈普賢菩薩說證明經〉校錄》，《文津學誌》第一輯，2003 年，第 165〜190 頁；同氏《〈大雲經疏〉結構分析》，《麥積山石窟藝術文化論文集（下）》，蘭州大學出版社，2004 年 6 月，第 175〜196 頁；張子開《敦煌普賢信仰考論》，《山東大學學報（社會科學版）》，2006

因經》）從來沒有單獨流行，而是被冠以「佛說證香火本因經第二」抄寫在《普
賢菩薩說此證明經》（後文簡稱《證明經》）之後。關於《證明經》和《本因
經》的關係以及造作年代的先後順序，筆者已在前一章中有過詳細論述，本
章主要是想探討一下《本因經》的造作年代。

關於《本因經》的造作年代，學界主要存在著三種觀點，一是認為該經是
六世紀早期以前的作品，持有這種觀點的學者以菊地章太為代表。〔註2〕菊地
章太的結論主要源自他對《北史‧陸法和傳》中所用「香火因緣」一詞的判斷，
他認為該詞所闡明的典故即源自《本因經》，但「香火因緣」是否就是源自於
此呢？其實還是需要進一步辨析的。二是認為該經是高宗晚年、武后上臺之際
的作品，持有這種觀點的學者以鄭阿財、張子開等為代表。〔註3〕他們得出該
經作於麟德年間、武后稱帝之前的看法，主要是認為經中宣揚彌勒信仰、並極
力渲染「二聖」，這和高宗末年的政治形勢十分相似。但這樣單純地以政治形
勢來判斷一部偽經的造作年代，似乎也不太周全。三是認為該經是六世紀後半
葉的作品，這是手島一真的最新研究成果。〔註4〕這一結論的得出主要通過對
空王佛崇拜信仰的探討，但僅通過這一信仰而不涉及其他經文內容的討論似
仍有繼續探討的空間。四是認為該經是隋初開皇年間的作品，這是新加坡學者
古正美在其《從天王傳統到佛王傳統》一書中提出了的觀點。〔註5〕她過於強
調「佛教治國意識形態」，所有的觀點都建立其上，有「意識形態決定論」的

年第 4 期，第 69～80 頁；同氏《中土新創普賢信仰文獻敘錄》，《江西師範大
學學報（哲學社會科學版）》，2010 年第 6 期，第 65～70 頁；曹凌《中國佛教
疑偽經綜錄》，上海古籍出版社，2011 年，第 142～147 頁；鄭阿財《敦煌疑
偽經與靈驗記關係之考察》，《漢語史學報》第三輯，上海教育出版社，2000 年，
第 283～291 頁；同氏《敦煌疑偽經的語言問題——以〈普賢菩薩說此證明經〉
為例》，《敦煌吐魯番研究》第 8 卷，北京：中華書局，2005 年，第 267～285
頁；高婉瑜《試論〈普賢菩薩說此證明經〉與武周政權的關係》，《高雄師大學
報》第 16 期，2004 年，第 293～308 頁等。
〔註2〕參菊地章太《六世紀中國の救世主信仰——〈證香火本因經〉を手がかりに》，
第 325 頁。
〔註3〕參鄭阿財《敦煌疑偽經與靈驗記關係之考察》，第 288 頁；張子開《敦煌普賢
信仰考論》，第 75～79 頁；同氏《中土新創普賢信仰文獻敘錄》，第 68 頁。
〔註4〕參手島一真《空王仏と空王——石刻‧伝世史料における用例の考察》，《立
正大學東洋史論集》，2008 年，第 11 頁；同氏《空王仏と空王——漢文仏典
における用例の考察》等。
〔註5〕參古正美《從天王傳統到佛王傳統——中國中世佛教治國意識形態研究》，第
183～184 頁。

傾向。這種理論是否適用於可能產生於下層信眾的疑偽經還值得進一步討論。

　　本章擬從「香火」本義、經錄記載、二聖信仰、金翅鳥信仰、神異僧根公等角度，對《本因經》造作年代進行探討。

第一節　「香火因緣」的本義

　　關於「香火因緣」一詞，丁福保的解釋是：「（雜語）古人盟誓，多設香火告神，故佛家謂彼此契合曰香火因緣，謂如結盟於宿世，故逾分相愛也。」〔註6〕《漢語大詞典》的解釋是：「佛教語。香與燈火，為供奉佛前之物。因以『香火因緣』謂同在佛門，彼此契合。」有許多用例可以證明他們的解釋是正確的。二者使用到的最早的事例都是《北史・陸法和傳》，似乎認為該詞便是源於《陸法和傳》。依照他們的解釋，具體到《陸法和傳》，「香火因緣」一詞的含義便是指陸法和與梁元帝有結盟於宿世的因緣，「香火」即是「香與燈火」，乃盟誓之具。這種對《陸法和傳》的認識是否完全準確呢？

　　據《北史・陸法和傳》載：

> 　　法和平常言若不出口，時有所論，則雄辯無敵，然猶帶蠻音。善為攻戰具。在江夏，大聚兵艦，欲襲襄陽而入武關。梁元帝使止之，法和曰：「法和是求佛之人，尚不希釋梵天王坐處，豈規王位？但於空王佛所與主上有香火因緣，見主人應有報至，故求援耳。今既被疑，是業定不可改也。」〔註7〕

陸法和是在說他和梁元帝有「香火因緣」，這個因緣的見證者為空王佛。在現存的正藏中，空王佛首先見於後秦鳩摩羅什譯《妙法蓮華經・五百弟子受記品》，經文載：

> 　　爾時會中新發意菩薩八千人，咸作是念：「我等尚不聞諸大菩薩得如是記，有何因緣而諸聲聞得如是決？」爾時世尊知諸菩薩心之所念，而告之曰：「諸善男子！我與阿難等，於空王佛所，同時發阿耨多羅三藐三菩提心。阿難常樂多聞，我常勤精進，是故我已得成阿耨多羅三藐三菩提，而阿難護持我法，亦護將來諸佛法藏，教化成就諸菩薩眾，其本願如是，故獲斯記。」

〔註6〕丁福保：《佛學大辭典》，北京：文物出版社，1984年，第808頁。
〔註7〕《北齊書》卷三二《陸法和傳》，北京：中華書局，1972年，第430頁。

該經所講正是釋迦牟尼和阿難在空王佛所共同發願，最後釋迦牟尼成為佛陀，而阿難成為佛陀的護法。這一典故中佛陀與阿難的關係是可以和梁元帝與陸法和的關係做一對比的，即都是一主一從的關係。南北朝以來，視人主為「今日如來」日益成為佛教僧眾的共同認識。蕭梁時期，梁元帝之父梁武帝更是以「菩薩皇帝」自詡。所以如果說陸法和也是將梁元帝視為佛，應當是可信的。這樣以來，《陸法和傳》中所講的典故便可以明瞭了。利用釋迦牟尼和阿難共同在空王佛前發願的典故，陸法和向梁元帝闡明了自己之所以要竭力維護其帝業，就是因為在他眼中，元帝就是釋迦佛，而自己是阿難，是元帝的護法。他們的這一關係並不是今世所結成的，而是在空王佛時既已結成了。

從上面的論述看，《丁福保佛學大詞典》和《漢語大詞典》關於這一典故的基本含義的理解是正確的。但「香火」一詞的含義又如何呢？是否也是指盟誓之具呢？我們發現在「香火因緣」的最初版本中，佛陀和阿難並不是在空王佛前盟誓結緣，而是因「同發阿耨多羅三藐三菩提心」而結緣，這是一種因佛法而結的緣，似乎完全找不到盟誓之具「香」和「燈火」的蹤跡。

據郝春文先生考證，在《續高僧傳》中「香火」一詞是可以作為「佛法的象徵」的。〔註8〕單就《續高僧傳》而言，「香火」的這一意項在蕭梁時期既已出現，並且使用者多為南朝人。〔註9〕如果我們以「佛法」來理解陸法和所說典故，那麼「香火因緣」亦可作「佛法因緣」解。「佛法因緣」之意就是因佛法而結緣。如果我們以這一種認識再去理解《妙法蓮華經》中的故事，那麼佛陀和阿難同在空王佛所前發願，即是因佛法結緣，因「香火」「因緣」。所以「香火因緣」的出現可能就是南朝僧人以「香火」代替「佛法」一詞的結果，其本義應當是「佛法因緣」。這裡的「香火」是指佛法，而非盟誓所用的「香」和「燈火」。

在後世的一些詩文中，我們也發現了「香火因緣」仍在被人使用，並且其意項往往為「同在佛門，彼此契合」，如白居易《喜照、密、閑、實四上人見過》中「臭帑世界終須出，香火因緣久願同」〔註10〕，白居易在這裡便是用這一典故表露了自己願與宗密等大德同修佛法；又如蘇軾《龜山辯才師》詩：「何當來

〔註8〕參曉文《釋「香火」》，《北京師範學院學報》，1992 年第 5 期，第 70 頁。

〔註9〕參《續高僧傳》之「釋安廩傳」、「智敷傳」等。

〔註10〕參〔唐〕白居易著、朱金城箋校《白居易箋校》，上海古籍出版社，1988 年，第 2117 頁。

世結香火，永與名山躬井磑。」〔註11〕這裡便是化用「香火因緣」一詞，表明自己希望可以和龜山辯才一起隱居名山。但「香火因緣」是從《陸法和傳》中衍生出來的詞，本身便具有一定的政治色彩。這一特色在後世也有體現。如前蜀僧貫休《蜀王登福感寺塔三首》之一讚頌蜀王：「天資忠孝佐金輪，香火空王有宿因。此世喜登金骨塔，前生應是育王身。」〔註12〕「天資忠孝佐金輪」中「天資忠孝」之人當指蜀王，金輪王當為前蜀當時宗奉的已經滅亡了的唐王室。「香火空王有宿因」當指蜀王與唐朝皇帝在空王面前曾共同發願，現今蜀王為唐皇帝護法。這裡和佛典不同的時，唐皇帝的身份是金輪王而非佛陀，可以理解為這是貫休對這一典故的改用，抑或者在貫休看來，皇帝即如來，金輪王亦如來。在後世眾多的詩文中，僧貫休的用法應當是最接近陸法和當時的認識。

從上面的論述看，「香火因緣」的本義即是「佛法因緣」，指佛陀和阿難在空王佛前因佛法而結緣。陸法和用「香火因緣」指他和梁元帝是護法和佛陀的關係，這種關係是前世在空王佛所因佛法而結成的。「香火因緣」具有了人主為佛陀，高僧為護法的傾向，並在後世具有了轉輪王護法的色彩。

在《陸法和傳》中，陸法和所舉典故應當是本於《妙法蓮華經》所講的故事，而非《本因經》，所以，我們不能用《陸法和傳》來作為《本因經》造作時間的下限。此外，考慮到陸法和在當時的影響力，如果他在這裡使用的是源於《本因經》的一個典故，那麼《本因經》最晚在梁元帝時期已經被造做出來，並且已經具有了相當的影響力。如此，這部經典應當為與梁元帝有過直接交往的僧祐所知曉。〔註13〕但在對疑經進行過具體分析和分類的《出三藏記集》中，我們卻絲毫沒有找到關於《本因經》的任何痕跡。從這個角度看，我們也不能斷定《本因經》在梁元帝之前既已出現。

第二節　經錄上的證據

通過歷代經錄記載，我們發現，自隋法經修撰《眾經目錄》（後文簡稱《法

〔註11〕〔宋〕蘇軾著、李之亮箋注《蘇軾文集編年箋注》附錄一《蘇軾詩集》卷一四《龜山辯才師》，成都：巴蜀書社，2011 年，第 254 頁。

〔註12〕〔唐〕貫休撰、陸永峰校注《禪月集校注》卷一九《蜀王登福感寺塔三首》，成都：巴蜀書社，2012 年，第 386～387 頁。

〔註13〕關於僧祐和梁元帝的交往，參〔梁〕釋慧皎撰、湯用彤校注《高僧傳‧附錄》，北京：中華書局，1992 年，第 566 頁。

經錄》)（完成於開皇十四年，594 年）著錄該經（「《普賢菩薩說此證明經》」）以來，歷代經錄都將其標為「一卷」。除《大唐內典錄》、《大週刊定眾經目錄》將該經經題記作「普賢菩薩說證明經」外，歷代經錄均記為「普賢菩薩說此證明經」。這種經名不一致的現象，在敦煌卷中也存在，但敦煌卷子所記內容卻是一致的，所以這種經題不同、經文相同的現象恰可以說明歷代經錄記載的《普賢菩薩說此證明經》和《普賢菩薩說證明經》就是同一部經。

自法經以至圓照等經錄僧所見《普賢菩薩說此證明經》都是一卷本的，經卷的規模似乎從來沒有改變過。那麼，我們是否可以認為法經、智昇、圓照等人所見《普賢菩薩說此證明經》是同一個本子，亦即敦煌本《普賢菩薩說此證明經》呢？如果這個推測成立的話，那麼敦煌本《普賢菩薩說此證明經》，即「《證明經》+《本因經》」的形態早在《法經錄》撰成的 594 年之前便已存在了。也就是說，《本因經》早在 594 年之前便已被造作出來。如果根據許理和提出的依據「閻浮履地」一詞來判斷《普賢菩薩說此證明經》成立上限為 560 年的結論〔註 14〕，我們還可以進一步將《本因經》的成立年代也初步定在 560～594 年之間。

第三節　關於「二聖」

《本因經》原文記：

> 卻後數日，天出明王，地出聖主，二聖並治，並在神州。善哉治化，廣興佛法。慈愍一切，救度生死，得出火宅，得見大乘，引導生死，來詣化城。明王聖主，俱在化城，樓上打金鼓，遠告諸法子：「此法有因緣，尋解萬里通；此法無因緣，鼓隔壁聾。」

經中出現的「二聖」即天出明王和地出聖主。由於《本因經》和為武氏上臺造勢的《大雲經疏》有著極為密切的關係，所以《本因經》中出現「二聖」一詞極易讓人聯想到唐高宗與武后曾並號「二聖」的歷史。《舊唐書・則天皇后本紀》載：

> 永徽六年，廢王皇后而立武宸妃為皇后。高宗稱天皇，武后亦稱天后。后素多智計，兼涉文史。帝自顯慶已後，多苦風疾，百司表奏，皆委天后詳決。自此內輔國政數十年，威勢與帝無異，當時

〔註 14〕參 Erik Zürcher, Prince Moonlight, p.35, note64.

稱為「二聖」。〔註15〕

從表面看，《本因經》和武后確實有著非常明顯的聯繫，但是這種聯繫不能被過分演繹，《本因經》中的「二聖」和高宗時期的「二聖」之間不能直接畫上等號。首先，我們在《大雲經疏》所引《證明因緣讖》中完全找不到「二聖並治」的痕跡。若《本因經》專為武氏而作，那麼在《大雲經疏》中為何不加以引用？其次在武氏之前的歷史中也存在著類似的、甚至完全一致的說法。比如《隋書・文獻獨孤皇后傳》載：

> 后每與上言及政事，往往意合，宮中稱為「二聖」。〔註16〕

這裡的「二聖」指隋文帝和獨孤皇后（554～602 年）。他們並號「二聖」的情形和唐高宗、武后並稱「二聖」的情形十分類似。

「二聖並治」的說法在信仰領域也是存在的。比如可能形成於唐中後期的《僧伽和尚欲入涅槃說六度經》便載，僧伽和尚言：

> 以後像法世界滿、正法興時，吾與彌勒尊佛同時下生，共坐化城，救度善緣。元居本宅，在於東海。是過去先世淨土緣，為眾生頑愚難化，不信佛法，多造惡業，吾離本處，身至西方，教化眾生，號為釋迦牟尼佛。東國遂被五百毒龍陷為大海，一切眾生沉在海中，化為黿鼉魚鱉。吾身已後，卻從西方胡國中來，生於閻浮，救度善緣。……吾後與彌勒尊佛下生本國，足踏海水枯竭。遂使諸天龍神八部聖眾，在於東海中心，修造化城。金銀為壁，琉璃為地，七寶為殿。〔註17〕

這裡的僧伽和尚和彌勒是同時下生，即同時從天而降，並一同治化世間。「共坐化城」一語與《本因經》中的「明王聖主，俱在化城」十分接近。該經中僧伽和尚的身份卻不僅僅只是佛教的，還有道教的。該經記：「吾離本處，身至西方，教化眾生，號為釋迦牟尼佛。……吾身已後，卻從西方胡國中來，生於閻浮，救度善緣。」這裡可以看到很明顯的道教的化胡痕跡，本經中的「二聖」即兼有佛道兩種身份的僧伽和佛教的彌勒。

其實，化胡色彩在《本因經》中也有體現，經文載：

> 老子作相師，白選承釋迦。老子重瞻相，此人非常聖。難解難思議，號為釋迦文。九龍與吐水，治化彌勒前。元初苦行時，居在

〔註15〕劉昫等撰《舊唐書》卷六《則天皇后》，北京：中華書局，1975 年，第 115 頁。
〔註16〕魏徵等撰《隋書》卷三十六《后妃》，北京：中華書局，1973 年，第 1109 頁。
〔註17〕《大正藏》第 85 冊，第 1463 頁中～下。

迦黃山。乃久不得道,來至崑崙山。乃久不得道,來至蒲城山。展
轉至五馬道,從海中心入,即為造化城。化城何物作:琉璃作外郭,
舉高七百尺;白銀作中郭,舉高七百尺;紫金作中城。

從這段經文不難看出,造作者將道教之老子與佛教之佛陀融合在了一起,老
子即釋迦文佛,釋迦文佛所行即老子所為。老子不僅是帝王師,「治化彌勒前」,
而且還在海中心「造化城」。這裡值得注意的是,《本因經》和《僧伽和尚欲入
涅槃說六度經》描寫的化城也相當一致,〔註 18〕首先在位置上都位於「海中
心」且周圍都有弱水圍繞,信眾只能由「良師」引導,通過「法橋」或「寶
船」方得進入化城;其次在質地上都用金銀和琉璃。這種描繪怕是中土信眾
自己的創造。

　　這種化胡說背景下的「二聖」說,早在南北朝時期既已出現。敦煌本 S.2081
《太上靈寶老子化胡妙經》可能是一部作於六朝末年的重要道教化胡經。〔註
19〕該經載:

　　　　□等能屬道者,無上最真。樂佛者,亦是我身。有一長者問曰:
天下唯言一生(身),大聖云何復有二尊?天尊答曰:我觀見天下邊
國,胡夷越老,一切眾生,心意不同,不識真偽,不信罪福,各行
惡逆,是故我今分身二乘,教化汝取(耳)。……〔註 20〕

這段是講天尊根據中國和邊國民眾的不同情況而採取不同的教化,在中國興
化道教,而在「心意不同,不識真偽,不信罪福,各行惡逆」的邊國推行佛
教。該經將「天尊」和「佛陀」治化分別開來,是南北朝道教在處理佛道關係
時以「夷夏論」為理論指導而所採取的一種普遍做法。〔註 21〕我們不妨可以

〔註 18〕南北朝已降,在民眾信仰中,「化城」有一種取代淨土的傾向。相關論述,可
　　　　參本書下編第四章《化城:終極的樂土》。

〔註 19〕關於該經的時代,吉岡義豐最初認為當是初唐以後的作品,後又認為是公元
　　　　570 年前後的作品。分參吉岡義豐《道教と佛教》第一,東京:國書刊行會,
　　　　1983 年,第 470 頁;第三,東京:國書刊行會,第 59 頁;大淵忍爾認為是
　　　　唐代作品,參《敦煌道經・目錄編》,東京:五福書店,1979 年,第 324 頁。
　　　　王卡認為此經應出於東晉末北魏初,參《敦煌道教文獻研究:綜述・目錄・
　　　　索引》,北京:中國社會科學出版社,2004 年,第 189 頁。

〔註 20〕釋文參郝春文主編《英藏敦煌社會歷史文獻釋錄》(第十卷),北京:社會科
　　　　學文獻出版社,2013 年,第 398~399 頁。

〔註 21〕關於南北朝時期道教在處理化胡說上採取的策略和態度,參看劉屹師對《化
　　　　胡經》的相關研究論文,尤其是《唐代道教的「化胡經說」與「道本論」》,
　　　　初刊榮新江主編《唐代宗教信仰與社會》,上海辭書出版社,2003 年,第 84

稱之為道教的「二尊並治」。

　　《太上靈寶老子化胡妙經》的「二尊並治」和《本因經》、《僧伽和尚欲入涅槃說六度經》所體現的「二聖並治」現象似乎是同一系統，可能都是中古化胡說影響下的作品。

　　所以，從上文的論述看，在中古時期，社會上至少存在著兩種性質的「二聖」論，即政治上的皇帝皇后並治之「二聖」和「化胡」背景下的佛道並化「二聖」。筆者以為，《本因經》中描繪的「二聖並治」並不一定就是受政治影響產生，而更可能是中古時期流行的「化胡說」的產物，姑且稱之為「化胡二聖」。

第四節　經中的「金翅鳥」

　　金翅鳥，梵文名即 Garuda，音譯則為迦樓羅、揭路荼、迦嘍荼等，原是古代印度神話中的一個神鳥，後為佛教所吸收，成為佛教護法，是天龍八部之一。它在《本因經》中扮演了一個非常重要的角色，即拯救信眾，帶其至兜率天宮。經載：

　　　　我爾時天上遣金翅鳥，下召取有緣。此鳥身長二十里，縱廣三
　　　　十里，口銜七千人，背負八萬人，得上兜率天。

不難看出，在彌勒「平除罪惡人」之際，金翅鳥承擔著救助信眾的責任。但金翅鳥的這種功能在正典中並不存在，所以很可能是中土自己的創造。中古時期，金翅鳥在中土的影響日漸擴大，但其救世角色並不突出。據筆者所見，有一個相近的事件就是隋末城父朱粲叛亂。《資治通鑒》載：

　　　　城父朱粲始為縣佐史，從軍，遂亡命聚眾為盜，謂之「可達寒
　　　　賊」，自稱「迦樓羅王」，眾至十餘萬，引兵轉掠荊、沔及山南郡縣，
　　　　所過噍類無遺。〔註22〕

朱粲自稱「迦樓羅王」，是否也藉以表達自己承擔著一種救世神聖的使命？〔註23〕其用意我們已不得而知，但他的這一稱號表明至少在北朝末年，北方地區

　　　　～124 頁；此據《經典與歷史：敦煌道經研究論集》，北京：人民出版社，2011
　　　　年，第 53～89 頁。
〔註22〕司馬光等撰《資治通鑒》卷一百八十二《隋紀六》，「煬帝大業十一年十一月」
　　　　條，北京：中華書局，1956 年，第 5701 頁。
〔註23〕在南北朝已將，許多起義或叛亂的領袖，都借用佛教和道教等信仰，表達自
　　　　己承受神聖使命，以吸收信眾、壯大力量，比如所謂的借彌勒、月光童子、
　　　　李弘之名而發動的叛亂就有很多。

盛行著「迦樓羅王」崇拜。考慮到在北朝末年前後「迦樓羅」信仰具有這麼濃厚的救世色彩，朱粲的稱號是不是《本因經》所體現出的「迦樓羅」信仰的一種反映呢？

此外，還有一點值得注意，即金翅鳥救人的方式是「口銜七千人，背負八萬人」，這也是正典中所沒有的。由於和中國傳統的「鵬」十分相似，所以金翅鳥自傳入中土便被人們和鵬混在了一起。「鵬」是可以載人的，這一點可能也是《本因經》中金翅鳥載人的一個來源。同時，據宮川尚志研究，自六朝末年「金翅」一詞成為了規模巨大的戰船的名稱，並推測「金翅」很可能即是佛教之「金翅鳥」。〔註24〕誠如是，則六朝末年以來，「金翅鳥載人」便很可能便是社會上一種普遍的認識。

第五節　神異僧——棖公

關於《本因經》對神異僧的推崇，筆者已經有所論述，〔註25〕這裡僅就可能與該經斷代有直接關聯的「棖公」進行一些簡單探討。《本因經》載：

> 棖公白尊者：「遠召有緣人。」棖公白尊者：「分別五種人。」
> 尊者語棖公：「云何可分別？」棖公白尊者：「隨我分別之，隨我造弱水。我遣力士羅剎王，頭戴崑崙山，從地出踴泉，來至化城西，展轉娑婆中，往詣加黃山。水上七寸橋，有緣在橋東，無緣在橋西。召我諸法子，一時在化城。」

棖公在這裡的出現是非常的突兀的，並且全經僅此處出現。富安敦等學者認為應當是「棠公」〔註26〕、「樑公」、「橙公」、「澄公」，即佛圖澄。〔註27〕但是經文的前一部分在描述觀音和普賢分身時提到「堂公」，經文是「爾時如童菩薩月光童子是，爾時摩訶迦葉尊者是，爾時優波利（是）。堂公是初果羅漢，

〔註24〕參宮川尚志《六朝史籍に見ゆる金翅と云ふ語に就きて》，《東洋史研究》第2卷第4號，1937年，第359～363頁。

〔註25〕參本書下編第第二章《敦煌本〈普賢菩薩說此證明經〉經本研究》。

〔註26〕敦煌研究院藏編號785題為「佛圖棠所化經」，此「佛圖棠」即佛圖澄。相關研究參看，邰慧莉《敦煌寫本〈佛圖澄所化經〉初探》，《敦煌研究》，1998年第4期，第96～133頁。

〔註27〕參 Antonino Forte, Political Propaganda and Ideology in China at the End of the Seventh Century: Inquiry into the Nature, Authors and Function of the Tunhuang Document S.6502 Followed by an Annotated Translation. Napoli, 2005, p.304~305, note 240.

離諸生死；泰山僧朗是清淨羅漢；杯度是解空羅漢，號為隱公。」這裡所用「堂公」，在《大雲經疏》中作「橙公」，似乎更可能是「棠公」、「樘公」，亦即「澄公」。如是，則經文對石趙之「澄公」、苻秦之「僧朗」、劉宋之「杯度」的排列是按時間順序而來的。這樣看來，《本因經》造作者對三人的神異似乎是相當瞭解的，如果在前文已將「澄公」寫作「堂公」，而後文為何又用「棖公」代換呢？所以筆者懷疑「棖公」可能另有其人。

《兩京新記》收有北周初神異僧「棖公」之事：

> 隋文帝長安朝堂即舊楊興村村門大樹，今見在。初周代有異僧，號為『棖公』，言詞恍惚，後多有驗。時村人於此樹下集言議，棖公忽來逐之，曰：「此天子坐處，汝等何故居此？」及隋文帝即位，便有遷都意，果移都於此。〔註28〕

隋文帝遷都之事在開皇二年（582 年），可知棖公在開皇初已經被人傳為神異。和《本因經》所描述的「棖公」相比，除周隋之際的「棖公」也有神異外，二者還有一點十分相似，即二者都和化城、都城有關。《本因經》中，棖公是一位良師，會引導信眾到達彌勒所在之「化城」；周隋之際的「棖公」則指出了隋文帝遷都之地址。如果我們可以將帝王和如來、彌勒相併論，那麼「大興城」和「化城」似乎也有相通之處。所以筆者認為，《本因經》之「棖公」亦即周隋之「棖公」，《本因經》所載「棖公」引路之事很可能便是周隋之「棖公」指認都址之事的反映。

棖公之事在中國歷史上並不突出，但隋文帝建大興城卻是當時舉世矚目之事。為此，圍繞新都營建，出現了種種輿論宣傳。如開皇元年（581 年），當隋文帝和高熲、蘇威二人定議之後，季才便上奏言：

> 臣仰觀玄象，俯察圖記，龜兆允襲，必有遷都。且堯都平陽，舜都冀土，是知帝王居止，世代不同。且漢營此城，經今將八百歲，水皆鹹鹵，不甚宜人。願陛下協天人之心，為遷徙之計。〔註29〕

此舉甚得文帝歡心，並在此之後便親下詔書，向天下宣布營造新都，這份詔書在費長房編撰的《歷代三寶紀》（開皇十七年、597 年撰成）有收錄：

> （開皇）二年季夏詔曰：殷之五遷，恐民盡死。是則以吉凶之

〔註28〕韋述撰、辛德勇輯校《兩京新記輯校》，西安：三秦出版社，2006 年，第 2 頁。

〔註29〕〔唐〕魏徵等撰《隋書》卷七八《庾季才傳》，北京：中華書局，1973 年，第 1766 頁。

士，制長短之命，謀新去故，如農望秋。龍首之山，川原秀麗。卉
物滋阜，宜建都邑。定鼎之基永固，無窮之業在茲。因即：城曰大
興城，殿曰大興殿，門曰大興門，縣曰大興縣，園曰大興園，寺曰
大興善寺。〔註30〕

關於該詔書在佛教發展中的影響，曾親身經歷了隋代佛教興盛的費長房的看
法是：「三寶慈化，自是大興。萬國仁風，緣斯重闡。伽藍鬱跱兼綺錯於城隍，
幡蓋騰風更莊嚴於國界。法堂佛殿既等天宮，震旦神州還同淨土。」在當事
者眼中，這份詔書似乎就是為推動佛教興盛而頒，其結果就是「震旦神州還
同淨土」，中國成了一個「佛國」。費長房無疑將此舉和隋文帝種種崇佛行為
聯繫在了一起。其實，佛教徒對建都之事的參與不僅僅只在於為之歡呼。古
正美在其作品中曾提到《本因經》中的一段文字和隋初的一份詔書的語句十
分一致。《本因經》載：

閻浮無罪人，國作佛國，州作佛州，郡作佛郡，縣作佛縣，黨
里作佛里，鄰作佛鄰。

從語句的形式看，兩件文獻都採取了「某曰某」、「某作某」排比式的敘述形
式。所以從內容和語句形式看，二者都是確實有著相當的一致性。這說明，
《本因經》的造作者很可能曾看到了文帝的營建新都詔。根公指認新都顯然
也應該視為佛教徒圍繞遷都、為迎合統治者而製作出來的神異事件。如是，
《本因經》則可能是隋文帝遷都（582年）之後的作品。

　　鑒於根公在中國歷史上影響並不突出，歷代僧傳無收，其影響力似乎也
僅限於北周的統治範圍和周隋之際。如是，根公在《本因經》中的出現，是否
又暗含著《本因經》是一隋初關中、或者北方的作品呢？

餘論

　　《本因經》在隋初可能已經被造作出來，但是造作之初，其流行可能並
不廣。我們對《普賢菩薩說此證明經》在唐初以前的流行情況，可以通過《黃

〔註30〕 參《大正藏》第49冊，第101頁上。該詔書在《隋書·高祖本紀》中也有收
　　　　錄，但不同的是「城曰大興城……自是大興」幾句無收，參《隋書》卷一《高
　　　　祖紀上》，第17～18頁。儘管如此，其他材料的記錄也可以左證費長房的記
　　　　載應當是正確的。如《兩京新記》：隋文初封大興公，及登極，縣、門、園、
　　　　池，多取其名。（韋述撰、辛德勇輯校《兩京新記輯校》，第2頁。）

仕強傳》窺得一些。據該靈驗記記載，掌文案鬼傳授被誤抓入冥的黃仕強長命之法，即「訪寫《證明經》，得壽一百二十歲」。黃仕強還陽後，「因即訪見此經，求本竟無所得，唯得《明證經》」，其後是根據彭慧通家的佛經目錄，才發現該經只在三處有本，「京師兩寺有本，江淮南一處有本」。《黃仕強傳》雖是一文學作品，其內容不可全信，但文中傳遞出《證明經》在社會流通不廣之事似是事實。從現存唐之前典籍不曾引用或提及該經也可得出相似的結論。其實，就大多數疑偽經而言，它們的流通具有很強的地域性和時代性，像《高王觀世音經》那樣能流通全國各地並長時間盛行的疑偽經確實很少。但《普賢菩薩說此證明經》這種流通少的局面，隨著《大雲經疏》的造作和武則天的上臺得到了極大扭轉。《大雲經疏》所引用《證明因緣讖》之經文，除個別字詞和詞語順序不同外，全部來自《本因經》。〔註31〕隨著《大雲經疏》的頒行於全國，《普賢菩薩說此證明經》很可能也得到了廣泛的傳播，以至在敦煌遺書中亦存有數量可觀的卷子。〔註32〕

　　值得注意的是，《本因經》在宣揚彌勒信仰的同時，也非常重視對空王佛的崇拜，〔註33〕但《大雲經疏》所引《證明因緣讖》全部是推崇彌勒的內容。雖然我們並不能確定這種對《本因經》的不同解讀是否就是南北朝末年以至唐初空王佛和彌勒信仰演變的反映，但是可以肯定的是《本因經》的造作是在空王佛和彌勒崇拜的背景下完成的，而截取《本因經》的《證明因緣讖》則是在「武則天＝彌勒」政治宣揚的背景下出現的。〔註34〕換言之，《本因經》

〔註31〕富安敦先生曾試圖將「證明因緣讖」解釋為「證明香火因緣讖」（prophecy attesting the cause 〔of the Incense Burning〕），認為，這樣一來，《大雲經疏》所引用的經本身就是指《本因經》，而非《證明經》。參 Antonino Forte, Political Propaganda and Ideology in China at the End of the Seventh Century: Inquiry into the Nature, Authors and Function of the Tunhuang Document S.6502 Followed by an Annotated Translation. p.355, note 33.筆者以為將「證明因緣」理解為「《本因經》的讖語」無疑是正確的，但這個名字更可能是將《普賢菩薩說此證明經》經題和《本因經》重點強調的「香火因緣」混合在一起的結果。

〔註32〕關於《普賢菩薩說此證明經》在敦煌的保存情況，參看曹凌的整理和統計，《中國佛教疑偽經綜錄》，上海古籍出版社，2011 年，第 142～145 頁。

〔註33〕參本書下編第二章。

〔註34〕富安敦先生認為武則天也是相當推崇空王佛的，其理由是武曌之「曌」由「明」＋「空」組合而成，而「明」即《本因經》中之「明王」，「空」即《本因經》中之「空王佛」。參 Antonino Forte, *Political Propaganda and Ideology in China at the End of the Seventh Century: Inquiry into the Nature, Authors and Function of the Tunhuang Document S.6502 Followed by an Annotated Translation.*

本是一部反映信眾信仰的作品，但到了武則天時期出於政治的需求，《本因經》被賦予了更濃厚的政治色彩，這一色彩也改變了它的流通面貌——從一部幾乎無人知曉的疑偽經而成為流佈天下的聖典。但是可能在武氏失勢後，這部盛極一時的經典也逐漸被人遺忘，以至於我們只能在封閉千年的藏經洞中找到其蹤跡。

疑偽經的造作雖然有著很強的目的性，[註35]但是它畢竟更多的是低層次信眾的作品。政治可能會影響、甚至決定它在社會上的流通，但將其和某一重大的政治事件聯繫起來、甚至認為是為專制統治服務則可能有失草率。《本因經》可能是隋初的一部作品，它的出現可能和當時社會上流行的空王佛和彌勒信仰有關。棖公等信息的存在雖然暗示該經很可能與當時社會上產生很大影響的隋文帝遷都一事有關，但這很可能是對社會時事的一種不自覺的反映，我們並不能據此便斷言它是一部為迎合統治者而創作的作品。

中古皇權統治對社會的影響是方方面面的，一部民間作品雖不是為皇權而作，但卻可以被用來為皇權服務。將《本因經》「包納」其中的《普賢菩薩說此證明經》在不同時期的流通情形便給我提供了一個皇權影響經典流通的生動例證。

p.356~358.富安敦先生的解釋無疑具有啟發性，但我們在《大雲經疏》等材料中確實找不到其他可以左證武氏推崇空王佛的證據。筆者以為，「�」作為武周新字，應該納入其整個新字系統進行統一考慮，而不能將其割裂出來單獨解釋。

〔註35〕關於疑偽經的造作動機，牧田諦亮有著精彩的分類和論述，參看氏著《疑經研究》，京都大學人文科學研究所，1976年，第40～49頁。

第四章　化城：終極的樂土

　　在佛教傳入之前，中國人傳統的死後世界是天堂，相信死後有知，人死為鬼；道教則相信人可修煉成仙，長生不老。[註1] 對待死後世界，佛教則持生死輪迴的態度，認為人應該持戒行善，擺脫輪迴，往生淨土。晉唐時期，淨土思想有著很大的發展，日益融入中國人的生活，以至出現了「家家觀世音，戶戶彌陀佛」的情形，禮誦「彌陀佛」反映的就是民眾渴望往生彌陀淨土的願望。

　　具體到晉唐時期民眾死後世界觀念來源，他們接受到的思想，不獨儒家傳統觀念，亦有道教修仙，佛教淨土等思想。信仰者並不是接受一種而排斥其餘，他們更多的是從實用角度出發，擇其利者、其便者而從之。各種不同系統的信仰甚至自相遇之始就已經出現了相互融合的趨勢。[註2] 這種「擇其

〔註1〕關於佛教傳入中國之前本土死後世界觀念，可參吳榮曾《鎮墓文中所見到的東漢道巫關係》，《文物》1981 年第 3 期；Michael Loewe, *Chinese Ideas of Life and Death, Faith Myth and Reason in the Han Period (202B.C.~A.D.220).* London: George Allen and Unwin, 1982.余英時《中國古代死後世界觀的演變》，《燕園論學集》，北京大學出版社，1984 年；蕭登福《漢魏六朝佛道兩教之天堂地獄說》，臺北：學生書局，1989 年；同氏《先秦兩漢冥界及神仙思想探源》，臺北：文津出版社，1990 年；蒲慕州《墓葬與生死——中國古代宗教之省思》，臺北：聯經出版公司，1993 年；杜正勝《從眉壽到長生——中國古代生命觀念的轉變》，《史語所集刊》第 66 本第 2 分，1995 年等。

〔註2〕關於佛教傳入之初，佛教與中國本土信仰的融合，可參俞偉超《東漢佛教圖像考》，《文物》1980 年第 5 期；巫鴻《早期中國藝術中的佛教因素（2～3 世紀）》（1986 年），載《禮儀中的美術——巫鴻中國古代美術史文編》，北京：三聯書店，2005 年等。

善者而從之」的態度，在疑偽經中也有反映。

就本書研究的核心材料《首羅比丘經》而言，其中也有一段經文值得注意，經載：

> 首羅問曰：「城池巷陌，其事云何？」大仙答曰：「城池巷陌縱廣七百餘里，高千尺，下基千尺。激城五百餘尺，開七十二門，城作紫磨金色。中有兜率城，高千尺，下基千尺。激城亦五百尺，亦作紫磨金色，明中五百餘里，亦開七十二門。中有八城，各三十餘里，亦作紫磨金色。各有千巷，巷巷相當，門門相望，出見法王。如此城壚等，男女皆悉充滿。」首羅聞之，歡喜踊躍無量：「善哉，善哉！大願將果。」〔註3〕

這段記載的是首羅比丘問大仙月光童子所居城池，也就是供信徒避難並在大劫之後所居之城池，即「兜率城」。許理和認為這段所描繪的城池指的就是「化城」。〔註4〕「化城」一詞，在《首羅比丘經》中有提及，「男乘天龍馬，女乘百福金銀車。男得金銀蓋，女乘琉璃軒。化城南門入，逍遙北門出」。這幾句是對月光童子追隨者生活的一種刻畫。但僅僅通過對本經的分析，我們尚無法直接將「化城」和月光童子所居「兜率城」相聯繫起來。許理和的判斷也許源於一下兩點：第一，《首羅比丘經》中出現了一座避難的大城，而他所著重分析的另一部「佛—道疑偽經」（Buddho-Taoist apocalypse）《普賢菩薩說此證明經》中也出現了一座聖城「化城」；第二，這兩座大城都和彌勒有關聯。筆者贊同許理和的觀點，但也認為僅對比兩部經典的內容，尚不足以看出這兩座城池指向的都是「化城」。並且關於「化城」何來的問題，許理和也沒有給予一個很好的回答。〔註5〕也許，放置在中古時期時人們對佛教認識的大背景

〔註3〕 《大正藏》收有據 S.2697 號釋錄經文，參 CBETA, T85, no.2873, p.1356,a14～p.1358, c22.關於該經錄文最為精當者，參白化文《〈首羅比丘見五百仙人并見月光童子經〉校錄》，《敦煌學》第十六輯，臺灣：新文豐出版公司，1990 年，第 47～59 頁。

〔註4〕 參 Erik Zürcher, "Prince Moonlight: Messianism and Eschatology in Early Medieval Chinese Buddhism", *T'oung Pao* L X Ⅷ, 1~3 (1982), p.42.

〔註5〕 許理和首先聯想到了《法華經》中「化城喻」之「化城」，但他又認為《首羅比丘經》和《普賢菩薩說此證明經》之化城的形象並不是來源於《法華經》，因為二者之間幾乎沒有什麼共同點，並推測，疑偽經的化城和彌勒有著密切關聯，故其形象的產生很可能是受到了佛經中對兜率天宮美好景象描寫的影響。參 Erik Zürcher, "Prince Moonlight: Messianism and Eschatology in Early Medieval Chinese Buddhism", p.42, note 80.富安敦（Antonino Forte）認為，《證

下、以及「化城」在中古時期的演變鏈條中進行討論，我們可以對這裡「化城」的內涵得到一個更為清晰的認識。

本文主要嘗試對中古時期不同文本中「化城」一詞的語義及其在不同時期的演變進行分析，並藉以探究時人尤其是下層民眾對經典的認識與再理解及運用。

第一節 化城：通往寶所之城

（一）幻化之城

「化城」一詞首見於佛經。東漢安世高譯《道地經》既已使用該詞，卷一載：

> 行道者，當為五十五因緣自觀身，是身為譬如沫不能捉……是
> 身為譬如化城不自有亦不可取，是身為譬如骨關肉血塗。……〔註6〕

這裡「化城」被用來指身體之虛幻，故應將該詞理解為「幻化之城」，梵文作「rddhīmaya nagara」，意譯為「用神通作的城」，英語中多翻作「Majic city」，或「Conjured city」，從本質上講，這座城池是不存在的，人們看到的只是一種幻想，它只是一虛假之城。

後世相繼譯出經典所用「化城」也多用此意。如北魏慧覺等譯《賢愚經》（T202）卷七《大劫賓寧品》，記載金地國王摩訶劫賓寧將要率兵攻打波斯匿王，波斯匿王便向佛陀求救。於是：

> 世尊自變其身，作轉輪王，令目連作典兵臣，七寶侍從，皆悉
> 備有。又化祇桓，令作寶城，繞城四邊，有七重壍，其間皆有七寶
> 行樹雜色蓮花，不可稱計，光明晃晃，照然赫發。城中宮殿，亦是
> 眾寶，王在殿上，尊嚴可畏。於是彼使，前入化城。〔註7〕

明經》中的化城和《法華經》中的化城形象很不一樣，具有了類似耶路撒冷救贖之城的意義。並且他從七世紀末的政治背景和當時的政治意識形態的角度出發，認為化城更多的具有了政治和宗教功能，應該翻譯為「指引之城」（guidance city）。他又根據《大雲經疏》，認為「化城者明堂也」。參 Antonino Forte, *Political Propaganda and Ideology in China at the End of the Seventh Century: Inquiry into the Nature, Authors and Function of the Tunhuang Document S.6502 Followed by an Annotated Translation.* Napoli, 2005, p.233. n.163.

〔註6〕 參 CBETA, T15, no.607, p.236, a15-21.

〔註7〕 參 CBETA, T04, no.202, p.398, b18-24.

這裡的「化城」就是世尊將「祇洹精舍」變幻後產生的。又如，隋闍那崛多譯《佛本行經集》（T190）卷二《發心供養品》中亦記載：

> 時，然燈佛如是過於三千歲後，生是念言：我今可作神通變化。令閻浮人生厭離想。時，閻浮人見然燈佛所居之城，四壁皆出猛火焰熾，生大恐怖，共相謂言：嗚呼彼城，自然燒盡，不久漸滅。時閻浮提一切人民，諸根成熟，應得佛化。彼等人民，見彼化城，四面火起，熾盛燒然，怖畏驚恐求歸依處，無救護者，欲求解脫，無能度者。〔註8〕

這裡「化城」就是燃燈佛變化出來的城池。

從佛經的基本使用情況來看，「化城」之詞出現甚早，並且多用其字面之意。同時，該詞並沒有固定的使用語境，即任意佛或菩薩都可以通過神通化現出一座「化城」。這樣的「化城」也並非一定就是美輪美奐之城池。

這裡的「化城」雖也源於佛典，但並沒有特定的佛理在其中，〔註9〕所以後世雖也有使用，甚至可以見諸中古文人作品之中，〔註10〕然相比於下文談及《法華經》系列經典中「化城喻」之「化城」，其影響便小了很多。

（二）《法華經》之化城與「化城寺」

1. 經典之化城

《法華經》（Saddarmapuṇḍarīka sūtra，Lotus sutra）係經典，在譯經史上，就全本而言，先後凡有六譯，三存三缺。就別生單品而言，凡有二譯，一存一缺。具體為：①《法華三昧經》，吳支疆梁接譯，缺；②《薩芸芬陀利經》六卷，西晉竺法護譯，缺；③《正法華經》十卷，西晉竺法護譯；④《方等法華經》五卷，東晉支道根譯，缺；⑤《妙法蓮華經》七卷，姚秦鳩摩羅什譯；⑥《添品妙法蓮華經》七卷，隋闍那崛多、達摩笈多譯；⑦《佛以三車喻經》一卷，吳支謙譯，即《譬喻品》異譯，缺；⑧《薩曇芬陀利經》，西晉失譯，即

〔註8〕 參 CBETA, T03, no.190, p.662, c7-14.

〔註9〕 安世高譯《道地經》之「化城」與上文所列幾部經典尚有一些區別，它可能蘊含著「化城喻」之義。關於這一點，後文有所論述。

〔註10〕 如，《四明尊者教行錄》卷六收有宋石待問記明州新修保恩院之文，文中對保恩院之宏偉壯麗進行了描述，文載：「遊之者誤在於化城，住之者疑居於幻館。輪奐之盛，莫之與京。」這裡的「化城」與「幻館」對舉，當作「幻化之城」解，刻畫出了保恩院美輪美奐之情形。參 CBETA, T46, no.1937, p.910, c5-7.

《寶塔品》、《天授品》少分異譯。〔註11〕

　　在眾多譯本中，流傳最廣、影響最大的乃羅什所譯《妙法蓮華經》（後文簡稱《法華經》）。自竺道生（355～434 年）作《妙法蓮華經疏》以降，歷代注《法華經》者大家輩出。單就《大正藏》、《卍續藏》等所受中國信眾所作《法華經》注疏著作，就達八十多本。在敦煌藏經洞發現的經卷也以該經為最多。由此，可知《法華經》在中國影響之廣、之久遠。

　　「化城」在《法華經》是以譬喻的形式出現的。如竺法護譯《正法華經》，據梁僧祐在《出三藏記集》中的記載，該經出於太康七年八月十日（286 年 9 月 19 日）。該經載：

> 　　導師愍之，發來求寶中路而悔，設權方便於大曠野，度四千里若八千里，以神足力化作大城，告眾商人無懷廢退，大國已至可住休息，隨意所欲飯食自恣，欲得大寶於此索之。又告比丘：「商人見城，人民興盛，快樂無極，怪未曾有，離苦獲安，喜用自慰，無復憂恐饑乏之患，自謂無為，如得滅度。」停止有日，隱知欲厭，即沒化城，令無處所，告眾賈曰：「速當轉進到大寶地，吾見汝等行疲心懼，故現此城。」

又如比竺法護《正法華經》晚出 120 年的鳩摩羅什譯《妙法蓮華經》〔註12〕載：

> 　　譬如五百由旬險難惡道，曠絕無人，怖畏之處，若有多眾欲過此道至珍寶處，有一導師，聰慧明達，善知險道通塞之相，將導眾人慾過此難。所將人眾，中路懈退，……以方便力，於險道中過三百由旬，化作一城，告眾人言：「汝等勿怖，莫得退還，今此大城，可於中止，隨意所作，若入是城，快得安隱，若能前至寶所，亦可得去。」……於是眾人前入化城，生已度想，生安隱想。爾時，導師知此人眾既得止息，無復疲倦，即滅化城。語眾人言：「汝等去來寶處在近，向者大城，我所化作為止息耳。」

「化城喻」是著名的「法華七喻」中的第四個譬喻。

　　如果僅就「化城喻」來講，這個故事可能並不是隨《法華經》係經典才

〔註11〕各譯本的具體存缺情況，可參看周叔迦《〈法華經〉之研究法》，《周叔迦佛學論著集》（下卷），北京：中華書局，1991 年，第 848 頁。
〔註12〕據《出三藏記集》載，該經為「弘始八年（406 年）夏於長安大寺譯出」。

傳入漢地的。漢地出現「化城喻」故事的時間至少可以追溯到東漢安世高時期。上文所引安世高譯《道地經・觀身》中曾載「是身為譬如化城不自有亦不可取」。該經並沒有對「化城」有任何延伸性的解釋。《開元釋教錄》曾在收錄一部一卷本的《內身觀章句經》，並將其歸為「後漢失譯」。《大正藏》收錄該經，經題為「佛說內身觀章句經」，卷號為610。該經為偈頌體，其中有偈：「以身無造者，從彼為得諦，非都骨節。從前世方來，亦非天造身。非神所化城，非無行無本，無因為自有。」〔註13〕從內容上看，和《道地經・觀身》非常一致。《道地經》與竺法護所譯《修行道地經》（T606）為同本異譯。我們通過《修行道地經》可以較為清晰地理解《道地經》中「化城」的含義。

據《修行道地經》卷七之「弟子三品修行品」載：

> 譬如導師將大賈人遠涉道路，於大曠野斷無水草，賈人呼嗟，謂塗悠悠安能所至，永為窮矣！時彼導師聰明博學亦有道術，知於賈人心之所念厭患涉路，則於中道化作一國，城邑人民土地豐樂五穀平賤，賈人大喜轉共議言：一何快乎！本謂彌久，何時脫難到於人間？適有此念便至此城，當復何懼。時眾賈人便住彼土，快相娛樂飲食自恣，從意休息。如欲厭之城郭則沒，不見國土。賈人皆怪何故如此也？導師答曰：卿等患厭，謂道懸曠永無達矣！吾故化城國土人民使得休息，見汝厭之故則沒之！〔註14〕

該經所載與《法華經》之「化城喻」無疑是同一故事。所以從這一點看，在東漢時期，「化城喻」故事即使尚無經典傳譯，但其故事內容可能已為時人所知曉。〔註15〕

〔註13〕 參 CBETA, T15, no.610, p.239, b25-c1.

〔註14〕 參 CBETA, T15, no.606, p.225, c28-p.226, a11.

〔註15〕 據那體慧（Nattier, Jan）的研究，《道地經》是由安世高自己略譯足本《修行道地經》的結果。如此，我們可以推知，安世高應該是見過足本《修行道地經》的，經中「化城」故事也必然是知道的。關於那體慧的研究，可參看 Nattier, Jan. *A Guide to the Earliest Chinese Buddhist Translations: Texts from the Eastern Han and Three Kingdoms Periods.* International Research Institute for Advanced Buddhology, Soka University, 2006, p.62~63.佛經故事在中國的傳播，很多時候並不是依託於佛經等典籍進行的。戰國以來，隨著中外交流的進行，很多故事可能隨著人的流動和貿易等交流的進行，開始傳入中國，並在中國傳播開來。這方面的研究十分豐富，本文不能一一列舉。可參釋永祥《佛教文學對中國小說的影響》，臺北：佛光出版社，1990年；陳洪《佛教與中古小說》，

　　從中國文獻來看，後世所用「化城」多是源於此故事。但值得注意的是，這裡的「化城」是作為信眾去往寶城的過程中權以休息之地的形象出現的。就修證佛果而言，「化城」指代的是小乘的果位。「化城」實質上終究只是一座幻化之城，只能供人暫居休息。所以，從後人的評價來看，在信眾──尤其是上層僧人認識中的「化城」有時就具有了貶義的色彩。

　　比如《弘明集》卷十四收釋寶林《破魔露布文》：

　　　　功巨者賞以淨土之封，勳小者指以化城之安。〔註16〕

又如，天台智者在《請戒文》中就寫道：

　　　　恥崎嶇於小徑，希優游於大乘；笑止息於化城，誓舟航於彼岸。

　　〔註17〕

又如，在《般若波羅蜜多心經略疏》中，唐法藏在解釋「究竟涅槃」時，將大乘和小乘進行了對比，認為：

　　　　簡異小乘，化城權立。〔註18〕

又如，唐彥悰在《大唐大慈恩寺三藏法師傳序》中，提到：

　　　　方等一乘，圓宗十地，謂之大法，言真筌也。化城垢服，濟鹿

　　馳羊，謂之小學，言權旨也。〔註19〕

從上述引文來看，這些高僧們明顯化用的都是「化城喻」，認為化城只是低級的小乘的果位，不值得留戀。但從另一個角度來看，「化城」被視為通往寶城、修證佛果的必經階段，所以又具備了一種積極的意象。僅就《大正藏》收錄的文獻以及筆者所見石刻等資料來講，相對於那些譏笑「化城」果位低級的認識來說，以積極的態度來看待「化城」的文獻更多、更豐富。比如下文將要論及之化城寺。

2. 化城之寺

　　自晉唐以降，各地多有以「化城」為名的寺院。較早的一所以「化城」命名的寺院為隋時既已存在的江州廬山化城寺，當時著名的釋法充等高僧都曾駐錫於此。此外據敦煌本《廬山遠公話》的記載，慧遠到達廬山之後所據之

臺北：佛光山文化基金會，2001 年；王青《西域文化影響下的中古小說》，北京：中國社會科學出版社，2006 年等。

〔註16〕參 CBETA, T52, no.2102, p.94, a20-21.

〔註17〕參 CBETA, T50, no.2050, p.195, a1-2.

〔註18〕參 CBETA, T33, no.1712, p.554, b26-27.

〔註19〕參 CBETA, T50, no.2053, p.220, c11-13.

寺號「化成」。〔註20〕考慮到在敦煌寫卷中，「城」和「成」字經常是通用的，所以筆者頗疑此「成」為「城」之誤，所謂「化成寺」亦即法充等所駐錫之「化城寺」。當然根據晚出的文獻記載，早在三國似乎就已經有寺院以「化城」為名了，比如清人王琦在注唐李白《陪族叔當塗宰遊化城寺升公清風亭》之「化城若化出，金榜天宮開」時，曾引《太平府志》：「古化城寺，在府城內向化橋西禮賢坊，吳大帝時建，基址最廣。」還有記說晉代既已有化城寺，如清人蔣虎臣據明人胡菊潭之《譯峨籟》續成的《峨眉山志》就記載：晉時有西域僧阿羅婆多尊者「來禮峨眉，觀山水環合，同於西域化城寺地形，依此而建道場。山高無瓦埴，又雨雪寒嚴，多遭凍裂，故以木皮蓋殿，因呼木皮殿」。但這些記載都是晚出的，其真實性很值得懷疑。但僅就當塗、峨眉山等地而言，「化城寺」在其當地的影響力還是很大的。在現存以「化城」為名的寺院中，最著名者當屬九華山化城寺。但據明人修的《九華山志》之記載來看，該地化城寺之得名並非源自《法華經》，而是根據其地勢。〔註21〕明嘉靖王一槐《九華山志》載：「化城，天竺國佛場名也。」這兩種說法，都不知其何所據。此外，道宣《續高僧傳》記載，仁壽末年，隋文帝曾下敕，要求在廉州化城寺造塔。據此可知，道宣或其所本之材料的記載都認為廉州有寺名曰「化城」。但《北京圖書館藏中國歷代石刻拓本彙編》收有一張寺塔的塔銘，即《廉州花成寺舍利塔下銘》，作於仁壽四年，據其記載可知該塔就是《續高僧傳》中記載之廉州化城寺的塔。但是塔銘所記之寺名為「花成寺」，與僧傳記載不符。從一般邏輯思考，塔銘所記似乎更為符合歷史事實，但從詞意看，「花成」一詞並沒有什麼含義，甚至都不符合漢語用詞習慣，如果是「花城」倒是更為貼切。如果我們暫置該寺寺名真實情況不論，單就道宣等人的認識來說，如果他們沒有親自到達該寺考察，那麼我們似乎可以認為在道宣他們的認識中，該寺的寺名就應該是「化城寺」，而非「化成寺」、「花城寺」，更非「花成寺」。質言之，在時人眼中，「化城」是寺院命名時常用之詞。當然，還有另一種可能，即古人對「花」、「化」、「華」等字區別並不是那麼嚴格。如，《首羅比丘經》中「化城南門入」之「化」字在不同的抄卷中寫法就不一致，北 8274

〔註20〕參郝春文主編《敦煌社會文獻釋錄》第十卷，北京：社會科學文獻出版社，2013 年，第 253 頁。

〔註21〕《九華山志》云：「化城二字，本法華經喻語，而此處，則以象形稱。蓋自山麓直上十餘里，拓一平地，東岩西嶺，環抱如城，故名。」

（BD5926，重 26）、北 8275（BD687，日 87）作「花」，而伯二四六四等則作「化」。可見二者是通的。

　　那麼，這些僧人為何要選用一寓有低級果位之義的「化城」一詞作為其聖殿之名呢？這與他們追求往生淨土、世世遇佛的願望相違背嗎？對他們所駐錫的寺院是不是有一種貶低的意味？就筆者所見有關化城寺的各種建寺石刻、重修碑記等，都未提及該寺院為何為選用「化城」為其寺名。如果執拗於化城之小乘果位的意象，我們似乎對這一問題並不能理解。現在我們需要轉換一下視角。

　　根據《法華經》的記載，佛陀將修行的過程比作信徒找尋寶所，這個路程共五百由旬。在走了三百由旬——也就是一多半路程時，信徒們求佛的信心開始動搖了，他們不再願意再繼續走下去。這時導師便化現出一座大城，即「化城」，讓信徒得到暫時的修正，其後又告知信徒：「寶處在近」，鼓勵信眾繼續修行。如果從故事的角度來看「化城」，那麼我們會認識到，「化城」實際上是一個修行程度的標誌，到達化城亦即意味著信徒已經接近成功。這對故事中找尋寶所的信徒來說，是一個令人激動和感到振奮的信號；對聽故事的信徒來說，化城無疑也具有了一個神聖的光環。

　　《法華經》中雖然並沒有明確指出，那些在化城休整過的信徒下一步行為是什麼，但是選擇繼續上路去找尋寶所應當是最合理的邏輯。這一情形在敦煌石窟壁畫中有所反映：可能是創作於盛唐時期的莫高窟第 23 窟南壁上畫有「法華經・化城喻品」經變，壁畫中，在化城之外，有數騎馳騁於山間小道，表現的就是尋求寶所的人們經過在化城的修正，又繼續向寶地進發了。

　　如果我們將到達「化城」和近得佛果聯繫起來看，以「化城」為寺名之寺院的選擇似乎是符合邏輯的了。他們以居住在「化城」自居，這倒不是一種安於小乘的表現，更多的是在表達他們一直在為修行和找尋寶所努力，並且他們的修行已經接近正果，距離寶所亦不遠了。亦即所謂「終期寶渚，權居化城」。《景德傳燈錄》卷二十五載金陵清涼法燈禪師泰欽：

> 師開寶七年六月示疾告眾曰：「老僧臥疾強牽拕與汝相見，如今隨處道場宛然化城。且道作麼生是化城？不見古導師云：『寶所非遙須且前進，及至城所又道，我所化作。』今汝諸人試說個道理看。是如來禪祖師禪，還定得麼？汝等雖是晚生，須知僥忝我國主凡所勝地建一道場所須不闕。只要汝開口，如今不如阿那個是汝口？爭

答効他四恩三有。」〔註22〕

這裡法燈禪師直接就將道場比作化城，亦是以其所居為化城，而其所向是寶所。

又如，《普庵印肅禪師語錄》卷二載宋僧釋印肅曾遊某寺，先後登文殊門、觀音門和普庵門，即「三門」，每歷一門，作詩一首，即《頌三門》，其中當登上普庵門時，其作詩云：

道人活計若虛空，應物無心世豈同。假立化城標寶所，暫時指客懷裹中。〔註23〕

詩中，印肅描述了自己登上普庵門之後的感想；詩後，印肅還曾云「既到這裡，方知往來，悉皆不異」，〔註24〕似有頓悟之感。印肅登上普庵門之後，有頓悟之語，故詩中「化城」當指普庵門。普庵門，即佛寺，不僅是修行之地，亦標誌著頓悟，「標寶所」。在印肅看來，這就是「化城」的意義。

其實，不獨出家僧人有這樣的認識，自隋唐以來，眾多文人也是如此。他們在詩賦中多有提及「化城」，如，王維《登辨覺寺》：「竹徑從初地，蓮峰出化城。」「初地」和「化城」在這裡都可代指「辨覺寺」，但它們都是佛教用語：「初地」乃指修行過程十個階位中的第一階位；與之相對，「化城」亦是代指修行中的一個重要階段，在這裡即是與寶所所對稱之「化城」。又如，宋人宋庠有《遊大明寺》詩，云：

總轡出西坰，寥寥旭宇明。叢岡森地秀，飛塔恍神行。惠味沾仙露，疲心識化城。遠香來不斷，空梵過猶清。

「疲心識化城」一句很明顯是化用了《法華經》「化城喻」。詩人清晨出行，騎行許久，正感疲憊之時，到達了大明寺。詩人言自己疲憊之語，不知是其不覺疲憊而只是刻意套用佛典，抑或其真疲憊時到達佛寺而有感於與契合佛理，方才自覺用典。我們對用典動機，雖然不便多加揣測，但可以確定「化城」一詞之使用，一方面是在指《法華經》之「化城」，一方面又是代指佛寺「大明寺」。易言之，在宋庠看來，寺院即是「化城」，是其通往寶所必經之地。

類似的例子，不勝枚舉。如孟浩然《陪張丞相祠紫蓋山途經玉泉寺》：「望

〔註22〕參 CBETA, T51, no.2076, p.415, b3-10.
〔註23〕參 CBETA, X69, no.1356, p.401, c9-10// Z2: 25, p.298, d12-13// R120, p.596, b12-13.
〔註24〕參 CBETA, X69, no.1356, p.401, c11// Z 2：25, p.298, d14// R120, p.596, b14.

城。」王維《與蘇盧二員外期遊方丈寺而蘇不至因有是作》：「聞道邀同舍，相期宿化城。安知不來往，翻以得無生。」《遊感化寺》：「抖擻辭貧里，歸依宿化城。」這些詩中所使用的「化城」都是在代指玉泉寺、方丈寺、感化寺等寺院。有學者認為，這些詩中「化城」代表的是解脫之後達到的理想境界，並認為這是文人對《法華經》的錯誤理解而使用。〔註25〕其實，這些文人只是使用「化城」一詞代指寺院而已。

　　這些詩歌對「化城」一詞的使用說明，自李唐以降，「化城」也越來越多成為寺院的代名詞。並且兩者之間的等同，也暗涵著中古時期人們對寺院在求證佛果的修行過程中所起作用的認識，即「暫得休息」、「標立寶所」。

　　從上面的論述可以看出，在「化城喻」的影響下，「化城」逐漸成為了象徵僧眾信徒修行的詞語。在他們看來，「化城」不僅僅只是低級果位、小乘的代名詞，還是修行階段的重要標誌。

第二節　化城淨土

　　上文，我們探討了正典中「化城喻」之「化城」的意象、其在僧人和文人眼中的形象，以及「化城」等同於寺院的情形。上述「化城」基本上是源自佛典，並無太大變異。為了行文的方便，筆者暫擬稱以上所討論的化城為「化城喻」之「化城」，以與下文所要討論的已經有所變化的化城相區別。但中古時期，在一些語境下，「化城」似乎還具有另一種意象。從表面看，下文要探討的「化城」和之前描繪的「化城」似乎有很大差別。

　　1. 帝王所居

　　「化城」在象徵果位之外，也常被比附於人間所居之城。帝王所居所治之域就常被比為化城。

　　（1）《宋書》卷九十七《夷蠻列傳》記載天竺迦毗黎國國王月愛曾於元嘉五年（428年）遣使宋國，並進奉國書，其中提到：

　　　　　　伏聞彼國，據江傍海，山川周固，眾妙悉備，莊嚴清淨，猶如
　　　　化城，宮殿莊嚴，街巷平坦，人民充滿，歡娛安樂。聖王出遊，四

〔註25〕參張海沙《唐宋文人對〈法華經〉的接受與運用》，《東南大學學報（哲學社會科學版）》，2009年第11期，第94～95頁。

海隨從，聖明仁愛，不害眾生，萬邦歸仰，國富如海。國中眾生，
奉順正法，大王仁聖，化之以道，慈施群生，無所遺惜。帝修淨戒，
軌道不及，無上法船，濟諸沉溺，群僚百官，受樂無怨，諸天擁護，
萬神侍衛，天魔降伏，莫不歸化。王身莊嚴，如日初出，仁澤普潤，
猶如大雲，聖賢承業，如日月天，於彼真丹，最為殊勝。〔註26〕

（2）《梁書》卷五十四《諸夷列傳》記載天竺王屈多於天監初年（502年左右）遣長史竺羅達奉表，曰：

伏聞彼國據江傍海，山川周固，眾妙悉備，莊嚴國土，猶如化
城。宮殿莊飾，街巷平坦，人民充滿，歡娛安樂。大王出遊，四兵
隨從，聖明仁愛，不害眾生。〔註27〕

這兩條史料所記天竺國遞交之國書雖是兩份不同時期的國書，但是內容幾乎一致，且可能都是同一國所遞呈，故可視為一條史料。

（3）《宋書》卷九十七《夷蠻列傳》記載西南夷訶羅駝國國王於元嘉七年（430年）進表，曰：

伏承聖主，信重三寶，興立塔寺，周滿國界。城郭莊嚴，清淨
無穢，四衢交通，廣博平坦。臺殿羅列，狀若眾山，莊嚴微妙，猶
如天宮。聖王出時，四兵具足，導從無數，以為守衛。都人士女，
麗服光飾，市廛豐富，珍賄無量，王法清整，無相侵奪。學徒遊集，
三乘競進，敷演正法，雲布雨潤。四海流通，萬國交會，長江眇漫，
清淨深廣，有生咸資，莫能銷穢，陰陽調和，災厲不行。〔註28〕

（4）《宋書》卷九十七《夷蠻列傳》記載呵羅單國國王毗沙跋摩於元嘉十年（432）奉表曰：

常勝天子陛下：諸佛世尊，常樂安隱，三達六通，為世間道，
是名如來，應供正覺，遺形舍利，造諸塔像，莊嚴國土，如須彌山，
村邑聚落，次第羅匝，城郭館宇，如忉利天宮，宮殿高廣，樓閣莊
嚴，四兵具足，能伏怨敵，國土豐樂，無諸患難。〔註29〕

〔註26〕〔梁〕沈約《宋書》卷九七《天竺迦毗黎國傳》，北京：中華書局，1974年，第2385頁。
〔註27〕〔唐〕姚思廉《梁書》卷五四《中天竺國傳》，北京：中華書局，1973年，第799頁。
〔註28〕〔梁〕沈約《宋書》卷九七《訶羅駝國傳》，第2380頁。
〔註29〕〔梁〕沈約《宋書》卷九七《訶羅駝國傳》，第2381頁。

（5）《梁書》卷五十四《諸夷列傳》記載婆利國國王於天監十六年（517 年）
進表，曰：

> 伏承聖王信重三寶，興立塔寺，校飾莊嚴，周遍國土。四衢平
> 坦，清淨無穢。臺殿羅列，狀若天宮，壯麗微妙，世無與等。聖主
> 出時，四兵具足，羽儀導從，布滿左右。都人士女，麗服光飾。市
> 廛豐富，充積珍寶。王法清整，無相侵奪。學徒皆至，三乘競集，
> 敷說正法，雲布雨潤。四海流通，交會萬國。長江眇漫，清泠深廣，
> 有生咸資，莫能消穢。陰陽和暢，災厲不作。大梁揚都聖王無等，
> 臨覆上國，有大慈悲，子育萬民。平等忍辱，怨親無二。加以周窮，
> 無所藏積。靡不照燭，如日之明；無不受樂，猶如淨月。宰輔賢良，
> 群臣貞信，盡忠奉上，心無異想。伏惟皇帝是我真佛，臣是婆利國
> 主，今敬稽首禮聖王足下，惟願大王知我此心。此心久矣，非適今
> 也。山海阻遠，無緣自達，今故遣使獻金席等，表此丹誠。〔註30〕

六朝時期南亞、東南亞信仰佛教的國家所上國書內容十分相似，尤其是對梁
武帝及其所居之城都相當一致，這種一致似乎表明這些國書屬同一系統。宋
葉適論及此點時，認為南朝史書中海南諸國「西南夷、訶羅、阿羅單、婆達、
師子、天竺、迦毗黎所通表文，皆與佛書之行於中國者不異。」〔註31〕周一
良先生在論及東南亞、南亞諸國表文中的這一現象時，認為它們與佛經極為
近似，並根據五六世紀時，東南亞各國文化受天竺文化及梵文文體之影響極
深，故懷疑各國表文即以梵文書寫。〔註32〕

　　值得注意的是，第三、四和五條國書中稱梁武帝所居時用詞為：「天宮」、

〔註30〕〔唐〕姚思廉《梁書》卷五四《中天竺國傳》，第 796～797 頁。

〔註31〕葉適《習學記言序目》卷三十一《宋書》「夷蠻」條，北京：中華書局，1977
　　　　年，第 458 頁。

〔註32〕周一良《魏晉南北朝史箚記》之《宋書》箚記「外國表文中梵文影響」，北京：
　　　　中華書局，1985 年，第 214～215 頁。關於南朝時期，南海諸國所上國書，鈴
　　　　木中正先生有專文探討，近年河上麻由子先生也有專著有所涉及。參鈴木中正
　　　　《南海諸國から南朝の諸帝に送られた國書について》，鈴木俊教授還曆記念
　　　　會編《東洋史論叢》，東京：大安出版社，1964 年；河上由麻子《中國南朝の
　　　　對外關係において仏教が果たした役割について——南海諸國が奉った上表
　　　　文の檢討を中心に》，《史學雜誌》117 編 12 號，2008 年；同氏《佛教與朝貢
　　　　的關係——以南北朝時期為中心》，此據電子版 http://www.historicalchina.net.
　　　　sixxs.org/ReadArticle.asp?BIgClass=1&ArticleID=418，2009 年 3 月月 13 日網
　　　　刊；同氏《古代アジア世界の對外交涉と仏教》，東京：山川出版社，2011 年。

「狀若天宮」,「天宮」當即「忉利天宮」。忉利天即佛教第三十三天,位居欲界六天中的經二重天,在須彌山頂上。此天中央為菩見城,是天主釋提桓因(帝釋)的住處。此城周圍四萬十千由旬,純由黃金所造,城門都是以種種珍寶嚴飾,城中央有寶樓重閣,為琉璃眾寶所咸。而其他兩條則用「化城」。從這裡可以看出,化城和天宮都是這些受佛教影響的國家在描述對方治域時所習用的詞彙。我們可以將這種相似的表述視為中古時期東南亞、南亞國家在與中國遞呈國書時的一種範式。

　　但這裡值得我們進一步思考的是,它們所用的化城和天宮又是來自什麼呢?

　　我們回看國書,它們描繪中國皇帝內治之用語為「土地平整,人民充滿」、「四衢平坦,清淨無穢。」;稱頌其武功則是「萬邦歸仰」、「四兵具足,能伏怨敵」。這些語詞在佛經中都可以找到,並且值得注意的是,它們大多都是用來描繪轉輪王的統治。

　　比如,西晉月氏三藏竺法護譯《佛說彌勒下生經》(T453)卷一:

> 爾時世尊告阿難曰:將來久遠,於此國界,當有城郭名曰翅頭,東西十二由旬,南北七由旬,土地豐熟,人民熾盛,街巷成行。……時閻浮地,極為平整,如鏡清明,舉閻浮地,內穀食豐賤,人民熾盛,多諸珍寶。諸村落相近,雞鳴相接。……爾時閻浮地內,自然生粳米,亦無皮裹,極為香美,食無患苦。……爾時法王出現,名曰蠰佉。〔註33〕

這則材料表述的是彌勒下生前,雞頭城(翅頭城)在轉輪王蠰佉的統治下的繁榮景象。

　　又如,後秦弘始年佛陀耶舍共竺佛念譯《佛說長阿含經》(T1)卷第十八《轉輪聖王品第三》:

> 轉輪聖王治此閻浮提時,其地平正,無有荊棘……聖王治時,此閻浮提五穀豐賤,人民熾盛,財寶豐饒,無所匱乏。〔註34〕

又如,隋天竺三藏闍那崛多譯《佛本行集經》(T190)卷二《發心供養品》:

> 是時有一轉輪聖王名曰善見,降伏四方,如法治世,彼王所統,悉皆豐樂,不行鞭杖,亦無殺害,兵戈偃息,如法化人。阿難!彼

〔註33〕參 CBETA, T14, no.453, p.421, a17-b15.
〔註34〕參 CBETA, T01, no.1, p.120, c22-p.121, a20.

> 善見王所居住城，名閻浮檀，其城東西十二由旬，南北面各有七由
> 旬。……彼閻浮城，街巷平整……彼閻浮城，所有人民，皆悉純直，
> 彼諸人民，欲相娛樂……〔註35〕

通過他們對中國統治者的讚譽用詞的分析，我們可以知道國書套用了佛經中
描繪轉輪王的語言。

如果根據周一良先生的推測，這些國書原是用梵文書寫，〔註36〕在呈送
給鴻臚寺後，會由官員對其進行翻譯、審查。審查之後，方才交予皇帝閱覽。
〔註37〕國書中的內容反映了來華朝奉國的觀念，同時這種觀念也為中國統治
者所認可。當然，國書也可能是由熟悉中國事務的人員寫成，〔註38〕如此，

〔註35〕 參 CBETA, T03, no.190, p.659, c23-28; p.660, c3-10.

〔註36〕 正史之中，還是有相當豐富的資料可以作證當時外國或藩國使節來華時，中
外之間的交流並不是直接用漢語、漢文進行的，而是需要翻譯。如《三國志》
卷四《魏志·齊王芳紀》記載：曹魏「景初三年（公元239年）……二月，
西域重譯獻火浣布」。《晉書》卷九七《四夷傳》記載：西晉時倭國於「泰始
初，遣使重譯入貢」。《舊唐書》卷二九《音樂志二》記載：十六國「張重華
時，天竺重譯貢樂伎」。《梁書》卷五四《諸夷傳》記：滑國，「無文字，以木
為契。與旁國通，則使旁國胡為胡書，羊皮為紙……其言語待河南人譯然後
通」。《隋書》卷八一《東夷傳》載倭國，「魏時，譯通中國」。《宋書》卷二
九《符瑞志》記載劉宋「孝武帝大明三年（公元459年）十一月己巳，肅慎
氏獻矢石弩，高麗國譯而至。」至於國書方面，這裡雖未直接說明國書是否
也是用其本國文字寫成，但從後世制度看當是如此。

〔註37〕 可參看實例，《隋書·潘徽傳》載，潘徽在陳朝任客館令時，「隋遣魏澹聘於
陳，陳人使徽接對之。澹將返命，為啟於陳主曰：『敬奉弘慈，曲垂饋送。』
徽以為『伏奉』為重，『敬奉』為輕，卻其啟而不奏。澹立議曰：『曲禮』注
曰：禮主於敬。《詩》曰：維桑與梓，必恭敬止。《孝經》曰：宗廟致高。又
云：不敬其親，謂之悖禮。孔子敬天之怒，成湯聖敬日躋。宗廟極重，上天
極高，父極尊，君極貴，四者咸同一敬，五經未有異文，不知以敬為輕，竟
何所據？』徽難之曰：『向所論敬字，本不全以為輕，但施用處殊，義成通別。
《禮》主於敬，此是通言，猶如男子冠而字之』，注云成人敬其名也。《春秋》
有翼缺，夫妻亦云相敬。既於子則有敬名之義，在夫亦有敬妻之說，此可復
並謂極重乎？至若敬謝諸公，固非尊地，公子敬愛，止施賓友，敬問敬報，
彌見雷同，敬聽敬酬，何關貴隔！當知敬之為義，雖是不輕，但敬之於語，
則有時混漫。今云敬奉，所以成疑。聊舉一隅，未為深據。』澹不能對，遂
從而改焉。」魏澹與潘徽圍繞外交文書中的措辭進行了激烈辯論，文書是在
改定之後才交給陳主閱覽的。參〔唐〕魏徵等《隋書》卷七六《潘徽傳》，北
京：中華書局，1973年，第1743頁。

〔註38〕 河上麻由子認為，這些國書也有可能是扶南的僧人所為。參氏著《古代アジ
ア世界の對外交涉と仏教》第二章。

國書則可能更為直接地反映了當時中國國內的意識形態。無論如何，上述幾封國書中反映的中國君王即轉輪王的思想當是中國的流行觀念。

至於國書中一致使用的「化城」或「天宮」等詞是否是原書之底本，我們可以暫且不論，僅就中國一方改定之後的版本看，天子所居所治之地即是「化城」。在他們的觀念中，皇帝所居之「化城」無疑是一方樂土。

在北宋時期，似乎宮殿也有名「化城」者。北宋余靖撰《武溪集》載：

> （慶曆中）頻詔（璉禪師）入化城殿，升座說法，咫尺天顏，激揚宗要。〔註39〕

此事在《釋氏稽古略》等文獻中有載，如《釋氏稽古略》：

> 大覺璉禪師，名懷璉。……皇祐元年（1049年），……至是庚寅二月十九日，召對化城殿，問佛法大意。奏對稱旨，賜號「大覺禪師」。〔註40〕

南宋雷庵正編《嘉泰普燈錄》卷二十四載：

> 至和三年（1056年），仁宗皇帝以國嗣未立，夜因焚香默禱曰：翌日化城殿具齋，虔請法華大士，願俯臨無卻。〔註41〕

明吳之鯨撰《武林梵志》載：

> 德章禪師初住汴大相國寺。慶曆中（1041～1048年），仁宗累詔師於延春閣化城殿，問法寵遇。〔註42〕

此事在《續傳燈錄》等文獻中也有記載：

> 靈隱德章禪師，初住大相國寺西經藏院，慶曆八年九月一日，仁宗皇帝詔師於延春閣下齋。〔註43〕

與《續傳燈錄》相比，《武林梵志》記載給我們提供了一個重要信息，即靈隱德章闡釋面見宋仁宗的地點是在延春閣化城殿。由此可知，化城殿是在延春閣之中。

從上述幾則材料看，北宋一代，自宋仁宗時便已有宮殿名「化城」，並且

〔註39〕參《武溪集》卷九，四庫全書本，第 2 頁上～頁下。

〔註40〕參 CBETA, T49, no.2037, p.867, c4-10.關於這條材料中的「化城殿」在其他史料中也記為「化成殿」。參《佛祖統紀》卷 51，CBETA, T49, no.2035, p.451, b23-24.等。

〔註41〕參 CBETA, X79, no.1559, p.435, b2-4// Z 2B: 10, p.166, b17-c1// R137, p.331, b17-p.332, a1.

〔註42〕參明吳之鯨撰、魏德良標點《武林梵志》，杭州出版社，2006 年，第 208 頁。

〔註43〕參 CBETA, T51, no.2077, p.509, c12-14.

該殿就在延春閣內。宋仁宗曾在該殿頻繁地召見大覺璉禪師、德章禪師等高僧大德，並且這一傳統似乎在宋徽宗時期仍在延續。《續傳燈錄》卷十九載宋徽宗時：

> 皇后教旨遣中使降香，為皇子韓國公頭晬之辰請升坐。僧問：
> 「天香遠降，慶皇子之令辰？」中使臨筵聞法要師曰：「好風來不
> 盡，紅日照無涯。」……師曰：「木人吹玉笛，聲入紫微宮。」乃曰：
> 「妙高臺畔，龍象駢闐。化城閣前，聖賢會合。正是我皇植福之地，
> 乃為禪流選佛之場，洞啟法門廣開要路。……」〔註44〕

宋徽宗時期，高僧入宮為國及皇室祈福，講經等事也是在化城殿進行的。延春閣化城殿在北宋一朝很可能便是統治者供養和問道高僧的場所。如此看來，化城殿之「化城」便具有著濃厚的佛教色彩。易言之，此處之「化城」應是源於佛典，並且具有明確的象徵意義。在佛經中，化城雖在不同場合也有出現，但固定下來被使用且有明確象徵意義的僅有《法華經》經典中與寶所相對稱的「化城」。從這個角度出發，則皇帝所居之化城殿與前文所提及國書之「化城」很可能是同一意象──二者都源自「化城喻」。

至於，皇帝所居為何會與「化城」聯繫起來，限於學識，筆者還不能給予回答。這種聯繫是否在南亞、東南亞那些崇佛國家已經建立起來、繼而被運用於國書，抑或是源於中土而被應用到國書、繼而被認可？對於前一種推測，可能需要外域文獻予以驗證，這一工作還需留待高明。但後一種推測，確實可以在漢域文獻中找到一些線索。在中土，「化城」常被與彌勒等佛聯繫起來。

2. 彌勒所居

按照正典所載，彌勒在人間所居城為「雞頭城」，亦即「翅頭城」，成佛時所居為「兜率天宮」。雞頭城和兜率天宮之間的界限在正典中的敘述是相當清晰的，但二者在下層民眾的認識中卻相當模糊，有時甚至被混合在一起。

如，可能為初唐時期作品《究竟大悲經》（T2880）卷第二〔註45〕：

〔註44〕參 CBETA, T51, no.2077, p.595, c19-28.
〔註45〕關於《究竟大悲經》研究，可參吉田丰《ソグド語の「究竟大悲經」について》，《アジア・アフリカ言語文化研究》第 27 期，1984 年；鐮田茂雄《究竟大悲經について》，《印度學佛教學研究》第 12 卷第 2 期，1964 年；柴田泰《〈究竟大悲經〉と〈臥輪禪師偈〉──疑經と贊偈（二）》，《札幌大谷短期大學紀要》14：15，1981 年；曹凌《中國佛教疑偽經綜錄》，上海古籍出版社，2011 年，第 307～312 頁等。

> 爾時世尊說是法時，上至頂天下盡六欲宮殿振動。無量大眾不
> 覺喜踊投身佛前，於時，眾中有一無垢大士名曰靈真，奮迅哮吼猛
> 無畏力如白佛言：「如此體解之人，當生何處？」佛告靈真曰：「如
> 此體解者，別教所不攝，當生翅頭未城彌勒佛國化城之內，耳飡零
> 向，出沒隨佛。」〔註46〕

這裡直接將彌勒所居稱為「翅頭未城彌勒佛國化城」，顯然是將蠰佉之「翅頭
城」、彌勒之「兜率天宮」與「化城」混為一談了，也說明造作者對教義的理
解並不是很清晰。

其實，將這三者混合起來理解的傳統，自南北朝以降，一直存在。這一
點我們從一些造像記、疑偽經等內容大致可以得到。

（1）興和二年（539年）二月十八日廉富鑿井造像記，載：

> 仰為皇帝陛下、群寮伯官……母因緣眷屬，普為一切永離八難，
> 共升化宮。

這條造像記稱願意往生的地方為「化宮」。造像記中更多的是往生「天宮」、「天」、
「佛國」或「淨土」，但這裡使用的卻是「化宮」，並且「化」字並不像是誤刻，
那麼，在意象上，「化宮」便等同於「天宮」、「佛國」、「淨土」等詞了。

「化宮」一詞還曾出現在其他地方，如高齊武平四年（574年）《臨淮王
像碑》載：南陽寺者，乃正東之甲寺也。既左通闤闠，亦右憑澗谷；前望崛
盤，卻鄰沘瀨；層圖邁於湧塔，秘宇齊於化宮。〔註47〕「秘宇齊於化宮」一
語是指所修南陽寺規模宏偉，高聳入雲。故從這則資料看，「化宮」也是位於
天上，並且也屬於佛教用語。

造像記和寺碑代表了不同層次的認識，這也說明「化宮」一詞在當時的
社會的受眾面還是相當廣泛的。佛經中，千手觀音手中拿有「化宮殿」，有「自
化宮」、「他化宮」等，但都不具有淨土的性質。所以筆者懷疑這裡的「化宮」
屬於漢地的創造。至於其含義，筆者更傾向於認為它是「化城」＋「天宮」或
者「兜率天宮」的合體——正如《究竟大悲經》中造作者「翅頭未城彌勒佛國
化城」認知。這種信仰本質上屬於彌勒崇拜。

（2）可能作於隋初的《普賢菩薩說此證明經》之《本因經》：

> 尊者問彌勒：「願為演說之。」彌勒言：「尊者，汝欲求何等？」

〔註46〕參 CBETA, T85, no.2880, p.1369, b16-23.
〔註47〕參 CBETA, I01, no.98, p.259, b20-21.

尊者：「願彌勒為我造化城。」

在《本因經》造作者認識中，「化城」就是彌勒所造。

（3）唐初作品《續命經》（T2889）〔註48〕：

　　總願當來值彌勒，連辟相將入化城。〔註49〕

從這則材料看，化城似乎就是彌勒居所，是那些欲值遇彌勒之人所要到達的目的地。

（4）中唐之後的疑偽經《僧伽和尚欲入涅槃經》（T2920）：

　　吾與彌勒尊佛同時下生，共坐化城，救度善緣。……自在吾後與彌勒尊佛下生本國，足踏海水枯竭。遂使諸天龍神，八部聖眾，在於東海中心，修造化城……因緣俱來佛國，同歸化城，悉得解脫。〔註50〕

這裡的「化城」位於人間，並且是在東海中心，體現的是彌勒下生信仰。此外，化城還是有緣人得以解脫之地，即「佛國」。

（5）唐長慶二年（822）楊承和所撰的《邠國公功德銘》（時楊氏為內樞密使）。文曰：

　　又於堂內造轉輪經藏一所，刻石為雲，鑿地而出，方生結構，遞□□緣。立無數花幢，竊比兜率；造百千樓閣，同彼化城。

這裡是在描述轉輪經藏上所刻圖畫，其中「造百千樓閣，同彼化城」中「彼」字所指代即前句之「兜率」。這裡也能看出，時人還是認為「兜率天宮」中存有「化城」。這則材料也向我們表明，化城與彌勒之間存在聯繫的認識不獨存在於普通民眾中，也存在於文化精英思想之中。

以上五則材料中，化城無一例外都和彌勒有一些聯繫。當然，化城和釋迦摩尼佛也有一些關係：

（1）《本因經》：

　　尊者問如來：「化城在何處？」佛言：「化城在釋迦得道處。……號為釋迦文，九龍與吐水，治化彌勒前。……從海中心入，即為造化城。」〔註51〕

〔註48〕關於《續命經》的研究，參李小榮《〈佛說續命經〉研究》，《敦煌研究》，2010年第5期，第71～78頁等。

〔註49〕參 CBETA, T85, no.2889, p.1405, a17-18.

〔註50〕參 CBETA, T85, no.2920, p.1463, c4-p.1464, a8.

〔註51〕參 CBETA, T85, no.2879, p.1365, c21-p.1366, a8.

《本因經》中,在這段經文之前敘述了尊者請彌勒造化城之事,但這段體現的造化城之佛乃「釋迦文佛」。經文中的化城也是位於海中心,這一點和《僧伽和尚欲入涅槃經》十分相似。

（2）造作於 695 年之前的《如來成道經》〔註52〕:

> 天宮樓閣指即化城,所須皆得不用功呈。〔註53〕

從文獻的數量上看,化城和彌勒、兜率天宮的關係更為密切——化城就是彌勒所在之城。許理和認為這種關係的建立可能是基於佛經對兜率天宮的描寫。〔註54〕但我更傾向於認為,這種關係是基於佛經對翅頭城與轉輪王及彌勒與兜率天宮以及化城的描述,換言之,化城與彌勒發生聯繫,是多種元素相互融合的結果。首先,信眾經常將翅頭城和兜率天宮混在一起,甚至希望往生翅頭城,這說明他們對彌勒上升和下生兩個系統的認識並不是如經典描述那麼清晰,他們可能分不清翅頭城與兜率天宮的區別。他們所能感知的就是翅頭城與兜率天宮都是一片樂土;〔註55〕其次,他們也都知道「化城」也是一片樂土,「化城」在社會上的傳播率很高。當這三種因素都出現在信眾認識中時,便被混為一談了。雖不知這種結合是從何時開始,但大規模、成傳統地對「化城」之使用也說明,化城是一個具有固定使用方法的詞語,而非單單指「幻化之城」。在筆者看來,可能始於《彌勒下生成佛經》中對城池與蠰佉及彌勒的描寫有關。這種故事在民眾中流傳開來,逐漸將城池與蠰佉的關係轉移為彌勒與彌勒淨土上。而等同於彌勒淨土的蠰佉城池本名「雞頭城」或「翅頭城」,隨著《法華經》的流佈,逐漸為象徵著接近寶所之「化城」所取代。

〔註52〕相關研究參李文潔、林世田《〈佛說如來成道經〉與〈降魔變文〉關係之研究》,《敦煌學輯刊》,2005 年第 4 期,第 46～53 頁。

〔註53〕參 CBETA, T85, no.2890, p.1405, b9-10.

〔註54〕參 Erik Zürcher, "Prince Moonlight: Messianism and Eschatology in Early Medieval Chinese Buddhism", p.42, note 80.

〔註55〕彌勒和城池關係的發展,可以通過經變得到一個直觀的認識:初唐時期的兜率天宮經變中,天宮更多的被表現為水池、池臺以及樓閣,彌勒及聖眾都是在樓閣前講法、聞法;盛唐後,經變中的城池形象越來越突出,兜率天宮被描繪成城,彌勒便是坐在城中講法。可參敦煌第 72、98、148、231 等窟,相關研究可參公維章《涅槃、淨土的殿堂——敦煌莫高窟第 148 窟研究》,北京:民族出版社,2004 年,第 161～162 頁等。雖然彌勒經典中,對兜率天宮城池也有所描述,但經變中城池形象卻是一個逐漸突顯的發展過程。這其中有無翅頭城等信仰因素在內,還需要進一步研究。

其實，「化城」崇拜從本質上是彌勒崇拜和淨土崇拜。它從幻化之城到淨土之城的轉變，體現了民眾對經典的認識與再理解及運用。

「化城」具有淨土意象，是《法華經》、彌勒崇拜、淨土信仰等思想融合的結果。至於其出現時間至少可以追溯到六世紀早期。雖然這種意象和《法華經》之「化城」已有很大差別，但仍是源於「化城喻」的。為了表述方便起見，筆者暫擬稱這種具有彌勒淨土信仰在內的「化城」為「淨土化城」，以與「化城喻」之「化城」相對。

上文我們論及了，皇帝所居之「化城」，也論及了彌勒淨土之「化城」，至於二者關係，是前者影響後者，抑或後者影響前者，抑或並行不悖，還需要更多的史料才可以描述清晰。但有一點是可以確定的，即二者都受到了「化城喻」之影響，換句話說，無論是皇帝所居抑或彌勒淨土之「化城」都是脫胎於「化城喻」。

第三節　天尊之化城

前文，我們分析了佛教經典中的「化城」、信眾精英階層視野中的「化城」以及下層信眾觀念中的「化城」，這幾種意象從總體上看還屬於佛教信仰內容。即使是下層信眾觀念中那種混亂的認識從本質上看，仍然沒有偏出佛教信仰的範疇。但自從東傳以來，佛教從來就不是孤立發展的，它在不同時期都會與中國本土的思想進行不同形式和內容的交流。它會從本土思想中吸收一些因子，本土思想也會融入一些佛教的思想。就「化城」一詞而言，它雖然有著佛教內部的演變，但也存在著和本土思想結合的傾向。

1. 與海山信仰的結合

我們上文已經提及《首羅比丘經》，該經中已經了出現「化城」，並且它是以救世主月光童子及其信徒生活場所的形態存在的。許理和、王惠民等學者甚至認為化城就是兜率城。但筆者認為，這兩者之間的聯繫並不是很清晰，尚不能直接劃上等號。此經中的「化城」已經帶有了淨土的色彩，而不僅僅是「化城喻」中的形象。《首羅比丘經》中，月光童子居所乃「蓬萊山中海陵山下閡子窟所」，這一說法具有濃厚的中土海山信仰色彩。聯繫到這一點，月光童子大眾所居之「化城」似乎已經融合了「化城喻」、彌勒信仰（翅頭城與兜率天宮）以及中土海山信仰。這種趨勢在上文所提及的幾部疑偽經中也有

明顯的痕跡，如，《本因經》載：

> 尊者問如來：「化城在何處？」佛言：「化城在釋迦得道處，……號為釋迦文。九龍與吐水，治化彌勒前。……從海中心入，即為造化城……」

又如，《僧伽和尚欲入涅槃經》載：

> 吾後與彌勒尊佛下生本國，足踏海水枯竭。遂使諸天龍神，八部聖眾，在於東海中心，修造化城，金銀為壁，琉璃為地，七寶為殿。

這兩部經典中，化城都位於「海中心」。並且通過「海中心有化城」的信仰出現在兩部不同時期的經典中，我們可以可以推知，「海中心有化城」的信仰是有自己的傳承系統和受面眾的，並不是某一造作者的即興之筆。楊梅也注意到這一點，但她認為之所以出現化城位於海中心的觀念，主要源於月光童子信仰，並且和中古時期存在的「白衣天子出東海」等讖言有關。[註56] 自戰國以來，海中有仙人及仙山等仙境的信仰在中國具有深遠影響。關於「海中心有化城」與月光童子信仰以及中古時期的政治讖言之間的關係，我們可以暫不論及，但有一點是可以確定的，即疑偽經「海中心有化城」這種信仰肯定融合了淨土化城信仰與本土之海山信仰。

2. 與道教信仰的結合

通過前面的分析，我們也可以得出一個清晰的認識，即最晚至隋唐時期，含有淨土色彩的「化城」已經廣為民眾，尤其是下層民眾所熟知。隨著這種觀念的傳播，化城也不再僅僅只是佛教信仰的概念，也為民間信仰，甚至是道教所吸收。

《太平廣記》引《杜陽雜編》記載了一個頗具有道教色彩的民間故事：

> 開元中，有李氏者，嫁於賀若氏。賀若氏卒，乃捨俗為尼，號曰真如。……肅宗元年，建子月十八日夜，真如所居，忽見二人，衣皂衣。引真如東南而行，可五六十步，值一城。樓觀嚴飾，兵衛整肅。皂衣者指之曰：「化城也。」城有大殿。一人衣紫衣，戴寶冠。號為天帝。復有二十餘人，衣冠亦如之，呼為諸天。諸天坐，命真如進。而諸天相謂曰：「下界喪亂時久，殺戮過多，腥穢之氣，達於

[註56] 參楊梅《4～8世紀中國北方地區佛教讖記類偽經研究》，首都師範大學歷史學院博士論文，2006年，第64頁。

諸天。不知何以救之？」一天曰：「莫若以神寶壓之。」又一天曰：「當用第三寶。」又一天曰：「今屬氣方盛，穢毒凝固，第三寶不足以勝之，須以第二寶，則兵可息，亂世可清也。」天帝曰：「然。」因出寶授真如。〔註57〕

根據這則故事，我們可以看到，「化城」已經成為天帝所居之所。這種使用方法很容易使我們聯想到前文所分析的「皇帝之所居」，但和之前已經提及的幾種意象又不完全一致，具有明顯的本土色彩。

　　檢索道藏，我們可以發現最早可能在唐代，「化城」也開始被吸收進道經。如，可能出於唐宋時期的《太上長生延壽集福德經》載：

　　　　爾時元始天尊於赤明劫，與諸真仙上聖、長生大君、五福神王、

　　諸天龍神，詣化城國霄陵園中善福堂內芝英臺上，說劫運功德。

通過這部經典的描述，我們可以知道「化城」是作為「國」的形象存在的，它是元始天尊說經講法之地。這裡的「化城」乃天尊所居，無疑是一神聖之址。又如，北宋末出《靈寶無量度人上品妙經》載：

　　　　普告神州，仙境靈鄉，洞天福地，海嶽河源，三元曹局，九淵

　　化城，關紐綱維，閬風崑崙，瑤闕三真，玄華帝臺。

　　這裡「化城」與「曹局」、「崑崙」、「帝臺」等都屬於仙境靈鄉，洞天福地。

　　以上列舉的幾條道經，都可以確認其所涉及到的「化城」乃神聖之地。從這一層含義來看，它和「化城喻」之化城沒有共同點，而和具有淨土色彩的「化城」在本質上則是一樣的。此外，我們還能夠在道藏中找到直接借用佛教名相的痕跡。如，金王重陽（1112～1170 年）撰《重陽真人金關玉鎖訣》載：

　　　　或有未出家之人，年少時不能持清靜之果，從小乘。入中乘、

　　上乘。初地達法心為小乘，覺悟者為中乘，了達者為上乘。第一是

　　化城，第二是銀城，第三是金城。似一根大樹，先有其根，後有其

　　梢。如常時只宜清靜，大為正道也。

在佛教正典中，「化城」就是小乘，是低級佛果，而王重陽在這裡直言，化城乃「初地」、「小乘」，顯然是借用了「化城喻」。

　　道教吸收佛教思想，乃至直接抄錄佛經、偷換概念的現象自南北朝以來

〔註57〕宋李昉等編《太平廣記》卷四百四《寶五‧雜寶下》「肅宗朝八寶」條，北京：中華書局，1961 年初版，此據 1986 年版，第 3254～3256 頁。

就屢見不鮮。〔註58〕道經中出現的「化城」（除第三條外），我們很難說，是從佛經中直接轉換而來。從其內涵來看，它更接近於佛教疑偽經中的意象。換言之，《延壽福德經》和《度人經》等經典所用之「化城」，很可能是直接取材於中土民眾，甚至是疑偽經，反映的是已經中國化的觀念。

小結

印度佛教的傳入，給中國文化注入了新的血液，帶來了新活力和創造力。〔註59〕在生死觀上，中土民眾接受了佛教生死輪迴的觀念，開始追求往生淨土。但中國民眾面對的從來不是單一的思想，他們所認可的從來也不只是一種信仰。無論是傳統的儒家、道教思想，抑或外來的佛教思想，在中古時期民眾那裡都被融合在一起，他們有選擇，繼而又有創造。

就本章探討的「化城」來說，化城本來自「化城喻」，隨著《法華經》的流佈，化城也漸入人心，為民眾所接受。同時，彌勒信仰以及轉輪王信仰，也在民眾中廣為傳播，彌勒所居兜率天宮和翅頭城在民眾中被混合在一起，都成為彌勒淨土的代名詞。「化城喻」中的化城在佛典中本就是一座類似佛國淨土之地，所以當它和本已混沌的彌勒淨土思想同時出現在中古民眾觀念中時，便又被賦予了淨土的意象，成為民眾心目中終極樂土的化身。

這種混合，自南北朝產生，至宋以後仍在延續。它不獨存在於下層民眾觀念，也見於上層精英思想。它是中土的一種創造，體現了中土對佛教的接受和改造。通過對這種混合和改造過程的分析，我們還可以發現一點，即這

〔註58〕如《元陽》、《靈寶》、《上清》等經，很明顯就在相當程度上參考過佛教《法華》、《無量壽佛》等經典。早在南北朝時期，已有學者注意到這種現象。參甄鸞《笑道論》、道安《二教論》、道宣《集古今佛道論衡》，以及玄嶷《甄正論》等。他們雖然是出自維護佛教批判道教的目的作出了相關評論，但他們描述的現象確是客觀事實。上世紀以來，現代學者對佛道關係的研究成果斐然，其中對道教經典借用與運用佛教語彙也曾進行過詳細研究。參相關研究論著，如李豐楙《六朝道教的終末論——末世、陽九百六與劫運說》，《道家文化研究》第 9 輯，北京：三聯書店，1996 年，第 82～99 頁；同氏《六朝道教的度救觀：真君、種民與度世》，《東方宗教研究》新 5 期，1996 年，第 138～160 頁；同氏《傳承與對應：六朝道經中「末世」說的提出與衍變》，《中國文哲研究集刊》第 9 期，1996 年，第 91～130 頁。

〔註59〕方立天《中國佛教哲學要義》，北京：中國人民大學出版社，2005 年，第 5 頁。

種思想脫胎於正典，但又有異於正典，並且本土觀念很少摻入其中。〔註60〕
在佛教中國化的過程中，中土信徒以本位文化對佛教進行了改造，〔註61〕同
時，他們也會根據自身體悟對東來佛教進行改造。這種改造雖是取材於佛教
本身，無論是所用形式，抑或表達之思想，分開來看，都屬於佛教，甚至與印
度佛教並無二致；但這種形式和思想的結合，卻是本土民眾自己的創造，結
合之結果便迥異於印度或西域的佛教。這裡的改造者和接受並傳播、傳承者
包括佛教精英信徒，也包括下層民眾，並且以後者為主。僅就下層民眾的改
造而言，他們的改造活動可能源於其對佛教經典之模糊認識：他們不能很清
晰地分清佛教的不同名相及教義，故其所理解的佛教很多都是模糊的、似是
而非的，甚至是想像的。但這種「離經叛道」式的理解也是中古時期民眾的
思想世界的重要組成部分，也應當被視為佛教中國化的一種方式。

　　化城信仰和本土海山信仰、道教信仰的結合，又說明其不僅在佛教信仰
內部融合了各種信仰成分發生了演變，也在中國整個信仰內部融合佛教以外
的不同系統的信仰因子而發生演變。但我們還要注意到，與海山、道教結合
之化城，已經不是「化城喻」之化城了，更多的是一種具有淨土色彩的化城。
易言之，化城與外部信仰的融合，是建立於它在佛教內部演變完成基礎上的。

〔註60〕《首羅比丘經》中月光童子所居之處就在蓬萊山，如果經中所描繪之兜率城
　　　　即為化城，那麼「化城」似乎也曾融入了本土海山信仰等思想。但僅就其與
　　　　彌勒淨土等思想的結合而言，這一過程中並沒有本土思想的摻入，並且這一
　　　　過程的完成要早於化城與海山信仰思想之結合。因為與海山信仰相結合之
　　　　「化城」肯定是具有了淨土意象之「化城」的。

〔註61〕參 Kenneth K.S.Ch'en, *The Chinese Transformation of Buddhism*, Princeton
　　　　University Press, 1973.許理和前揭文；Mollier, Christine. *Buddhism and Taoism
　　　　Face to Face: Scripture, Ritual, and Iconographic Exchange in Medieval China*,
　　　　Honolulu: University of Hawaii Press, 2008, p.174~208.等。

參考文獻

說明：一、參考文獻分為十個部分：圖版、古籍資料，中、日、英文論文，中、日、英文著作，中文譯著、學位論文。二、各部分內部按文獻字元音序排列，次按文獻發表和出版先後排序。

一、圖版

1. 國際佛教學大學院大學、日本古寫經研究所《日本古寫經善本叢刊第九輯·高僧傳卷五、續高僧傳卷二八　二九　三〇》，東京：三美印刷株式會社，2015 年。

2. 北京大學圖書館、上海古籍出版社編《北京大學藏敦煌文獻》第 1～2 冊，上海古籍出版社，1995 年。

3. 俄羅斯科學院東方研究所聖彼得堡分所、俄羅斯科學出版社東方文學部、上海古籍出版社編《俄藏敦煌文獻》第 1～17 冊，上海古籍出版社，1992～2001 年。

4. 方廣錩、吳芳思主編《英國國家圖書館藏敦煌遺書》第 1～50 冊，南寧：廣西師範大學出版社，2011～2017 年。

5. 甘肅藏敦煌文獻編委會、甘肅人民出版社、甘肅省文物局編《甘肅藏敦煌文獻》第 1～6 冊，蘭州：甘肅人民出版社，1999 年。

6. 黃永武主編《敦煌寶藏》第 1～140 冊，臺北：新文豐出版公司，1981～1986 年。

7. 任繼愈主編《國家圖書館藏敦煌遺書》第 1～146 冊，北京圖書館出版

社，2005～2012 年。

8. 上海古籍出版社、法國國家圖書館編《法藏敦煌西域文獻》第 1～34 冊，上海古籍出版社，1995～2005 年。

9. 上海古籍出版社、上海博物館編《上海博物館藏敦煌吐魯番文獻》第 1～2 冊，上海古籍出版社，1993 年。

10. 武田科學振興財團杏雨書屋編《敦煌秘笈》第 1～9 冊，大阪：武田科學振興財團，2009～2013 年。

11. 中國佛教協會編印《房山石經》第 28 冊，北京：華夏出版社，2000 年。

12. 中國社會科學院歷史研究所、中國敦煌吐魯番學會敦煌古文獻編輯委員會、英國國家圖書館、倫敦大學亞非學院何編《英藏敦煌文獻（漢文佛經以外部分）》第 1～14 冊，成都：四川人民出版社，1990～1995 年。

二、古籍

1. 〔戰國〕韓非撰，王先慎撰，鍾哲點校《韓非子集解》，北京：中華書局，2003 年。

2. 〔西漢〕司馬遷《史記》，北京：中華書局，1959 年第一次印刷，此據 1963 年第三次印刷。

3. 〔西晉〕葛洪撰，胡守為校釋《神仙傳》，北京：中華書局，2010 年。

4. 〔東晉〕法顯撰，章巽校注《法顯傳校注》，北京：中華書局，2008 年。

5. 〔南朝梁〕沈約《宋書》，北京：中華書局，1974 年。

6. 〔南朝梁〕釋僧祐撰，蘇晉仁、蕭鍊子點校《出三藏記集》，北京：中華書局，1995 年。

7. 〔南朝梁〕釋慧皎撰、湯用彤校注、湯一玄整理《高僧傳》，北京：中華書局，1992 年。

8. 〔北朝齊〕魏收《魏書》，北京：中華書局，1974 年。

9. 〔隋〕侯白撰，曹林娣、李泉輯注《啟顏錄》，上海古籍出版社，1990 年。

10. 〔唐〕白居易著、朱金城箋校《白居易箋校》，上海古籍出版社，1988 年。

11. 〔唐〕杜甫著，仇兆鰲注《杜詩詳注》，北京：中華書局，1979 年。

12. 〔唐〕杜佑《通典》，北京：中華書局，1984 年。

13. 〔唐〕李百藥撰《北齊書》，北京：中華書局，1972 年。

14. 〔唐〕李延壽《北史》，北京：中華書局，1974 年。

15. 〔唐〕歐陽詢撰，汪紹楹校《藝文類聚》，上海古籍出版社，1965 年。

16. 〔唐〕釋道世撰、周叔迦、蘇晉仁校注《法苑珠林》，北京：中華書局，2003 年。

17. 〔唐〕魏徵等撰《隋書》，北京：中華書局，1973 年。

18. 〔唐〕徐堅等《初學記》，北京：中華書局，1962 年。

19. 〔唐〕韋述撰、辛德勇輯校《兩京新記輯校》，西安：三秦出版社，2006 年。

20. 〔唐〕姚思廉《梁書》，北京：中華書局，1973 年。

21. 〔唐〕張彥遠撰、周曉薇點校《歷代名畫記》，瀋陽：遼寧教育出版社，2001 年。

22. 〔後晉〕劉昫等《舊唐書》，北京：中華書局，1975 年。

23. 〔北宋〕李昉等編《太平廣記》，北京：中華書局，1961 年。

24. 〔北宋〕歐陽修、宋祁等撰《新唐書》，中華書局，1975 年。

25. 〔北宋〕司馬光等撰《資治通鑒》，北京：中華書局，1956 年。

26. 〔北宋〕贊寧撰、范祥雍點校《宋高僧傳》，北京：中華書局，1987 年初版，此據 2006 年版。

27. 〔北宋〕張君房編，李永晟點校《雲笈七籤》，北京：中華書局，2003 年。

28. 〔南宋〕葉適《習學記言序目》，北京：中華書局，1977 年。

29. 〔明〕傅梅《嵩書》，明萬曆刻本。

30. 〔明〕龔黃《六嶽登臨志》，明抄本。

31. 〔明〕吳之鯨撰、魏德良標點《武林梵志》，杭州出版社，2006 年。

32. 〔明〕張聯元《天台山全志》，清康熙刻本。

33. 〔清〕董浩《全唐文》，北京：中華書局，1983 年。

34. 〔清〕陸增祥《八瓊室金石補正》，北京：文物出版社，1985 年。

35. 〔清〕王昶《金石萃編》（影嘉慶十年經訓堂刊本），南京：江蘇古籍出版社，1998 年。

36. 〔清〕嚴可均《全隋文》，北京：商務印書館，1999 年，第 326 頁。

37. 〔清〕俞正燮《俞正燮全集》，合肥：黃山書社，2010 年。

38. 楊伯峻《列子集釋》，北京：中華書局，1979 年初版，此據 1985 年版。

39. 趙縣地方志編纂委員會《趙州志校注》，趙縣地方志編纂委員會印，1985年。

40. 袁珂校注《山海經校注》，上海古籍出版社，1990年。

41. 王根林點校《海內十洲記》，上海古籍出版社，1999年。

三、中文論文

1. 白化文《敦煌寫本〈眾經別錄〉殘卷校釋》，《敦煌學輯刊》1987年第1期。

2. 白化文《〈首羅比丘見五百仙人並見月光童子經〉校錄》，《敦煌學》第十六輯，臺灣：新文豐出版公司，1990年。

3. 白化文、楊寶玉《上海圖書館藏敦煌卷子812531號〈黃仕強傳〉錄文校注》，《敦煌學》第20輯，臺灣：敦煌學會，1995年。

4. 柴劍虹《讀敦煌寫卷〈黃仕強傳〉箚記》，《敦煌語言文學研究》，北京大學出版社，1988年。

5. 陳金華《傳善無畏所譯三部密教儀軌出處及年代考》，《藏外佛教文獻》第4輯，1998年。

6. 陳明《俄藏敦煌文獻〈聖地遊記述〉研究》，《北京大學中國古文獻研究中心集刊》第五輯，北京大學出版社，2005年。

7. 陳士強《〈歷代法寶記〉考原》，《法音》1989年第9期。

8. 陳志遠《佛教歷史意識的興起——以法顯行記的幾則記載為中心》，《文史哲》2019年第3期。

9. 戴密微《唐代的入冥故事——黃仕強傳》，原刊於1977年荷蘭出版的《中國歷史文學論文集》，此據耿昇譯文，《敦煌譯叢》（第一輯），蘭州：甘肅人民出版社，1985年，第133～147頁。

10. 定源（王招國）《日本古寫經〈高僧傳〉所見「法和傳」異文考辯》，《漢語史學報》第14輯，2014年。

11. 定源（王招國）《〈高僧傳篇〉論考》，收入國際佛教學大學院大學、日本古寫經研究所《日本古寫經善本叢刊第九輯·高僧傳卷五、續高僧傳卷二八 二九 三〇》，東京：三美印刷株式會社，2015年。

12. 杜正勝《從眉壽到長生——中國古代生命觀念的轉變》，《史語所集刊》第66本第2分，1995年。

13. 方廣錩《關於〈淨度三昧經〉的目錄學考察》（中文、日文），《七寺古逸

經典研究叢書》第 2 卷，東京：日本大東出版社，1996 年。

14. 方廣錩《楊文會的編藏思想》，《中華佛學學報》，第 13 期，2000 年。

15. 方廣錩《改革開放以來我國佛教研究的回顧與展望》，《中國社會科學院院報》，2003 年 8 月 4 日。

16. 方廣錩《試論佛教發展中的文化匯流》，《華東師大學報》，2007 年第 1 期。

17. 方廣錩《試論佛教發展中的文化匯流——從〈劉師禮文〉談起》，《法音》，2007 年第 3 期。

18. 方廣錩《關於〈佛說孝順子修行成佛經〉的若干新資料》，《藏外佛教文獻》第十二輯，2008 年。

19. 方廣錩《再談佛教發展中的文化匯流》，《敦煌研究》，2011 年第 3 期。

20. 方廣錩《從「文化匯流」談中國佛教史上的疑偽經現象》，《首屆佛教疑偽經國際學術研討會論文集》，2014 年 3 月。

21. 高婉瑜《試論〈普賢菩薩說此證明經〉與武周政權的關係》，《高雄師大學報》第 16 期，2004 年。

22. 苟波《中國古代小說視野中的民眾「仙界」觀念》，《中國道教》，2005 年第 3 期。

23. 顧偉康《〈須真天子經記〉考——竺法護早年是否懂中文？》，《新加坡佛學研究學刊》第一卷，2013 年，第 215～235 頁。

24. 曉文《釋「香火」》，《北京師範學院學報》1992 年第 5 期。

25. 黃慧賢《對習鑿齒卒年及其著作的檢討和蠡測》，《魏晉南北朝隋唐資料》第 26 輯，2010 年。

26. 黃夏年《〈大乘起信論〉研究百年之路》，《普門學報》第六期，2001 年 11 月。

27. 紀贇《從口頭到書面：文獻傳播方式的改變與大乘佛教的興起》，《第一屆國際佛教大藏經學術研討會論文集》，2010 年。

28. 紀贇《多重視角下的疑偽經研究》，《首屆佛教疑偽經國際學術研討會論文集》，2014 年 3 月。

29. 江婷婷《中古時期「佛識」的產生嬗變及對中土文化的影響》，《哈爾濱工業大學學報》（社會科學版），2012 年第 6 期。

30. 李豐楙《六朝道教的終末論——末世、陽九百六與劫運說》，《道家文化

研究》第 9 輯，北京：三聯書店，1996 年。

31. 李豐楙《六朝道教的度救觀：真君、種民與度世》,《東方宗教研究》新 5 期，1996 年。

32. 李豐楙《傳承與對應：六朝道經中「末世」說的提出與衍變》,《中國文 哲研究集刊》第 9 期，1996 年。

33. 李靜傑《佛缽信仰與傳法思想及其圖像》,《敦煌研究》,2011 年第 2 期。

34. 李際寧《敦煌疑偽經典〈佛母經〉考察》,《北京圖書館館刊》,1996 年 第 4 期。

35. 李小榮《〈佛說續命經〉研究》,《敦煌研究》,2010 年第 5 期。

36. 李文潔、林世田《〈佛說如來成道經〉與〈降魔變文〉關係之研究》,《敦 煌學輯刊》,2005 年第 4 期。

37. 梁曉紅《從名古屋七寺的兩部疑偽經資料探討疑偽經在漢語史研究中的 作用》,《普門學報》第 17 期，2003 年。

38. 梁曉紅《〈清淨法行經〉語詞考辨》,《普門學報》第 38 期，2007 年。

39. 梁銀林《佛教「水觀」與蘇軾詩》,《西南民族大學學報：人文社科版》, 2005 年第 3 期。

40. 林世田《敦煌所出〈普賢菩薩說證明經〉及〈大雲經疏〉考略──附〈普 賢菩薩說證明經〉校錄》,《文津學誌》第 1 輯，2003 年。

41. 林雪玲《敦煌本〈小法滅盡經〉非偽經考》,《普門學報》第十七期，2003 年。

42. 劉屹《〈廣品說〉考》,《首都師範大學學報（社會科學版）》,1999 年第 6 期。

43. 劉屹《〈化胡經〉產生的年代》,《道家文化研究》第 13 輯，北京：三聯 書店，1998 年。

44. 劉屹《書評：〈北京大學藏敦煌文獻〉》,《敦煌吐魯番研究》第三輯，1998 年。

45. 劉屹《唐代道教的「化胡經說」與「道本論」》,收入榮新江主編《唐代 宗教信仰與社會》,上海辭書出版社，2003 年。

46. 劉屹《中古佛教的「三聖化導說」──以七寺所藏〈清淨法行經〉為中 心》,《唐研究》第 22 卷，北京大學出版社，2016 年。

47. 劉屹《法滅思想及法滅盡經類佛經在中國流行的時代》,《敦煌研究》2018
    年第 1 期。

48. 劉屹《經錄與文本:〈法滅盡經〉類佛經的文獻學考察》,《文獻》2018 年
    第 4 期。

49. 陸揚《解讀〈鳩摩羅什傳〉:兼談中國中古早期佛教文化與史學》,《中國
    學術》第 23 期,2005 年。

50. 羅漢(N.H.Rothschild)《剝開蠶絲:在白鐵余 682~683 年的佛教運動中
    的民族、財富和末法意識》,胡素馨主編《寺院財富與世俗供養國際學術
    研討會論文集》,上海書畫出版社,2003 年。

51. 羅世平《敦煌泗州僧伽經像與泗州和尚信仰》,《美術研究》,1993 年第
    1 期。

52. 呂宗力《讖緯與魏晉南北朝佛教》,《南京大學學報》(哲學·人文科學·
    社會科學版),2010 年第 4 期。

53. 牛汝極《敦煌吐魯番回鶻漢譯疑偽經典》,《敦煌學輯刊》,2000 年第 2 期。

54. 施萍婷《日本公私收藏敦煌遺書敘錄(三)》,《敦煌研究》1995 年第 4 期。

55. 釋章慧《〈申日經〉經本定位與經題考》,《中華佛學研究》第 8 期,2002
    年。

56. 釋智學《中國佛典疑偽經研究(一)——永明延壽與疑偽佛典》,《正觀
    雜誌》第四十期,2007 年 3 月。

57. 孫英剛《南北朝隋唐時代的金刀之讖與彌勒信仰》,《史林》2011 年第 3 期。

58. 孫英剛、李建欣《月光將出、靈缽應降——中古佛教救世主信仰的文獻
    與圖像》,《全球史評論》2016 年第 2 期。

59. 邰慧莉《敦煌寫本〈佛圖澄所化經〉初探》,《敦煌研究》,1998 年第 4 期。

60. 王鶴琴《論天台山佛教聖地化的初期歷史——以北齊〈趙郡王高叡修寺
    碑〉為中心》,《世界宗教研究》2020 年第 4 期。

61. 王惠民《北魏佛教傳帖原件〈大慈如來告疏〉研究》,《敦煌研究》,1998
    年第 1 期。

62. 王三慶《日本所見敦煌寫卷目錄提要(一)》,《敦煌學》第 15 輯,臺北:
    新文豐,1990 年。

63. 王雪梅《彌勒信仰研究綜述》,《世界宗教文化》,2010 年第 3 期。

64. 王維誠《老子化胡說考證》，初刊於《國學季刊》第 4 卷 2 號，1934 年，此據孫彥、薩仁高娃、胡月平選編《敦煌學研究》第三冊，北京：國家圖書館出版社，2009 年。

65. 王勇《奈良時代唐寫本的傳播——以〈闕經目錄〉為線索》，《佛教與東亞宗教寫本研究國際研討會》會議論文集，峨眉山，2014 年。

66. 汪維輝《從語言角度論一卷本〈般舟三昧經〉非支讖所譯》，《語言學論叢》第三十五輯，北京：商務印書館，2005 年。

67. 溫玉成《〈首羅比丘經〉若干問題研究》，初刊於《佛學研究》，1999 年第 8 期。

68. 伍小劼《〈灌頂拔除過罪生死得度經〉與「文化匯流」》，《南亞研究》，2010 年第 2 期。

69. 吳榮曾《鎮墓文中所見到的東漢道巫關係》，《文物》1981 年第 3 期。

70. 武紹衛《習鑿齒〈與釋道安書〉考釋》，《域外漢籍研究集刊》第 18 輯，2018 年。

71. 武紹衛《敦煌本〈普賢菩薩說此證明經〉經本研究》，《敦煌學》第三十輯，2013 年。

72. 武紹衛《化城：終極的樂土》，《北京大學第九屆史學論壇會議論集》，2014 年 3 月。

73. 蕭登福《月光明王出世信仰及敦煌寫卷〈首羅比丘經〉借明王以聚眾抗胡的思想研究》，《敦煌學》第二十七輯，2008 年。

74. 辛島靜志《判斷疑偽經的標準是什麼：以〈盂蘭盆經〉與〈舍利弗問經〉為例》，《首屆佛教疑偽經國際學術研討會論文集》，2014 年 3 月。

75. 徐漢傑《偽撰佛典建構下的中古救世主》，《內蒙古師範大學學報》2019 年第 2 期。

76. 楊惠南《漢譯佛經中的彌勒信仰——以彌勒上、下經為主的研究》，《文史哲學報》35 號，1987 年。

77. 楊梅《〈首羅比丘經〉文本內容及創作時代考》，《敦煌吐魯番研究》第 11 卷，北京大學出版社，2008 年。

78. 印順《佛缽考》，《佛教史地考論》，北京：中華書局，2011 年。

79. 俞偉超《東漢佛教圖像考》，《文物》1980 年第 5 期。

80. 余英時《中國古代死後世界觀的演變》,《燕園論學集》,北京大學出版社,1984 年。

81. 袁仕萍《法汰晉土弘法時間稽疑》,《蘭臺世界》,2011 年 6 月下旬。

82. 張海沙《唐宋文人對〈法華經〉的接受與運用》,《東南大學學報(哲學社會科學版)》,2009 年第 11 期。

83. 張朝富《白鐵余起事佛教背景考察》,《四川大學學報(哲學社會科學版)》,2012 年第 4 期。

84. 張子開《敦煌普賢信仰考論》,《山東大學學報(社會科學版)》,2006 年第 4 期。

85. 張子開《中土新創普賢信仰文獻敘錄》,《江西師範大學學報(哲學社會科學版)》,2010 年第 6 期。

86. 張總《疑偽經中的摘抄與編撰例說》,《首屆佛教疑偽經國際學術研討會論文集》,2014 年 3 月。

87. 趙豫雲《唐代佛教與讖緯》,《黃岡師範學院學報》,2013 第 5 期。

88. 鄭阿財《敦煌疑偽經與靈驗記關係之考察》,《漢語史學報》第三輯,上海教育出版社,2000 年。

89. 鄭阿財《敦煌疑偽經的語言問題——以〈普賢菩薩說此證明經〉為例》,《敦煌吐魯番研究》第 8 卷,北京:中華書局,2005 年。

90. 朱雷《釋道安南投襄陽疑年考》,原刊《魏晉南北朝隋唐史資料》第 11 輯,此據《武漢大學歷史學集刊》第 1 輯,武漢:湖北人民出版社,2005 年。

四、日文論文

1. 永田知之《陳寅恪論及敦煌文獻續記——遺墨「敦煌研究」と講義「敦煌小説選讀」》,《敦煌寫本年報》第八號,2014 年 3 月。

2. 瀧口宗紀《「法滅盡經」の成立とその影響》,《佛教論叢》第 42 號,1998 年。

3. 河上由麻子《中國南朝の對外關係において仏教が果たした役割について——南海諸國が奉った上表文の檢討を中心に》,《史學雜誌》117 編 12 號,2008 年。

4. 梶浦晉《金剛時一切經と新出安世高訳佛典》,《仏教學セミナー》73 號,2001 年。

5. 鎌田茂雄《究竟大悲經について》,《印度學佛教學研究》第 12 卷第 2 期,1964 年。

6. 菊地章太《〈太上靈宝天地運度自然妙經〉成立の歷史的背景——劉裕による東晋王朝篡奪をめぐって》,《社會文化史學》第 35 號,1996 年。

7. 菊地章太《六世紀中國の救世主信仰——〈證香火本因經〉を手がかりに》,道教文化研究會編《道教文化への展望》,東京:平河出版社,1994 年。

8. 菊地章太《甲申大水考——東晋末期の圖讖的道教とその系譜》,《東方宗教》第 87 號,1996 年。

9. 菊地章太《六朝道教における終末思想の形成》,《櫻花學園大學研究紀要》第 2 號,2000 年。

10. 菊地章太《あの世の到來:〈法滅盡經〉とその周邊》,收入田中純夫編《死後の世界:インド中國・日本の冥界信仰》,東京:東洋書林,2000 年。

11 菊地章太《世の轉變と戒律のゆくえ——〈般泥洹後比丘世變經〉の成立をめぐって》,《日本敦煌學論叢》第 1 卷,東京:比較文化研究所,2006 年。

12. 菊地章太《世變經成立年代考》,《東洋學研究》第 56 卷,2019 年。

13. 菊地章太《世變經成立年代考補遺》,《東洋學研究》第 57 卷,2020 年,第 225～235 頁。

14. 吉田丰《ソグド語の「究竟大悲經」について》,《アジア・アフリカ言語文化研究》第 27 期,1984 年。

15. 宮川尚志《六朝史籍に見ゆる金翅と云ふ語に就きて》,《東洋史研究》第 2 卷第 4 號,1937 年。

16. 金文京《〈玉燭寶典〉所載〈法滅盡經〉に見える老子・孔子・項槖三圣派遣說》,《東方宗教》第 117 號,2011 年。

17. 桑原隲藏《老子化胡經》,《藝文》第 9 號,1910 年初刊,後收入《桑原隲藏全集》第 1 卷,東京:岩波書店,1968 年。

18. 佐藤智水《敦煌本〈首羅比丘經〉のテキストについて》,《岡山大學文學院紀要》,第 17 號,1992 年。

19. 佐藤智水《敦煌本〈首羅比丘經〉點校》,《岡山大學文學院紀要》,第 20 號,1993 年。

20. 砂山稔《月光童子劉景暉の反亂と首羅比丘經》,《東方學》51 輯,1976 年。

21. 山田利明《〈文始先生無上真人關令內傳〉の成立にっいつ》,載《歷史における民眾と文化—酒井忠夫先生古稀祝賀紀念論集》,東京:國書刊行會,1982 年。

22. 柴田宣胜《老子化胡經偽作者いへ》,《史學雜誌》第 44 編第 1 號,1933 年。

23. 柴田泰《〈究竟大悲經〉と〈臥輪禪師偈〉——疑經と贊偈(二)》;《札幌大谷短期大學紀要》14:15,1981 年。

24. 手島一真《六～七世紀の山西·綿山における空王仏信仰》,《印度學佛教學研究》第 55 卷第 2 號,2007 年。

25. 手島一真《空王仏と空王——石刻·伝世史料中における用例の考察》,《立正大學東洋史論集》,2008 年。

26. 手島一真《唐代文献における「空王仏」と空王》(第四部會,〈特集〉第六十六迴學術大會紀要),《宗教研究》第 81 卷第 4 號,2008 年。

27. 手島一真《空王·空王仏·大空王仏—北朝末期仏教石刻に見る仏教の中國的變容》,《中國中世仏教石刻の研究》,東京:勉誠出版,2013 年。

28. 小畠宏允《チベットの禪宗と藏訳偽經について》,《印度學佛教學研究》卷 23 第 2 號,1975 年。

29. 小林泰善《南嶽慧思立誓愿文の形成に關する問題》,《印度學佛教學研究》第二十四卷第一號,1975 年。

30. 水野莊平《中國仏教における護國思想の受容過程について》,《印度佛教學研究》第五十八卷第一號,2009 年。

31. 石橋成康《新出七寺藏〈清淨法行經〉考之二——疑經成立過程にぉける一斷面》,《佛教文化研究》37 號,1992。

32. 石橋成康《疑經成過程における一斷面——七寺藏〈清淨法經〉考》,收入牧田諦亮監、落合俊典編《七寺古逸經典研究叢書》第二卷之《中國撰述經典(二)》,東京:大東出版社,1996 年。

33. 石橋成康、直海玄哲、落合俊典等釋錄《清淨法行經》,收入牧田諦亮監、落合俊典編《七寺古逸經典研究叢書》第二卷之《中國撰述經典(二)》,東京:大東出版社,1996 年。

34. 前田繁樹《〈清淨法行經〉と〈老子化胡經〉——排除のない論議》，收入牧田諦亮監、落合俊典編《七寺古逸經典研究叢書》第二卷之《中國撰述經典（二）》，東京：大東出版社，1996 年。

35. 村上真完《Samādhi-rājasūtra のについて》，《印度學佛教學研究》第 16卷第 2 號，1968 年。

36. 仲尾俊博《慧思禪師の末法思想》，《印度學佛教學研究》第二卷第一號，1953 年。

37. 藤善真澄《末法家としての那連提黎耶舍——周隋革命と〈德護長者經〉》，《東洋史研究》第 46 卷第 1 號，1987 年。

38. 牧田諦亮《中國に於ける民俗佛教成立の一過程——泗州大圣僧伽和尚について》，《東方學報》，京都第 25 冊，1954 年。

39. 牧田諦亮《中國佛教にはける疑經研究序說》，《東方學報》第三十五冊，1964 年。

40. 野村卓美《〈清淨法行經〉の研究：釋迦が派遣した三菩薩と真丹の三聖人》，大谷大學文藝學會編《文藝論叢》第 81 輯，2013 年。

41. 野村卓美《〈清淨法行經〉の研究：三菩薩と三聖人の對應關係再考》，大谷大學文藝學會編《文藝論叢》第 86 輯，2016 年。

42. 落合俊典《敦煌秘笈目錄（第 443 號至第 670 號）略考》，《敦煌吐魯番研究》第 7 卷，上海古籍出版社，2004 年。

43. 鈴木中正《南海諸國から南朝の諸帝に送られた國書について》，鈴木俊教授還曆記念會編《東洋史論叢》，東京：大安出版社，1964 年。

44. 惠谷隆戒《南嶽慧思の立誓願文は偽作か》，《印度學佛教學研究》第六卷第二號，1958 年 3 月。

45. 撫尾正信《法滅盡經について》，《龍谷論叢》，1954 年第 1 期。

46. 結城令聞《支那佛教における末法思想の興起》，《佛教講座》第 IV 卷，1958 年。

47. 鈴木裕美《古譯經典譯語——竺法護訳出經典を中心》，《印度學佛學研究》第四十一卷第二號，1993 年。

五、英文論文

1. Chen. Jinhua. "Some Aspects of the Buddhist Translation Procedure in Early

Medieval China." *Journal Asiatique* 293.2 (2005).

2. D.L. Overmyer, "Messenger, Savior, and Revolutionary", in Alan Sponberg, Maitreya, The Future Buddha, Cambridge University Press, 1988, p.110~15.

3. Erik Zürcher, "Eschatology and Messianism in Early Chinese Buddhism", in W. L. Idema ed. *Leyden Study in Sinology*, Vol.15, Leiden: E.J. Brill, 1981.

4. Erik Zürcher. "Perspectives in the study of Chinese Buddhism." *Journal of the Royal Asiatic Society* (*New Series*), 1982, 114 (02): 161~176.

5. Erik Zürcher, "Prince Moonlight: Messianism and Eschatology in Early Medieval Chinese Buddhism", *T'oung Pao* LXⅧ, 1~3 (1982).

6. Michel Strickmann, "The Consecration Sutra: A Buddhist Book of Spells", in Buswell, ed. *Chinese Buddhist Apocrypha*, Honolulu: University of Hawaii Press, 1990.

7. N.H. Rothschild, "Emerging from the Cocoon: Ethnic Revival, Lunar Radiance, and the Cult of Liu Sahe in the Jihu Uprising of 682-3", *Annali dell'Università degli studi di Napoli "L'Orientale". Rivista del Dipartimento di Studi Asiatici e del Dipartimento di Studi e Ricerche su Africa e Paesi Arabi*, 2005 (65). p. 257~282.

8. 定源（王招國），"Newly Discovered Japanese Manuscript Copies of the *Liang Biographies of Eminent Monks*: An Examination of the Problem of theTxet's Development Based on a Comparison with Printed Editions"，《國際佛教學大學院大學研究紀要》第 16 號，2012 年。

六、中文著作

1. 曹凌《中國佛教疑偽經綜錄》，上海古籍出版社，2011 年。

2. 慈怡法師主編《佛光大詞典》第 2 冊，高雄：佛光出版社，1988 年。

3. 柴劍虹《敦煌吐魯番學論稿》，杭州：浙江教育出版社，2000 年。

4. 陳洪《佛教與中古小說》，臺北：佛光山文化基金會，2001 年。

5. 陳垣《敦煌劫餘錄》，1931 年初刊，此據陳智超主編《陳垣全集》第八、九冊，北京師範大學出版社、安徽大學出版社，2009 年。

6. 慈怡法師主編《佛光大詞典》第四冊，高雄：佛光出版社，1988 年。

7. 方廣錩《敦煌佛教經錄輯校》（上），南京：江蘇古籍出版社，1997 年。

8. 方廣錩《佛教志》，上海人民出版社，1998 年。

9. 方廣錩主編《藏外佛教文獻》第一輯，北京：宗教文化出版社，1995 年。

10. 方廣錩《道安評傳》，北京：崑崙出版社，2004 年。

11. 方立天《中國佛教哲學要義》，北京：中國人民大學出版社，2005 年。

12. 方一新、高列過《東漢疑偽佛經的語言學考辨研究》，北京：人民出版社，2012 年。

13. 葛兆光《增訂本中國禪思想史》，上海古籍出版社，2011 年。

14. 公維章《涅槃、淨土的殿堂——敦煌莫高窟第 148 窟研究》，北京：民族出版社，2004 年。

15. 古正美《從天王傳統到佛王傳統——中國中世佛教治國意識形態研究》，臺北：商周出版社，2003 年。

16. 郝春文主編《英藏敦煌社會歷史文獻釋錄》（第十卷），北京：社會科學文獻出版社，2013 年。

17. 侯旭東《五六世紀北方民眾佛教信仰——以造像記為中心的考察》，北京：中國社會科學出版社，1998 年。

18. 季羨林《季羨林集》，北京：中國社會科學出版社，2000 年。

19. 季羨林《中印文化交流史》，北京：新華出版社，1993 年。

20. 季羨林主編《敦煌學大辭典》，上海辭書出版社，1998 年。

21. 藍吉富《隋代佛教史述論》，臺北：商務印書館，1974 年初版，此據 1998 年版。

22. 李晟《仙境信仰研究》，成都：巴蜀書社，2010 年。

23. 李煒《早期漢譯佛經的來源與翻譯方法初探》，北京：中華書局，2011 年。

24. 李小榮《〈弘明集〉〈廣弘明集〉述論稿》，成都：巴蜀出版社，2005 年。

25. 林欣儀《捨穢歸真：中古漢地佛教法滅觀與婦女信仰》，臺北：稻香出版社，2008 年。

26. 劉屹《經典與歷史——敦煌道經研究論集》，北京：人民出版社，2011 年。

27. 蒲慕州《墓葬與生死——中國古代宗教之省思》，臺北：聯經出版公司，1993 年。

28. 任繼愈主編《中國佛教史》（第二卷），北京：中國社會科學出版社，1985 年。

29. 榮新江主編《唐代宗教信仰與社會》，上海辭書出版社，2003 年。

30. 釋永祥《佛教文學對中國小說的影響》，臺北：佛光出版社，1990 年。

31. 釋章慧《〈申日經〉研究》，臺北：法鼓文化事業股份有限公司，2006 年。

32. 孫英剛《神文時代：讖緯、術數與中古政治研究》，上海古籍出版社，2014 年。

33. 湯用彤《漢魏兩晉南北朝佛教史》（增訂本），北京大學出版社，2011 年。

34. 唐長孺《北朝的彌勒信仰及其衰弱》，《魏晉南北朝史論拾遺》，北京：中華書局，1983 年。

35. 王卡《敦煌道教文獻研究：綜述‧目錄‧索引》，北京：中國社會科學出版社，2004 年。

36. 王明《抱朴子內篇校釋》（增訂本），中華書局，1985 年。

37. 王青《西域文化影響下的中古小說》，北京：中國社會科學出版社，2006 年。

38. 王重民《敦煌古籍敘錄》，北京：中華書局，1957 年。

39. 溫玉成《中國佛教與考古》，北京：宗教文化出版社，2009 年。

40. 巫鴻《禮儀中的美術——巫鴻中國古代美術史文編》，北京：三聯書店，2005 年。

41. 蕭登福《讖緯與道教》，臺北：文津出版社，1989 年。

42. 蕭登福《漢魏六朝佛道兩教之天堂地獄說》，臺北：學生書局，1989 年。

43. 蕭登福《先秦兩漢冥界及神仙思想探源》，臺北：文津出版社，1990 年。

44. 薛克翹《中印文化交流史話》，北京：商務印書館，1998 年。

45. 楊寶玉《敦煌本佛教靈驗記校注並研究》，蘭州：甘肅人民出版社，2009 年。

46. 印順法師《佛教史地考論》，北京：中華書局，2011 年。

47. 印順法師《淨土與禪》，北京：中華書局，2011 年。

48. 于淑健《敦煌佛典語詞和俗字研究——以敦煌古佚和疑偽經為中心》，上海古籍出版社，2012 年。

49. 周叔迦《周叔迦佛學論著集》（下卷），北京：中華書局，1991 年。

50. 周一良《魏晉南北朝史劄記》，北京：中華書局，1985 年。

七、日文著作

1. 大淵忍爾《敦煌道經・目錄編》，東京：五福書店，1979 年。

2. 河上由麻子《古代アジア世界の對外交涉と仏教》，東京：山川出版社，2011 年。

3. 吉川忠夫、船山徹《高僧傳譯注》之「解說」部分，京都：岩波書店，2009 年。

4. 吉岡義豐《道教と佛教》第一，東京：國書刊行會，1983 年。

5. 鐮田茂雄、河村孝照等主編《大藏經全解說大事典》東京：雄山閣出版株式會社 1998 年。

6. 林屋友次郎《經錄研究》，東京：岩波書店，1941 年。

7. 林屋友次郎《異譯經類の研究》，東京：株式會社開明堂印，東洋文庫發行，1945 年。

8. 牧田諦亮《疑經研究》，東京：臨川書店，1976。

9. 牧田諦亮監、落合俊典編《七寺古逸經典研究叢書》第二卷之《中國撰述經典（二）》，東京：大東出版社，1996 年。

10. 桑原騭藏《桑原騭藏全集》第 1 卷，東京：岩波書店，1968 年。

11. 矢吹慶輝《鳴沙餘韻・解說篇》，東京：岩波書店，1933 年初版，此據京都：臨川書店，1980 年。

12. 小野玄妙《佛書解說大辭典》，東京：大東出版社，1981 年。

13. 塚本善隆《中國佛教通史》，鐮倉：春秋社，1979 年。

14. 塚本善隆《塚本善隆著作集》第二卷《北朝佛教史研究》，東京：大東出版社，1974 年。

15. 田中純夫《死後の世界：インド中國・日本の冥界信仰》，東京：東洋書林，2000 年。

八、英文著作

1. A.F.P.H. Hulsewe and M. Loewe, *China in Central Asia-The early stage: 125B.C.~A.D.23*, Leiden, 1979.

2. Antonino Forte, *Political Propaganda and Ideology in China at the End of the Seventh Century: Inquiry into the Nature, Authors and Function of the*

Tunhuang Document S.6502 Followed by an Annotated Translation. Napoli, 1976, second edition. Tyoto, 2005.

3. Erik Zürcher, *The Buddhist Conquest of China: The Spread and Adoption of Buddhism in Early Medieval China*, 2vols, Sinica Leidensia, ⅩⅡ, E.J. Brill，Leiden, 1959.

4. Michael Loewe, *Chinese Ideas of Life and Death, Faith Myth and Reason in the Han Period (202B.C.~A.D.220).* London: George Allen and Unwin, 1982.

5. Nattier, Jan. A Guide to the Earliest *Chinese Buddhist Translations*: *Texts from the Eastern Han and Three Kingdoms Periods.* International Research Institute for Advanced Buddhology, Soka University, 2006.

6. Robert Evans. Buswell, *The formation of Chan ideology in China and Korea: the Vajrasamadhi——Sutra, a Buddhist Apocryphon.* Princeton University Press, 1989.

7. Robert Evans. Buswell, ed., *Chinese Buddhist Apocrypha*, Honolulu: University of Hawaii Press, 1990.

九、中文譯著

1. 川本芳昭著、余曉潮譯《中華的崩潰與擴大》，桂林：廣西師範大學出版社，2014 年。

2. 吉川忠夫、麥穀邦夫編，朱越利譯《真誥校注》，北京：中國社會科學出版社，2006 年。

3. 列維著，馮承鈞譯，《大藏方等部之西域佛教史料》，《史地叢考續編》，商務印書館，1923 年初版；此據列維等著，馮承鈞等譯《西洋漢學家佛學論集》，臺北：華宇出版社，1985 年。

4. 索安著、呂鵬志譯《西方道教研究編年史》，北京：中華書局，2002 年初版，此據 2008 年版。

5. 小林正美著，李慶譯《六朝道教史研究》，成都：四川人民出版社，2001 年。

6. 許理和著、李四龍、裴勇等譯《佛教征服中國：佛教在中國早期的傳播與適應》，南京：江蘇人民出版社，2003 年。

十、學位論文

1. 曹凌《中國佛教疑偽經綜錄》，上海師範大學碩士論文，2009 年。

2. 傅楠梓《中古時期的藥師信仰》，玄奘大學碩士論文，1989 年。

3. 黃勇《道教筆記小說宗教思想研究》，四川大學道教與宗教文化研究所博士論文，2005 年。

4. 李素潔《道安疑偽經判別標準研究》，上海師範大學碩士論文，2007 年。

5. 王孟《敦煌佛教疑偽經綜錄》，上海師範大學博士論文，2016 年。

6. 伍小劼《〈大灌頂經研究〉——以〈灌頂拔除過罪生死得度經〉為中心》，上海師範大學博士論文，2010 年。

7. 武鋒《葛洪〈抱朴子外篇〉研究》，華東師範大學博士論文，2007 年。

8. 楊梅《4～8 世紀中國北方地區佛教讖記類偽經研究》，首都師範大學歷史學院博士論文，2006 年。

9. 釋性玄《佛教末法思想在中國之受容與開展——以南嶽慧思之末法思想為中心》，圓光佛學研究所畢業論文，2009 年。

附錄一　《首羅比丘經》錄文 [註1]

首羅比丘見五百仙人並見月光童子經

爾時，君子國太寧山中，有一比丘，名曰首羅。學道以來，一百餘年。向晨早起，見五百仙人順路而行，即請大仙：「且住於此，受我供養。」大仙又住，道人曰：「煩惱永盡，有何不安？」大仙答曰：「我聞月光出世，是故我今匆匆不安。」首羅比丘聞是語時，歡喜踊躍。三七日中，不復飲食，自然飽滿。即時問大仙曰：「月光出世，王在何境？」大仙答曰：「王在漢境。」首羅聞此歡喜踊躍無量：「大寶將至，我今云何如盲如聾，如瘂如暗，兀無所別，不知此事？我今聞之，改往修來，奉行清禁。」首羅比丘復問大仙曰：「漢境今在何處？願示其所在。」大仙答曰：「弱水以南，葰河以北，於其中間，出現於世，度脫萬性。」首羅問大仙：「平君出時，可見以不？」大仙答曰：「改往修來，奉持禁者盡得見之。」首羅問曰：「奉持禁者，法則云何？」「癘（厲）齋戒，一心念佛念法，口詠法言。式叉摩尼、沙彌、沙彌尼亦復如是。」首羅問曰：「如此五眾，有五逆重〔罪〕者，得見明君以不？」「但使改往修來，亦得見之。」

首羅比丘曰：「吾今告汝一切眾生、天龍八部、諸鬼神等，從今以往，更別作心，莫如常意。月光臨出，大災將至，無有疑也。當來大水災至，兼有疾病流行。百姓饑謹，英雄競起，百姓無有安寧。受吾赦者，可得免災離難。」首羅告曰：「一切諸比丘及比丘尼，從今以往，坐禪執心，好縛煩惱賊者，皆

〔註1〕本錄文根據敦煌圖版釋錄而成，並參考了白化文先生《〈首羅比丘見五百仙人並見月光童子經〉校錄》、佐藤智水《敦煌本〈首羅比丘經〉點校》等文章的錄文。

度惡世。能誦大乘經者，捨離高心及以我慢，如此之人，亦得度世。除此以下，勸化興福，柔和忍辱，捨嫉妒心，如此之人，亦得度世。優婆塞、優婆夷，受持三歸、五戒，行十善者，歲三月六齋，如此之人，亦得度世。受吾敕者，皆得度也。比丘僧、比丘尼，從今以往，不聽犯五逆，及以第一遍，不聽飲酒食肉無度，飲食時節不聽非時；受吾教者，必得度世。優婆塞、優婆夷，從今以往，堅持五戒，奉持齋法，歲三長齋，月六齋，食莫非時，如此之人，亦得度世。吾復告四部眾曰：受吾敕者，皆得度世，除不至心及以壽盡。」

首羅比丘稽首問曰：「明君出世，法則云何？土境何以？疆場闊硤（狹）？」大仙答曰：「卅六國，疆場如是。」首羅問曰：「當化之時，萬民有百調之名次，復輸之太平治化，當用幾載？」大仙答曰：「當五十二載，為欲顯釋迦朽故之法。」首羅問大仙曰：「月光出世當用何時？」「古月末後，時出境陽，普告諸賢者：天台山引路遊觀，至介斧山，又到閔子窟列魯薄。一號太山，二號真君，三號纊練郡聖。」首羅聽此語時，歡欣踊躍，跳踉復起：「善哉！善哉！希有之法。今得聞之，非已分也。」

首羅問大仙曰：「月光大眾，為有幾數？」大仙告曰：「不可稱計。」大仙曰：「當出之時，二十億菩薩，三萬六千億天人。諸天童子百千億，不可稱數。皇天黑馬，嘔嘔咿咿。康護道剛、神暉、阿難、舍利弗、大目犍連等，三十六龍王、四十九狐、四十八象、七十雨師、迦陵頻迦鳥、騏驎、鳳凰，及三足神鳥，一切應瑞，盡皆出矣。一鳴龍馬，數千億萬，不可稱計。男乘天龍馬，女乘百福金銀車。男得金銀蓋，女乘琉璃軒。化城南門入，逍遙北門出。信都土地海東流，乘船汛川置神州。孟母曲中湧高樓，月光童子在中游。千百國主四方來，咸唱：『法鼓朗然鳴，龍幡建道場。及有五逆者，速徒無人鄉。』」

首羅問曰：「閻浮里地，頗有得道者？」大仙答曰：「閻浮里地，亦有少分得者。」首羅問曰：「可有幾數？」大仙曰：「有八萬四千恒河沙。」

首羅問曰：「當來水災，何處得免？」「恒山五嶽盡皆免水災，勃海、雍盧庭亦得免水災，甘晨山亦得免水災，覆舟山亦得免水災，頗資山亦得免水災，乳羅山亦得免水災。如此大災，皆得免之。受吾敕者，當將老小，令往就之。」首羅問曰：「更何方計，得免水難？」大仙答曰：「更得一方，亦得免之。」首羅歡喜，更問之曰：「願說其意。」大仙答曰：「敬信三寶，禮佛念法，敬比丘僧，持齋禮拜，敬信不懈，專念不煞。如此之人，得免大水之難。」

首羅復問大仙曰：「作何方計，得免疫病之災？」大仙曰：「比丘僧、比

丘尼、優婆塞、優婆夷，從今以往，持戒奉齋、皆使清潔。男女大小，能行知語，皆應受戒，如吾所赦，莫如常意，可得度脫。」

首羅曰：「復作何方計，得免妖邪之災？」大仙告曰：「妖邪乃至多種。受吾赦者，慎莫信之。月光出世，唯有善者，盡得見之，五逆侵惡眾生，終不見也。」

首羅問曰：「城池巷陌，其事云何？」大仙答曰：「城池巷陌，縱廣七百餘里，高千尺，下基千尺。激城五百餘尺，開七十二門，城作紫磨金色。中有兜率城，高千尺，下基千尺。激城亦五百尺，亦作紫磨金色，明中五百餘里，亦開七十二門。中有八城，各三十餘里，亦作紫磨金色。各有千巷，巷巷相當，門門相望，出見法王。如此城堭等，男女皆悉充滿。」首羅聞之，歡喜踊躍無量：「善哉！善哉！大願將果。」

首羅告四眾言：「大寶將至，莫作常意。決定修善，莫作狐疑。吾見大仙以來消息，審之無有疑惑。但從吾意，修善奉道，精勤苦行，莫如常意。思之念之，必至無為。」

首羅問大仙曰：「受樂之時，亦有琴樂以不？」大仙答曰：「月光出世，琴有多種。」首羅曰：「願說其意。」大仙答曰：「琴戲吹詠無量，最上音聲，逍遙無極。振大法鼓、吹大法雷，振動三千大千世界。種留爵而著琴戲，盡暢三十六鼓音聲。當爾之時，諸天龍宮巍巍而動。」

首羅比丘問大仙曰：「向者妖邪，我不畏之。除此小邪外，更有大邪以不？」大仙曰：「月光出世之時，必有大魔而出。」首羅問曰：「大魔出時，可卻以不？」大仙曰：「唯有一人。」「能卻此魔者，有何人也？」大仙答曰：「三十三天有一童子，名曰『赫天』，乘天龍馬，從空而來，捉頗梨弓，淥沉箭。唯有此人，能卻此大魔。」首羅比丘問大仙曰：「有何方能卻？」「唯有此一人能卻，餘人不能。」大仙答曰：「如此大魔，三十六人，各乘龍馬，腰帶四十二金杖。左手捉金剛杵，右手捉頗梨斧。走來擾去，踏石沒踝，超達永階。但言唱煞，無有當者。」

首羅問大仙曰：「除此大魔，更有何災？」大仙答曰，「災復云何？」大仙答曰：「月光臨出，瓤有災也。」首羅問曰：「災復云何？」大仙答曰：「當有七日暗。當爾之時，有夜叉、羅剎、毗舍闍鬼、鳩槃荼鬼、飛行羅剎，食人無量。唯有受持三歸、五戒，奉行齋法，如此之人皆得度脫。」首羅問曰：「月光出世，古月未後，乃當出現。奉善修菩皆得見之。」首羅曰：「更復何處得

免眾災？」大仙答曰：「唯有陽州，次有玄兔，固都、棘城、柳城、破資陽河澗，於此之城，最是為良。三相大災皆起，血流城（成）河，白骨如山。唯有東南乃得無為。」

大仙答曰。首羅言：「好救眾僧，及以白衣：坐禪誦經，勤修三業，莫如常意。明王大聖，今在漢境，未見之間，催嚴福德，莫如常意。汝信修善奉善。月光出世時，前惡後善。惡世難度，好自救屬，更別作心，莫如不信。」大仙答曰：「吾當虛言？！若不爾者，使我當來之世，金剛力士手捉金杵，碎我身體，猶如微塵。我若虛言誑汝眾生，當來之世，身當如是。」

首羅問大仙曰：「而今世間頗有仙人賢聖以不？」大仙答曰：「賢聖仙人世間無量。」首羅問曰：「何人是也？」大仙答曰：「賢古月興盛，是故不見耳。」首羅問曰：「賢士之人名號是誰？」大仙答曰：「我說其名。」首羅曰：「唯願說之。」大仙告曰：「石賢德、嚴賢明、孫賢奇、范賢德、吳賢使、鄭賢當、觀賢寶、趙賢思。此是八賢名字。汝今可往就之。真汝導師，能運生死。」首羅曰：「今在何處？」大仙答曰：「今當出世，何復問也？但當嚴心，時至有之。」首羅復稽：「除此八人，更有賢不？」大仙答曰：「觚更有之。」「何人是也？」大仙答曰：「秦超世、潘道成、盧惠願、板國興、扶男陽、劉道貴、王延壽、趙顯宗、張道板、故世安、李羅剎。如諸賢士，皆遊巡世間。汝今肉眼，不能別之。得聞吾經，常行平等。何以故？大賢諸賢，難分別故。受吾救者，宜應平等。十六正士，七十二賢，三千人俱如是。大士在人間也，不可識別。或見顛狂，或復愚癡，或復暗鈍、寒貧、下賤，或飲酒食肉，或復夜食破齋。如此示現，何能識之？示眾生有三毒，有見相，隨順世法，難可了知。唯有平等，得值賢聖也。」

首羅比丘告諸四眾：「比丘、比丘尼、優婆塞、優婆夷，大災將至，莫如常意。其有本師、父母、國主、檀越、朋友、知識、因緣、親戚等，得吾經者皆示之，莫問近遠。得吾經者，勤行流佈，使一切聞之。不聽、隱匿吾經者，當來之世，必墮惡道。」首羅比丘曰：「設有一人，捨三千大千國土、象馬七珍及國內人民穀帛財物以用布施，不如有人流通吾經諸比丘前，功德倍加百分。」首羅曰：「若得吾經者，勤行流佈，域邑聚落，男女大小，皆使聞之。其有匿吾經者，現世不吉，當來得病。」首羅曰：「有智信之，愚者棄之。」首羅曰：「吾經當來皆應也，莫作不信。一切眾生宜應奉行，歡喜信樂。此經如海，多有潤澤。」

　　爾時，君子國王、大臣宰相、一切士官三千餘人，各聞太寧寺上有五百仙人，歡喜踊躍，各各嚴駕，詣太寧寺中仙人所，稽首問曰：「大仙從何所來，欲至何許？願說其意。」大仙曰：「我聞月光童子出世，是故我來，欲到彼處。」王及大臣聞是語時，歡喜踊躍，傾心西望而不可止：「西國真人修何功德，得值入善？作何善業，得見月光出世？而我國人遠而不見？」大仙答曰：「月光出世，人皆普見。王今云何生懊歎心也？」王聞「普見」，並大臣及諸人民皆歡喜，各持嚴駕：「今當去來！」王問大仙曰：「月光童子今在何許？」大仙答曰：「善哉！善哉！大王善聽吾說：月光明王，今三千大眾，在蓬來山中海陵山下閔子窟所止，思惟時至現也。」

　　君子國大臣宰相一切士官並及國內人民各白大仙曰：「今隨從大仙至月光所，聽見以不？」大仙曰：「月光明王譬如大海，亦如大地，終不生疑作留難也。」

　　王及大臣並及人民隨從大仙，有五萬七千人，去君子國七千餘里，到蓬來山中海陵山下閔子窟所，見月光童子。三千徒眾，諸賢聖等，皆集於所。月光童子問諸大仙並及大王：「今從何所來，欲何所至？此中險難，無人行步，汝今云何能來至此？」王曰：「聞世尊今欲出世，故來奉問。」月光童子曰：「但當修善，勤行精進，莫如常意。吾今已竟，何須復現問。」大王曰：「我聞聖君出世，不知法則云何，願說其意。我當加心修善。」月光童子曰：「汝若不知，當為說之。」

　　月光曰：「善聽復當善念，善思念之，內著心中，莫如常意。吾見說之：當來之年，必有水災，高於平地四十餘里。當水來時，從西北角出東南而流。大水陽（揚）波，叫聲雷電霹靂不得為喻。汝復湧出運波叫聲。當爾之時，人皆惶怖，迫死者多。唯有持戒淨潔，求勤度世。月光童子使大龍王大引人博著浮山。設復有人造《觀世音經》一卷，設復有人禪思一心，設復有人於惡世勤行勸化；設復有人流通是經，不令隱匿章句文字，勤行勸樂，如此人等，皆得度世，不為水災之所夭沒。復除不至心及壽命盡。」

　　月光復告大王言：「當來三災疾病流行，十傷九亡。種種異患，皆當夭命。王當信之，各敕國內：一歲以上，能行知語，應受三歸五戒。若老若少，皆應勸盡，使受三歸五戒，奉行善法。如是之人，皆得度世，除不善、不至心及命壽。吾今密教語汝，使知惡世，流行善法。後致夭喪，莫生悔心。吾告汝等：世將欲末，漸令惡起，來年難過。好作向善，莫如常意。吾當出世，災亦不

善。但當努力，勤行善法，莫如常意。妖邪不詳，英雄競起。自然磨滅，終不見吾出見於世。汝等善哉，莫如常意。受吾教者，誦『觀世音』千遍，防身度世，擒獲善果。又復有人，各受三歸五戒。今當行之，莫如常意。勤行此經，若老若少皆使聞之，得度惡世。設復有人流佈此經，處處流傳，使人聞知，得度身命。以勤流佈此經者，亦得度也。」月光曰：「流行此經典者，我於千劫中算計，是人福報終不能盡。設復有人生疑不信，我於千劫中算，是人罪報終不能盡。兼復隱文字章句，一點一畫盡不令人聞，覆人慧眼故，世世常盲無所復見。乃至羅漢，常不離盲，為覆慧眼故。斷障法路，乃獲是殃。受吾教者，城邑聚落國王大臣一切人民皆得聞之。能有信心崇奉此經，莫問遠近，應往通流，使人聞之。千城百國皆使聞之：吾當出世，黃河以北，弱水以南，於其中間，王於漢境。」大王白明王言：「此經從何所出？」月光告大王言：「海陵大聖三千餘人，參議所造。」月光告大王言：「大眾各各分散，順化天下，不須復回。」爾時大王受教奉行，觀喜而去。

月光童子曰：「向者所說汝若不信，但看迦葉石像，是吾出世記耳。善哉！索斷合絲，作乃有善。眾生順莫驚怖。吾當出時，盡皆得無為。」王及大眾歡喜奉行，近化不懈。吾告汝等：「今歲難到，汝宜精進，莫如常意。各各發願，過渡惡世。」大仙國王並及臣民歡喜奉行，作禮而去。

五百仙人在太寧山中並見月光童子經一卷

金龍城中見一菩薩，龍華樹下見一道人，下此經時為一眾生，成一切眾生心。王曰：「為汝分別解說。法王欲待，聖君欲下。為一切童男童女，持百二十賢君，申酉年為眾生說法，成我童男童女成道。讀此經時，善思取此語：男取無億，女取恒沙，男不用婦。月光童子欲出，聖成（城）欲現，成一切眾生道。若讀此經語，可離此難。月光菩薩欲來下說，持戒可得見明君。若欲讀此咒時，師子虎狼復惡邪祝帝百鬼自然去。一切眾生枉死者多，為一切眾生貴佛正法：

優丘尼優丘尼但藻但藻鬱離鬱烏呼烏呼尼薩呼薩呼但叉但叉叉阿由池池呼尼要他要他索由富𡨦尼富𡨦尼

若讀咒時，淨洗手嗽口談此咒，使人晨夜安隱，即見菩薩。談此經百遍，見菩薩放大光明現在人前，莨杖一，面如紫金色，頭上金華大如車輪，手長一尺半。初來入時，莫作怖迫，歸命佛，歸命法，歸命僧，十方法界。三讀此經，皆得解脫。世尊玄看眾生，作罪不少。為分別解說，可離，令得免難。明

君出時，把此經向，明君必見我，慎莫迫怖。好正念正想正意正身，得見我身。有人必難。此人或作師子虎狼，手捉金杖打人無度。依此經語，行菩薩行，可得見菩薩說法現身、著天衣。慎莫言語，此人即成道。見香華自然，不得動心言語，此人必離惡世。第一用意：百日在時，不用癡貪。申酉年時，公不識兒，母不識女。憶此經語，可得改心改意。第一不淫慾，第一不惡眼視。佛為眾生說法，還得本心。佛欲出世，勤心懺悔。即見月光菩薩，一介賢者得活十人。此經不得誹謗。闇君欲起，妖邪欲興，勤心精進，即離此難。諸道義為一切眾生即說法。若解吾語，即見法王。道人死盡，不罷道。罷道行，死者多。道人作罪不少，由是持生販賣，由此國不安章。道人死時會橫賊，兒死多。道意師僧，欲貴尼僧，千個拔一個。第一用行，聖人慾始、英雄欲起、時節欲到時，黃衣長丈二，粳米普地生。勤心作福，可得見此事。思此經語，即得見我身。七月十四日，其有一怪。十五日見佛，地動莫作迫怖。見道人漸安義，下此經語，誹謗即有大病患起。

　　復見一老烏，足長一丈。復見賢者，修道以來七百餘年。紫岩山中，復見一道人，身著天衣。賢者見之，即以供養七日。道人師徒三百餘年。道人口語：「讀經可得免難。願佛波多樹下為一切轉讀。視見眾生，眾生死盡。」

　　月光童子復啟世尊：「眾生可化。」

　　佛語月光童子：「前頭隨意，即復辭罷。五逆甚多，云何可度？」

　　佛復語月光童子，佛復語四天龍王：「眾生可憐，隨因緣起。復驅百二十賢君，除卻眾生，好惡欲分別。」佛光菩薩、咸瑉普賢，功德不少。由諸國土，藥王菩薩、堅固菩薩見在人間。千村正有一村，萬里有長佛欲見。出語眾生：「勤心作精進，可得見佛。若誹謗之人，魂家滅盡，定墮地獄，永不見佛。佛欲出世。勤心精進，此道欲知，此難洛陽口西。欲知此惡，在於箜西，復有箜北。若有吾弟子，解吾口語，即我弟子。」指手心上，乃思惟思之，不但看後頭有杆，十手相指，喚「赫赫」自去。善哉童子，災後快樂。由欲末頭，兩手相柏，穆然自去。善男子耶，快以不？惡人去盡，欲大樂。惡人後，不問女婦盡成道。乃一精進，可得免此難。佛復有大慈悲，快憐眾生，不捨眾生，心不回畏。眾生死盡，有緣值我，無緣索索自去。維摩共之，定光在人中。維摩朔妻婦人中，使人不識。作行世帝，下香化人。維摩利大各四十五里直東。維摩有三個兒。維摩度人無崖。詐人間望行淫溢，無淫行眾生敢得此行看維摩。時節欲到，無量眾生悔奧。維摩度人，決得成佛。維摩：「貪財盜語一切眾生，

勤心精進可得見。」維摩諸道義區此鳥傍海，下此經即見王。僧慶行徒七人，見此鳥即燒香。歡喜踊躍，七日不食。若一切眾生聞我語聲，勤心精進，慎莫異意。惡欲死盡，欲大樂，貲租不輸。

首羅比丘經

附錄二 《普賢菩薩說此證明經》錄文

普賢菩薩說證明經

聞如是：一時佛在靈鷲山祇水邊，說此法時，八萬四千人俱，皆是阿羅漢，諸漏已盡，無復煩惱，盡諸有結，所作已辦。爾時，會中比丘、比丘尼、優婆塞、優婆夷四部眾等，皆來集會，一時聽法，歡喜合掌，一心奉行，作禮而去。

爾時，普賢菩薩即從座起，整衣服長跪叉手，前白佛言：世尊！釋迦涅槃後，彌勒未興世，眾生有所疑，云何為說之？願佛分別說。

佛言：汝當至心聽，為汝分別說。我本根元或是定光身，或是句樓秦佛身，或是無光王佛身，或是寶勝佛身，或是登明王佛身，或是須彌尊王佛身，或是釋迦身。我本菩薩時，名為阿逸多。釋迦涅槃後，先做法王治。卻後三十年，彌勒正身下。若有所疑，而是略說。

爾時，普賢菩薩白佛言：世尊！夫一切眾生，云何作功德，可見彌勒佛？

彌勒言：善男子、善女人，剃除鬚髮，出家學道，而披法服，隱居山林。坐禪學道，頭陀苦行。而是之人等，可得見彌勒。若有善男子，遠離恩愛，捨家棄俗，剃除鬚髮，而披法服，一心苦行，為人善說，善行教化，為說十善，勸人受戒，廣為演說，慈悲憐愍，度脫生死，長發無上菩提之心，挽拔危厄，如是菩薩行如是真人等，亦得見彌勒。善男子、善女人，若有造浮圖、塔廟、講堂、精舍、經書、形象，莫同大小、金銀素鍍，隨像大小，速得成就無上發願者，如是之人等，亦得見彌勒。若有善男子、善女人，峪半治道，廣作義井，河次造浮橋，拯濟窮者，如是微妙願，亦得見彌勒。復有善男子、善女

人，修持五戒，奉行十善，一月六齋，年三長齋，為人演說，度他自度，人我兼度，如是毛髮之心者，菩提無上願，如是之人等，亦得見彌勒。若有比丘僧，剃除鬚髮，而披法服，雖受二百五十戒，不能持具相，不如受持十戒行，奉持十善，捨彌妙衣，一心苦行，莫生染心，遠離恩戀，修持十善，一心苦行，繩床錫杖，香爐瓶缽，九十日一移，初夜後夜，明冥禮拜，六時行道，遭中一食，進心不闕，處處村落，為人演說，朝唱暮誦，拯濟群生，教於愚癡令出污泥，引導眾生得出煩惱。愚癡眾生，火宅自燒，不能自知。我遣良師，引導化之。方便說法，得出火宅，遠離生死，遭遇明師。譬如病人，值好良藥。病人得愈，無有苦患。持戒懺悔，一心苦行，除罪如是。皆發信心，不作諸惡。長發善願，得入阿耨多羅三藐三菩提無上道意。受持守護，斷諸煩惱。如是之人，得道不久，皆見彌勒。

普賢菩薩白佛言：世尊執取正法，善治守護，拯濟病困。若病厄受持此經典者，病得除愈。若有橫官共相牽挽、枷鎖繫閉，心中憶念普賢菩薩，讀此經一百九遍，便令其官即發慈心，廣復大赦，解脫枷鎖，得離橫官，無有諸苦。若有眾生，遠行不歸，消息不通，愁憂苦毒，煩惱自纏，心中憶念普賢菩薩，讀誦此經典者，心中所願，無不獲得。若有女人渴乏男女，少患兒息，亦當讀誦此經典者，所願便得。若有女人產生難者，心中當憶念普賢菩薩，朝暮禮拜，受持讀誦此經典者，兒則易產身體平正、長命之子，辨才勇猛，高遷富貴，世世尊榮，皆是普賢菩薩威神之力！若有眾生衰亡之後，水火焚漂，鳥鳴百怪，野蟲入家，如是諸怪，不問邪師，一心精進，受持讀誦此經典者，眾惡雲除，萬善普備，藥病不加身，針炙不近，皆是普賢菩薩威神之力！若有善男子、善女人，若出家、在家，若白衣、若道俗，多有患苦，夜夢顛倒，出入恐怖，迫迮叫喚，忘前失後，心中憶念普賢菩薩，讀誦此經典，無有諸患，令身安隱，不見諸苦。皆是普賢菩薩威神之力！若有善男子，善有願，心中憶念普賢菩薩，受持讀誦，行來出入，無有諸苦，世世值法，遇善知識，不遭橫苦，皆是普賢菩薩威神之力！何以意故？普賢菩薩，閻浮履地病之良藥；此經，閻浮履地厄難橋樑。何以意故？此經是病之良師。如是受持，皆是普賢菩薩威神之力。

爾時，普賢菩薩白佛言：世尊！欲為眾生說咒。三稱「南無佛」，復稱九佛名：東方王明諸佛、南方離垢紫金沙佛、西方無量華佛、北方日轉光明王佛、上方香積如來佛、下方師子億像佛、金剛師子億像佛、普光功德山王佛、

善住功德寶王佛。若有善男子、善女人，受持讀誦此九佛名字，不墮橫死，不遭八難。憐愍一切眾生故，即稱七佛名字：第一維衛佛、第二維式佛、第三隨葉佛、第四拘樓秦佛、第五句那含牟尼佛、第六迦葉佛、第七釋迦牟尼佛。一切眾生，若在病困中，若在困厄中，若在大火中，山谷虎狼中，若在險路賊盜中，若在河厄難中，常當誦七佛名字，悉皆消滅。何以意故？此經多饒神力。

往昔過去七十七億諸佛所說陀羅尼神咒：

南無佛陀、南無達摩、南無僧伽、南無阿彌陀佛，薩陀婆羅婆　菩提薩婆　摩訶薩婆　阿利耶那婆　樓薩婆　波羅提木叉佛　婆豆叉帝力沙訶迦。懺而說咒曰：

憐愍一切病困眾生故，復稱四天下王名字：南無東方提頭賴吒天王、南方鞞樓勒叉天王、西方鞞樓博叉天王、北方毘沙門天王。南無達迦摩桂羅王、上方釋梵天王、下方轉輪聖王、海龍王、須彌山頭阿修輪王、諸鬼神王等，收縛諸鬼、枷鎖諸鬼。收鎖諸鬼神，不得妄近。

善男子、善女人，欲誦此咒時，善持五戒，不食酒肉，不食五辛；一月六齋，年二長齋；六時行道，一心苦行，可得誦此咒。若不行是，行諸不善行，不得誦此咒。不修十善行，此咒還自傷。修持十善行，來四出諸天善神、四天大王天龍八部，常來營護。受持此咒者，皆得阿耨三菩提道。為眾生故，說諸鬼神名字：若有優樓比婆鬼，若有比迦鬼，若有鳩盤荼鬼，若有比沙迦鬼，若有問請鬼。我為眾生解說鬼神名字：土地者，狐狸是；山神者，他蟲蟒蛇是；宅神者，老鼠蝙蝠是；天神者，魔邪是；若有東來鬼、若有東南來鬼、若有南來鬼、若有西南來鬼、若有西來鬼、若有西北來鬼、若有北來鬼、若有東北來鬼、若有上方蚩尸鬼、若有下方遁注鬼、若有天神地神鬼、若有山神樹神鬼、若有五道之神鬼、若有南斗北辰鬼、若有奪人精氣鬼、若有取人精氣鬼、若有奪人魂魄鬼、若有喚人魂神鬼、若有破家鬼、若有遭喪失火鬼、若有青色鬼、若有白色鬼、若有黃色鬼、若有赤色鬼、若有惡毒精魄鬼、若有乍瞋乍欣鬼、若有索酒索肉鬼、若有嗜酒嗜肉鬼、若有入人頭中鬼、若有入人耳中鬼、若有入人口中鬼、若有入人十指中鬼、若有入人手腳中鬼、若有入人肝心五藏中鬼、若有入人百節中鬼、若有干詐鬼、若有詐稱鬼、若有假名字鬼、若有七道鬼、若有四七日百怪鬼、若有百日伏屍鬼。

若有病痛，誦此鬼神名字；若有小弱難養，誦此鬼神名字；若有兒啼驚怕，亦誦此鬼神名字。此諸鬼神，若不隨此咒，頭破作七分如阿梨樹枝。劇殺

父母重罪，使諸鬼神，如厭油殃，頭破作七分如微塵。善男子、善女人，受持三歸五戒者，善持十善行者，此諸鬼神不能中害。何以意故？此大陀羅尼神咒，威神之力不可思議。此諸惡氣，不得嬈近。眾邪惡鬼，亦不得中害。

普賢菩薩言：若有善男子、善女人，若能善持守護此咒者，我爾時乘六牙白象雨寶蓮華從空而下，並餘諸天善神、四大天王、龍神八部，皆來集會，胡跪合掌，整理衣服。說此大陀羅尼咒時，三千大千世界，六種震動。外道天魔，盡來歸伏。咒山能崩，咒河能竭，日月崩落。三千大千世界，六種震動。眾魔摧碎，猶如微塵。眾魔驚怖，無不歸伏。善男子、善女人，受持陀羅尼咒者，我爾時遣諸天善神，常來營護，不墮橫死。自欲命終之時，普賢菩薩迎其精神，不墮八難，得生東方阿閦佛國。

爾時，普賢菩薩白佛言：世尊！有何等人不得見彌勒？

佛言：善哉！善哉！諦聽！今為汝略說：一者，出家沙門，剃除鬚髮，假染法服，不持具相，不離恩愛，背法墮俗，如是之人，不得見彌勒；二者，出家沙門，剃除鬚髮，避官役使，假披法服，飲酒食肉，青黃赤白，喜好莊嚴，乘騎驢馬，袈裟絞腰，治生販賣，巧升抒斗，撚秤前後，大斗重秤謂之劫輕，秤小斗謂之盜，如是沙門，亦不見彌勒；三者，出家沙門，剃除鬚髮，假披法服，飲酒食肉，破齋夜食，偷盜三寶，破滅三寶，不持具相，作諸不軌，如是惡行，如是之人等，亦不見彌勒；四者，善根眾生，受持五戒，不肯習誦，損毀正法，信邪倒見，作諸不軌，毀損五戒，六根顛倒，如是之人等，不得見彌勒；五者，受持五戒，假佛威神，諸方教化，毀破形象，破大作小，破小作大，毀破成像，斷壞形象，破滅三寶，如是之人，亦不見彌勒；六者，受持淨戒，毀損十善，破此諸戒，飲酒食肉，作諸不善，破此三惡，如是之人等，亦不見彌勒；七者，若有愚癡，眾生不信三寶者，謗毀正法，謗毀比丘僧，謗毀優婆塞，謗毀優婆夷，謗毀三寶四聖，障如來正道，斷絕三寶，如是之人等，亦不得見彌勒；八者，若有眾生，斷官王路，破家劫奪，燹燒山澤，殺害眾生，無慈愍心，如是之人等，亦不得見彌勒；九者，若有眾生，高遷富貴，輔國大臣，假官力勢，斷事不平，以直則曲，破小作大，枉殺良善，便取萬民，如是之人等，亦不得見彌勒；十者，如是而為汝說，若有白依道俗，作是諸惡，無慚無愧，猶如禽獸、牛馬畜生，如是之人，入阿鼻地獄，從闇至闇，輪轉五道，無有出期！

佛說證香火本因經第二

香火之本，七佛所說。

爾時，七佛在白淨天中。佛之頭領，空王如來。上首空王佛，第二雲雷音宿王華智佛，第四白淨王如來佛，第五寶住蓮華佛，第六無根王佛，第七受記彌勒尊佛。七佛雲會，初首結願在白淨天中；又會，結願靈鷲山中；又會，結願紫微山；又會，結願閻水。

爾時，空王發柔軟制令，召諸菩薩。北方有十恒河沙菩薩，各乘六牙白象，手齎珍寶金華，盡詣佛所；爾時，東方亦有十恒河沙菩薩，亦乘六牙白象，雨寶蓮華，來詣佛所；爾時，南方復有十恒河沙菩薩，亦乘六牙白象，齎寶冠瓔珞，來詣佛所；爾時，西方復有十恒河沙菩薩，亦乘六牙白象，各齎菩提雜華，來詣佛所；爾時，上方有十恒河沙菩薩，乘定國師子，雨寶天衣慇重之心，來詣佛所。爾時，從地踴出，頭戴珍寶，各作是言：聞佛結願，歡喜集會。

六萬菩薩集會之時，山河大海，六種震動。爾時眾魔，心情不寧。以佛神力，善哉正法。爾時，白淨王如來歡喜受教，白空王如來，各作是言。無有閻浮履地，眾生尤無有緣。為六方菩薩，上首苦行。西方無量壽佛弟子大慈觀世音，此大菩薩與閻浮履地拯濟有緣。爾時，東方王明諸佛弟子摩訶波闍波提普賢菩薩，香火燈明功德，利益有緣。此二菩薩，希有拯濟，拔諸眾生苦，希有利益善說。

如來將疾往詣白淨天中結願之時，寶柱幢蓋八萬四千人，俱皆如兄弟。天中有蓋，絕大無極，縱廣三十由旬，東西上下亦復如是。結願神幡，縱廣長三十由旬。爾時觀世音託生凡夫，爾時普賢菩薩優婆塞身是。此二菩薩分身，百億難解難了，亦不可思議。爾時如童菩薩月光童子是，爾時摩訶迦葉尊者是，爾時優波利（是）。堂公是初果羅漢，離諸生死；泰山僧朗是清淨羅漢；杯度是解空羅漢，號為隱公。三賢四聖，皆同一字。欲說此本，眾惡人中，慎莫為說。若與此法善根，若人無善根，不得聞此法，亦不得說此法。未度所度，未聞所聞，未見所見，未解所解，未知所知，如是之人，皆從一願。如來所說，莫不歡喜，一心受持，必獲果願。莫安進退，成實結果，解脫三昧。

爾時，觀世音並共普賢菩薩，來詣佛所，胡跪受敕：唯願如來，為我演說，為我解說。諦聽諦受，執取受持，不敢違犯，不敢缺落，不敢毀損。

爾時，佛言：閻浮履地振旦國中，神州東西，卻有南北。一佛境界，百億須彌山，百億日月，百億海水。三千大千世界，有一大國，名為振旦，不識正法，不識如來，不解正法，不識好人。此等眾生，與如盲人不見日月，與法無

緣，亦復如是。假使有緣比丘僧、比丘尼、優婆塞、優婆夷、善男子、善女人，若受持，若讀誦，若書寫，若受持，若讀誦，護慎香火，猶護明珠。善男子、善女人，諸法好人，四方眾生，一越流轉，集會一處，皆如一芥子。假使有人，善持守護香火正法，行坐憶念歲三月，六時行道轉讀。

爾時，空王如來並告普賢菩薩：將八萬億僮子，四時上下護念法子，若在空野田，若在五濁惡世，若在病困中，若在困厄中，若在邪行惡道毒中，長當讀誦此經典者，不見八難墮、不橫死、不遭橫官。我爾時諸天童子守護此人，不見眾惡。夫欲說法講義，若有魔人，不使可說；皆同一心，乃可為說。夫欲平章福德時，清淨洗手三遍燒香，各禮佛足。慇重之心，額必至地，卻坐說法之時，慎莫當戶。

普賢菩薩言：男子、女人，善持守護我法者，不見八難。若有退落毀法，眾無利益。復有發露懺悔之者，還捉此法。我乘六牙白象，乘空而下，手摩其頭，現其人前。愚癡肉眼而不睹見，謂呼輕言說法之時，我遣諸天童子案行此人。逋慢此法、毀壞此法、輕慢此法，手把金杖，刑害此人。若有毀損，獲罪如是。莫不奉行，一心諦聽！

尊者白彌勒：香火從何來？此法從何起？根由在何處？

彌勒答尊者：此法從空王來。

度脫何種人？

空王佛言：度脫八種人。

尊者問空王：何為八種人？

閻浮八種人：一者諸長老，二者老母人，三者善女人，四者善男子，五者諸貧窮，六者諸下賤，七者諸小弱，八者諸比丘。四千諸胡漢，合為八萬四千人。

尊者白彌勒：五胡治化時，必有不信正法、破毀此正法，實難可挽拔此法。非常行偷竊似奴婢。

尊者白彌勒：世尊出世時，撩除諸穢惡，分別五種人。有緣在水東，無緣在水西。水東值聖，得見明法王。

尊者問彌勒：願為演說之。

彌勒言尊者：汝欲求何等？

尊者：願彌勒為我造化城。

尊者問如來：化城在何處？

佛言：化城在釋迦得道處。

尊者問空王：釋迦得道在何處？

空王語尊者：汝當善聽！

爾時，尊者整理威儀，胡跪合掌，一心善聽。

乃有為說：釋迦從起苦行，元由瞿夷左脅底生生時，舉手仍沛多，腳躡雙蓮華。左脅生釋迦，老子作相師。白疊承釋迦，老子重瞻相。此人非常聖，難解難思議，號為「釋迦文」。九龍與吐水，治化彌勒前。元初苦行時，居在迦黃山。乃久不得道，來至崑崙山。乃久不得道，來至蒲城山，展轉至五馬道。從海中心入，即為造化城。化城何物作？琉璃作外郭，舉高七百尺。白銀作中郭，舉高七百尺。紫金作中城。

尊者問空王：縱廣幾由旬？

空王語尊者：縱廣四百里。東西南北，各四百里。四角白銀臺，舉高七百尺。東廂有九門，南廂有九門，西廂有九門，北廂有九門。門南白銀樓，樓上有金柱，舉高百丈九。下有鳳凰巾，柱上懸金鼓。天人侍兩邊，一震八種聲。門北白銀樓，舉高七百尺。上有白銀柱，下有萬世銘。天女著天衣，柱上懸金鈴，一震六種聲。召我諸法子，一時入化城。如來威神之力，寶事名不輕。善哉諸法子，善持見大明。如是今古說，實事不虛言。如是好受持！

爾時，尊者問空王：何人為聖主？何人作明王？

空王佛言：釋迦涅槃後七百年，天地大震動。天呼地呼，一月三怪，苦困百姓。療除穢惡，分簡五種。專行疫病，平治罪人。有法盡生，無法盡滅。卻後九十九年，七百年以過，三千大千世界，六種震動，七日日闇，卻後數日，天出明王，地出聖主，二聖並治，並在神州。善哉治化，廣興佛法。慈愍一切，救度生死。得出火宅，得見大乘。引導生死，來詣化城。明王聖主，俱在化城。樓上打金鼓，遠告諸法子：此法有因緣，尋解萬里通；此法無因緣，打鼓隔壁聾。

根公白尊者：遠召有緣人。

根公白尊者：分別五種人。

尊者語根公：云何可分別？

根公白尊者：隨我分別之，隨我造弱水。我遣力士羅剎王，頭戴崑崙山，從地出踴泉，來至化城西，展轉娑婆中，往詣加黃山。水上七寸橋，有緣在橋東，無緣在橋西。召我諸法子，一時在化城。爾時娑婆中，無諸五種人。療除

諸穢惡，賜皆是菩薩名，尊者菩薩王、廣宗羅漢王。菩薩羅漢治，閻浮無罪人。國作佛國，州作佛州，郡作佛郡，縣作佛縣，黨里作佛里，鄰作佛鄰。四海知識，一如親兄弟，集會化城中。東宮西宮，南宮北宮，東階西階，南階北階。東有博山殿，西有盤龍臺。巷巷相當，門門相次，得見此明王。一心好受持。若有狐疑者，不得見此法；若有退落者，不得見此樂；若有頹毀者，若有逋慢者，不得見此樂；飲酒食肉人，貪財五欲人，虛誑邪見人，如是不善行，終不見此樂；若有退落者，復能好懺悔，寫卻此諸惡，寫卻煩惱心，寫卻逋慢心，寫卻眾邪心，復能一懺悔，還得入此法。徑過好明師，一心好受持。若有不毀損，自責過咎罪，瞋罵六根賊，一心好守護，亦得見此樂。如是為汝說，終不有虛言。一心好受持，與汝無上道！

爾時，普賢菩薩前白佛言：世尊！世尊出世時，我遣力士羅剎王，平除罪惡人。爾時，遣伽羅菩薩，頭戴地動。三千大千世界六種震動，天地振烈，南北礔烈，七日日闇。三召有緣眾生，無法入地獄，有法生天。若有日闇，復欲平除罪人。我遣羅剎王，分別罪人，將領鬼軍。爾時羅剎王，一佛境界，百億日月，百億須彌山，百億鐵圍地獄城。一鐵圍城地獄，百億鬼軍，百億鐵圍地獄。此鬼神恒河沙數，黑衣服，赤繩赤棒，療除罪人。卻後數日，我遣阿修輪王，手把七日，劫燒終盡。日出之時，閻浮履地，草木燋燃，山石剝烈，山峪堤塝，地平融盡。我爾時天上遣金翅鳥，下召取有緣。此鳥身長二十里，縱廣三十里，口銜七千人，背負八萬人，得上兜率天，彌勒俱時下。余有受罪人，飲酒食肉者，不信有佛出世，不信有彌勒下，如是之人等，九孔同流，耳中血出，鼻中血出，眼中血出，口中血出。如是之人，末劫終盡，盡入地岸，無有出期。復遣加羅等菩薩，手把地軸，天地平正。西方起逆風，栴檀香七日七夜浴卻穢惡。卻後數日，我遣龍樹菩薩，平除天地。上地與銅地，銅地上與水銀地，水銀地上與水精地，水精地上與琉璃地，琉璃地上與白銀地，白銀地上與鬱金地，鬱金地上與黃金地。山作金山，山作銀山，樹作銀樹。閻浮履地，宮殿樓閣，樓櫓卻敲。神珠明月，卦著城塝。無晝夜，不須火光。若眾生修持十善，出家在家，白衣道俗，一心苦行，修持萬善，得見微妙上願。作禮奉行。

爾時，普賢菩薩前白佛言：世尊！世尊出世時，四天來奉鉢。東方提頭賴吒天王，獻佛白石鉢，受成萬斛；北方毘沙門天王，獻佛琉璃鉢，受成萬斛；南方婆樓勒叉天王，獻佛白銀鉢，受成萬斛；西方鞞樓博叉天王，獻佛紫

金鉢，受成萬斛。

　　佛言：汝等鬼神王，我征一人下。汝等鬼神王，獻我四種鉢。

　　爾時，世尊捉鉢，拍四合成一。

　　爾時，釋梵天王獻佛微妙上供：粳米長七寸，苴長七尺，梨如五斗瓠盧，棗如二斗檽，琉璃盤白銀碗，琉琉匙白銀筋。殷重之心，奉獻上供。

　　爾時，下方轉輪聖王，獻佛千支燈。一支有十燈，千支有萬燈。上有轉輪座，轉輪座上有諸天伎樂、長鳴呼吹，簫笛箜篌、瑟琶鐃銅鉢，師子及白象鳳凰及騏驎。

　　如是諸人等，各來詣佛前。海龍王獻佛十二部尊經。爾時海龍王，經青卷黃字膊，擔一部來奉佛。一部十二駱駝負不賜，況復十二部尊經？

　　爾時，色界天王獻佛寶冠瓔珞蓮華上衣。爾時，無色界天王獻佛菩提妙華珍寶雜香。爾時，閻浮提王獻佛八功德浴池。爾時，忉利天王獻佛蓮華寶冠珠珍瓔珞。如是等天王，殷重供養，皆得無上道。爾時，兜率天王獻佛七十二應瑞。爾時，復有阿陀菩薩獻佛八萬九色六牙白象。各備盤陀，秋勒金鞍鞁勒，腳走蓮華，背負宮殿，雨華動地來詣佛所。爾時，藥王菩薩獻佛八萬七千定國師子。

　　佛言：善男子、善女子，修持十善，一心奉行，作禮而去，無不獲得。即發無上果願，皆於阿耨多羅三藐三菩提心。

　　爾時，彌勒告普賢菩薩言：吾下之時，或兜率天上雀梨浮圖，或從空而下；或閻浮履地，從地踴出；或北方來，或東方來，或南方來，或西方四維上下。不可思議！十方恒河沙菩薩，六趣眾生，無能測佛智。

　　佛言：惟有普賢菩薩乃能測佛智。

　　爾時，雀梨浮圖從空而下，安置閻浮履地。

　　爾時，寶勝菩薩問普賢菩薩：雀梨浮圖何物作？

　　普賢菩薩言：琉璃作塔墓，水精擔作地，琉璃作八壁，水精作樑柱，琉璃作屋搏，白玉作櫨拱，黃金作角，紫金以結樵；清琉璃作上級，清水精珠作中級，白玉珠作上級，頗梨珠作上級；白銀作中級，黃金作上級，紫金作中級。上有琉璃七寶臺，舉高三十里。四角有琉璃七寶殿，下有琉璃盤龍道，中有白珠靡尼寶；雀梨浮圖高九十九，級上有白銀樓，樓上有神諸寶。爾時，雀梨浮圖周匝有八角，縱廣八由旬。

　　爾時，彌勒從空而下。

　　諸方菩薩盡來集會之時，三千大千世界，六種震動。眾魔外道，盡來歸伏。時有魔王競起。爾時，魔醯手羅王，多將兵眾，嚴器鎧仗，刀劍在前，只佛爭力。爾時，復有魔王拔刀擲劍，共佛爭力。爾時，復有素天大魔，三面六手，頭戴山谷，共佛爭力。爾時，復有博叉天魔，頭戴地抽，共佛爭力。爾時，復有婆修鄰天魔，身上出水，身下出火，身上出火，身下出水，現大復現小，現小復現大，天下側塞滿虛空，共佛爭力。爾時，復有水身天魔，水火並起，電風疾雨，共佛爭力。爾時，復有惡叉加天魔夜叉加天魔，頭復戴山谷堤塝，共佛爭力。爾時，復有牛頭天魔，復有虎頭天魔，復有鳥頭天魔，復有蛇身天魔。此諸魔神，各將十萬力士，走地挽弩，前擲叫喚，大興兵馬，矛戟在前，火車霹靂，共佛戰鬥。

　　彌勒遣大力菩薩，並共無量力菩薩，手撚地抽，頭戴地柱。爾時，天地八種聲，眾魔慴怖，心精不寧。爾時，彌勒左手指地，右手指天，召諸方菩薩。爾時，東方有十恒河沙無邊身菩薩，各乘六牙白象，雨寶蓮華，來詣佛所。爾時，南方復有十恒河沙力士菩薩，各乘定國師子，手把金剛梐從空而下。爾時，下方復有十恒河沙力士菩薩，亦乘定國師子，手把金杖從他湧出。爾時，普賢菩薩手把金剛三昧杵擬定三昧。爾時，如童菩薩手把金剛埵。爾時，復有金剛力士手把金棒，走地叫喚，日月崩落。諸方菩薩，盡來集會，三千大千世界，六種震動。眾魔罷捨刀仗，各發慈心，五體投地，莫不歸伏。

　　爾時，普賢菩薩白佛言：世尊！大聖丈夫，八十種好，七十妙姿。善哉！善哉！有如是等大威神力莊嚴相好，威神之力巍巍如是！

　　爾時，普賢菩薩白佛言：世尊！世尊出世時，一放光明，三召有緣眾生。

　　諸尊普賢菩薩摩訶薩，復有天龍夜叉、乾闥婆阿修羅、迦樓羅緊那羅、摩睺羅伽人非人等，復有比丘、比丘尼、優婆塞、優婆夷、八部大眾，皆來聽法。

　　爾時，普賢菩薩白佛言：聖尊！世尊出世時，菩薩受記作佛。人非人等受記，捨卻鬼神形，盡得復人身。復有比丘、比丘尼、優婆塞、優婆夷，捨形更受命。

　　普賢菩薩言：七佛在世時，人受四萬歲。定光佛在世時，人受七萬歲。比婆施佛在世時，人受三萬歲。空王佛在世時，人受九萬歲。迦葉佛在世時，人受五萬歲。句樓秦佛在世時，人受六萬歲。釋迦門佛在世時，人民恒苦厄，三人共受百歲，人民顛倒，惡三牙斷鼻，鼻縱眼豎，不敬師長，不孝父母。北

方鬱單越人，受七百歲。東弗于逮人，受四百歲。南閻浮提人，三人共受百歲。西俱耶尼人，受二百歲。彌勒治化時，人受八萬七千歲。自欲受終時，不勉自然生。復欲受終時，託生無量壽，自然蓮華生。

普賢菩薩言：天龍夜叉、乾闥婆阿修羅、摩睺羅伽人非人等，比丘、比丘尼、優婆塞、優婆夷，善男子、善女人，長修十善，歲三月六齋，一心奉行，至得佛道。爾時，四天王，如來滅度後，鬼神暴虐。世尊出世時，我等眷屬胡跪合掌，諦聽諦受，執取正法，奉行受持，不敢違犯，受持守護。爾時，我等眷屬，在須彌頂上，王四天下。若有善男子、善女人，一心修行，慎莫染著，見苦莫避，見樂莫貪，為法喪身。

爾時，普賢菩薩從東方來，將諸天伎樂，雨華動地。此人臨欲受終時，迎其精神，不見八難，得生東方阿閦佛國。

爾時，佛告阿難：我遣汝行此法。若有女人少渴男子，受持此經讀誦百遍，心中所願無不獲得。若有縣官，口舌共相牽挽，亦當讀誦此經典。即使其官化令慈心，無有諸惡。若多患，連年累歲，不得差者。信諸妖邪倒見之師，卜問覓禍，殺豬狗牛羊，祭祀鬼神，長有憎惡，終無利益。不如破魔屬佛，懸繒幡蓋，燒香散華，歌詠讚歎，七七夜，讚經行道，離諸魔縛。此皆鬼神，不得遶近。何以意故？此經多饒威神力，是普賢菩薩威神之力！

阿難白普賢菩薩：若有善男子、善女人，奉持守護此經典者，無有眾難。行來出入，長發大慈大悲，救度眾生，憐愍苦厄，拔諸生苦。

阿難言：眾生不提大乘，小乘化之。三乘方便，救度危厄。若有善男子、善女人，發毛髮善心者，長生值善處。長發無上願，善神營護之。皆是普賢菩薩威神之力，巍巍如是！

　　　　　　　　　　　　　　　　　　　　　　　普賢菩薩說證明經

後　記

　　本書是在我的碩士論文基礎上修改而成的，但我從來沒想過自己的碩士論文會出版，甚至在得到出版機會之前，碩士論文的 Word 原版都已經不知道放到哪裡去了，本書的底稿還是通過將 PDF 版轉換之後得到的。這個出版機會之得來，真說得上是「機緣巧合」。

　　一天上午郝師春文轉發來他和花木蘭文化事業有限公司駐北京辦事處楊嘉樂先生的通信，內容是推薦門下學生博士論文出版。隨後，楊嘉樂先生也發信來說明郝師推薦及出版社情況。花木蘭出版的書我是讀過的，周邊的一些朋友也曾在此出過論著，尤其是「古代歷史文化研究輯刊」「中國學術思想研究輯刊」和「古典文獻研究輯刊」等叢書，在圈內也是頗有知名度。能有一個出版自己專著的機會，總是一件令人愉悅的事。在看到郝師和楊主任的來信時，我也很是開心，但馬上又感到一些躊躇。躊躇的是，博士論文涉及的問題較多，需要大改，一些論文也都在投稿階段，甚至在書出版前很可能還不能刊發出來，所以心中傾向於要等論文發表完成後再對出版事宜從容計較；但一旦如此，又會拂逆了郝師和楊主任的美意。正在我猶豫不定、不知如何回復郝師和楊主任時，突然看到楊主任信件中提到，如果博論不合適，「是否有未出版的新作？我們同樣歡迎您授權新作」，這算是給我提供了新的「解題路徑」。除了博論，碩士論文最初時有 12 萬字左右，也勉強算得上略有書稿之形了；加上碩士期間配合碩論寫的幾篇小劄記，總計小 20 萬字。所以，思量再三，最終覺得將碩論提交上去還是比較合適的選擇，這樣一來，既沒有辜負郝師和楊主任的推薦，也順遂了自己的私心。於是，便在給楊主任的回信中，冒昧坦述了自己的想法。楊主任很是大度，對自己「偷樑換柱」的行為

也沒有表示反對，並且經他推薦，出版社很快就接受了我的選題。

本書雖說是在碩論的基礎上修改而成，但其實主要是增加了前幾年寫的數篇與碩士論文相關的讀書筆記而已。隨著讀博以來興趣的轉移，自己對碩士階段所關注的問題，已多年未曾措意，所以這次出版對論文主體內容雖有所改動，但也並沒有什麼本質上的改變。對於這種現狀，我很是慚愧，卻又無可奈何，因為自己確實沒有多少心力可以再對本書關心的話題繼續推進。

本書之所以能夠成型，乃至於自己可以進入學術界，首先要感謝的就是我的碩士導師劉屹先生。直至今天，我依然記得和劉師的第一次談話，那也是我和劉師的第一次見面。那時剛剛碩士入學，劉師便找我談話。在我做完自我介紹後，劉師沉默了一會兒，接著對我說了第一句話：打算考博嗎？在得到我的肯定回答之後，他說了第二句話：要有為學術獻身的精神！聽完之後，我有些惶恐，我一尚不知學術何物的小子怎麼敢奢談「為學術獻身」？但又覺這是老師對我的信任和鼓勵。現在想來，那種既惶恐又興奮，應該就是我第一次真正接觸學術的感覺吧。當時，劉師尚在鑽研「六朝靈寶經」，並且所獲甚豐，但同時對佛道融合問題也一直很感興趣。起初我曾提出要跟他做道經研究，但劉師並沒有同意，而是給了我一部敦煌出土的佛教疑偽經——也就是本書所使用的一個核心材料——《首羅比丘經》，並提示裡面的「佛教末法觀念」很值得研究。從劉師現在對「佛教末法」的研究來看，他對自己從道教研究到佛教研究的轉向也許早有準備。說實話，碩士三年我自認為還是比較用功的，搜集了不少這方面的材料，佛教的末法觀念、道教的終末論、基督教的末世論等，也都看過不少研究，但始終沒有找到研究的感覺，比之於劉師近幾年的成果和論述，自己的碩士論文也只是一篇半成不就的習作。

佛教信仰方面的研究，一直很小眾，在文史學界尤其如此，更惶提更加冷僻的疑偽經研究。研究對象偏門，平時就很難與他人有共同話題。回頭去看之前的那段經歷，最讓我產生認同感的可能就是 2014 年 3 月方廣錩先生在上海師範大學舉辦的「首屆佛教疑偽經國際學術研討會」。那場會議規模不大，只有 20 來人，但可真得算得上明星薈萃：方廣錩、王邦維、辛島靜志、郭麗英、陳金華、周伯戡、紀贇等等，本來計劃與會的還有那體慧（Jan. Nattier）等。那次我從北京坐高鐵去旁聽，確實從諸位先生發表的論文中學到不少新知。這不是我第一次旁聽學術會議，但卻是第一次給我留下深刻印象的會議，

尤其是會議最後的圓桌討論，討論的主題就是「什麼是疑偽經」。留下深刻印象，倒不是因為討論會上提出了什麼新的觀點，而是因為大家討論的那種氛圍，討論非常開放和熱烈，甚至一度爭得面紅耳赤。當時就覺得，每場主體性會議都應該設置一個這樣的環節，供大家對共同關心的問題進行自由討論。很可惜的是，也許因為疑偽經確實過於冷門，至今「佛教疑偽經國際學術研討會」的第二屆仍未召開。

　　這次會議結束後，我回到北京把一些對疑偽經的體會也寫在了碩士論文的緒論中，也即本書的緒論中。兩個月後，就答辯畢業了。又過了三個月，便開始了博士階段。博士階段，我開始跟著郝師系統地作敦煌學研究。記得開學不久後跟郝師聊天，郝師提出要做一些純敦煌學的、歷史學的研究。剛開始時，我還不太明白什麼是純歷史學的研究。後來有次在地鐵上碰到陳志遠師兄，也聊起這一話題。他認為，歷史學研究應該是有關「人」的研究，而我之前的研究偏文獻學等。他的一席話，讓我茅塞頓開，也深感認同。在我之前的幾位師兄、師姐，博士論文多選擇敦煌佛經注疏，受他們影響，剛入門時，我也有意作注疏方面的研究，並初步選定了《涅槃經》等幾部。但在跟郝師和志遠師兄的幾次談話後，我的態度慢慢發生了轉變。隨著閱讀的深入，逐漸選擇了敦煌僧團的日常學習和生活。這也標誌著和碩士階段的研究漸行漸遠。現在想來，自己的疑偽經研究還未入門便已轉身出門而去了。

　　但也正是這段短暫的研究經歷，讓我結識了多位可以長久對話的師友。除了上面提到的陳志遠兄，還有董大學、曹凌、孫齊、楊祖榮等。由疑偽經進入到敦煌佛教史研究後，又結識了李猛、王磊、方圓、聶順新、謝一峰、許蔚、翁彪、張旭等。他們是良師，也是畏友。和他們交流總能獲得許多新知，也能糾正自己的很多偏見。自己學術道路的起始階段能夠與這些師友結緣，不得不提及陳金華教授。陳先生連續多年開辦國際佛教研修班，給全球有志於宗教學研究的學子提供交流平臺，也許當今從事宗教史研究的青年學者或多或少地都曾從中受益。自己研究月光童子信仰，核心材料是《首羅比丘經》等，此外也關注到了與《大雲經疏》密切相關的《普賢菩薩說此證明經》，因此也曾得預陳先生與孫英剛等先生共同發起的「國際佛教與中國宗教研究叢書」的譯介工作，具體參與了富安敦《七世紀末中國的政治宣傳與意識形態》、許理和《許理和中國佛教研究論集》等的翻譯。這些翻譯工作不僅對碩士階段的研究很有幫助，對博士階段的學習也多有助益。

　　能在學術道路上堅持至今，還要感謝我的父母和生命中的另一半。我的父母從未干預過我的選擇，即使他們會在很多事上有自己的看法和傾向。2021年之前，學習、工作都在外地，期間很少回家，和父母通話也並不多。但也許正因如此，自己愈長、父母愈衰，則愈怕突然接到家裡的電話。這也是2021年決定由浙返魯的重要原因。雖然同在一個城市，我能對他們做的事情可能並不會太多，但總還是心安了些。從浙返魯，犧牲最大的還是長春。對我來說，這是返於父母膝下，但對長春而言則是離開一個頗為喜歡的地方。這已是她為我做的第二次犧牲，第一次是四年前從日本回國。我在博士論文後記中說，當我遇到長春，便覺生命有幸。現在依然如此。